Irene Maria Walter

NEW WORKING MOM

6 Schritte zu mehr innerer Zufriedenheit

Wie du eine **liebevolle Mama** bleibst & **berufliche Erfüllung** findest.

2. Auflage 2022

Aus Gründen der leichteren Lesbarkeit bezeichnen wir teilweise in diesem Dokument Personengruppen in einer neutralen Form, wobei immer sowohl weibliche, männliche sowie diverse Personen umfasst sind.

ISBN Taschenbuch: 978-3-9505138-6-8
ISBN Hardcover: 978-3-9505138-7-5

Cover: Miglena Balkandzhieva
Buchsatz: Alex Pavlovich
Illustration am Cover: IStock.com
Illustrationen im Buch: Hanami Consulting e.U., Harald Karrer

Lektorat: Iris Pilzer
Die Autorin wird vertreten durch
Thomas Bauernhofer
Ragnitzstraße 7a
8047 Graz

Inhaltsverzeichnis

Einleitung

Warum mir dieses Buch am Herzen liegt:

Supermom oder super-exhausted? Zwischen Wunsch und Wirklichkeit

Beinahe täglich sehe ich berufstätige Mamas, die sich entweder laufend mit Vorwürfen und schlechtem Gewissen quälen, weil sie Zeit in Privatleben UND Berufstätigkeit investieren (ich nenne das „Zerrissenheitsfalle"), oder für Familie und Beruf *alles* geben, um abends völlig erschöpft ins Bett zu fallen. Letzteres nenne ich „Erschöpfungsfalle". Und ja, auch mir geht es an manchen Tagen so, doch glücklicherweise immer seltener. Denn ich bin überzeugt: Wir müssen und vor allem wollen(!) uns hoffentlich nicht permanent schlecht fühlen oder an der Grenze zum Burnout bewegen. Wir wollen keine „Vereinbarkeit" um jeden Preis, vor allem nicht um den Preis unserer Lebensqualität und unserer Beziehungen. Was wir wirklich wollen: Glück und Erfüllung spüren, beruflich wie auch privat. Genau dieser Gedanke führte mich zu diesem Buch.

Can we have it all?

Können wir eine liebevolle Mutter UND gleichzeitig erfolgreich im Beruf sein? Ja, das geht! Allerdings ist es alles andere als ein Kinderspiel! Ich würde sogar sagen es ist wohl eine der größten Herausforderungen von uns Working Moms. In diesem Buch bringe ich auf den Punkt, wie wir auf *gesunde* Art und Weise liebevolle Beziehungen zur Familie UND berufliche Erfüllung leben können. Denn letztlich wollen wir uns zufrieden fühlen. Egal, ob wir es Erfolg, Karriere oder berufliche Erfüllung nennen: Im Kern geht es darum, wie wir unsere beruflichen Ziele entdecken und verwirklichen oder ihnen zumindest näher kommen können.

Die Geburtsstunde des Begriffs New Working Mom!

Wie würdest du dich bezeichnen? Als ambitionierte, berufstätige Mutter? Als Karrierefrau? Als erfolgsorientiert?

Viele meiner Interviewpartnerinnen schreckten davor zurück, von sich selbst zu behaupten, „Karriere“ zu machen oder eine „Karrierefrau“ zu sein. Daran erkannte ich einerseits, wie bescheiden wir Frauen manchmal sind, und andererseits, dass viele von uns gewisse Begriffe mit Eigenschaften in Verbindungen bringen, die sie für nicht erstrebenswert halten. Vielleicht erscheint vor deinem inneren Auge beim Wort „Karrierefrau“ ein Bild einer „Hardlinerin“, die ihre Familie *hinter* ihre Karriere stellt und die du vielleicht sogar als „Rabenmutter“ bezeichnen würdest.

Doch warum haben wir derart „vorgefertigte“ Bilder und Meinungen zu bestimmten Begriffen? Ich denke, einer der Gründe dafür ist, dass uns positive Beispiele und Vorbilder fehlen. Denn warum soll es per se etwas Schlechtes sein, im Job erfolgreich zu sein? (Was auch immer du selbst als Erfolg definierst! Das bleibt ja dir überlassen!)

Doch was machen jene, die es schaffen, Familie UND beruflichen Erfolg *gesund* zu verbinden, anders?

Unser Tag hat nach wie vor 24 Stunden. Das ist nichts Neues. Was sich geändert hat: unsere Werte und unsere Prioritäten. Viele Mütter wollen sich heute – so wie ich – nicht kaputtarbeiten, um erfolgreich zu sein. Auch „Seinen Mann stehen zu müssen“, um erfolgreich zu sein, war gestern.

Wir streben eine neue Art des Lebens und des Arbeitens an. Eine, in der wir weder einen All-in-Vertrag noch „männliche“ Attribute oder Verhaltensweisen brauchen, um Karriere zu machen. Eine, in der es VIELE Wege gibt, um erfolgreich zu sein und eine gute Balance von Beruf und Familie zu erfahren – in Teilzeit, Job- oder Topsharing, in Vollzeit oder als Selbstständige bzw. Unternehmerin. Eine Art des Arbeitens, in der wir sinnstiftenden Tätigkeiten nachgehen, die uns berufliche Erfüllung ermöglichen. Daher auch das Wortspiel aus den Schlagwörtern NEW WORK und WORKING MOM.

Wir sind bereit, uns von alten Rollenbildern und Mindsets zu verabschieden und Familienleben und Karriere für uns NEU ZU DEFINIEREN. Und dabei gilt: Jede von uns darf ihre eigenen Rollenbilder und ihren persönlichen Weg zu mehr innerer Zufriedenheit finden.

Das verstehe ich unter NEW WORKING MOM!

New work – better balance! Eine neue Ära des Lebens und Arbeitens

In den letzten Jahren hat ein Umbruch und damit eine neue Ära in der Arbeitswelt begonnen. Eine Ära, in der Führung nicht mehr mit Vollzeit gleichgesetzt wird, sondern Arbeitsmodelle wie Führung in Teilzeit oder Job- und Topsharing beginnen, Einzug zu halten. Eine Arbeitswelt, in der Home-Office und flexible Arbeitszeiten einen immer höheren Stellenwert genießen. Ein Zeitalter, in dem es NICHT MEHR OKAY IST, aufgrund seiner Elternschaft beruflich benachteiligt zu werden.

Diese Arbeitswelt entwickelt sich zwar teils noch langsam, aber dafür sicher. Mit Blick auf die Statistiken wird schnell klar, dass sich der Trend zu Teilzeitarbeit fortsetzt: In Deutschland liegt die Teilzeitquote von erwerbstätigen Frauen mit minderjährigen Kindern bei 66,2% sowie bei erwerbstätigen Männern bei 6,4 %.[i] In Österreich sieht es ähnlich aus. Blicken wir auf die aktiv erwerbstätigen Männer und Frauen in der Altersgruppe der 25- bis 49-Jährigen:[ii] Waren 2005 erst 3,1% der Männer mit Kindern unter 15 Jahren in Teilzeit, so waren es im Jahr 2020 bereits 6,9%. Der Wert hat sich somit in den letzten 15 Jahren verdoppelt (wenngleich auf niedrigem Niveau). Der Anteil der Frauen mit Kindern unter 15 Jahren in Teilzeit ist während dieses Zeitraumes ebenso gestiegen, von 62,9% im Jahr 2005 auf 72,8% im Jahr 2020.

Diese Zahlen unterstreichen das Bedürfnis nach einer guten Balance von Beruf und Privatleben.

Deine Begleitung zum New Working Mom Dasein

Im Kapitel *New Working Mom Insights* hole ich „Supermoms“ bzw. „Alltagsheldinnen und -helden“ von nebenan vor den Vorhang. So nenne ich meine Interviewpartnerinnen und -partner. Denn sie alle haben eines gemeinsam: Mut! Mut, neue Wege zu gehen. Mut, sich oder ihre Art zu leben und zu arbeiten neu zu erfinden. Mut, den Status quo in Frage zu stellen. Mut, aus einer Krise das Beste zu machen. Sie geben dir persönliche Einblicke in ihre unterschiedlichen Berufs- und Lebenswelten und teilen die Höhen und Tiefen ihres Alltags mit dir.

Danach bekommst du mit den 6 Schritten der *Kind-und-Karriere-Roadmap* eine Anleitung an die Hand, mit der du mehr Klarheit über deine beruflichen Ziele gewinnst, Strategien entwickeln kannst, um diese zu erreichen, und gleichzeitig deine Rollen als liebevolle Mutter und Partnerin stärkst, ohne dabei dein eigenes Wohlbefinden zu vergessen. So kannst du Schritt für Schritt mehr innere Zufriedenheit und Leichtigkeit entwickeln.

Im Bonuskapitel des Buches findet du einen Ausblick in eine neue Lebens- und Arbeitswelt, begleitet von Interviews mit Unternehmensvertreterinnen und -vertretern.

Zusammenfassend bildet das Buch deine verlässliche Begleitung im Trubel des „Work & Family“-Alltags und unterstützt dich dabei, trotz Höhen und Tiefen als NEW WORKING MOM gesund und glücklich zu bleiben.

Anmerkungen zum Sprachgebrauch: Ich bin Österreicherin und lebe in der Nähe von Wien. Ich habe versucht das Buch sprachlich möglichst neutral zu schreiben und „typisch österreichische“ Begriffe wegzulassen. Bitte verzeih mir dennoch, wenn dir so manche Formulierung nicht geläufig ist. Im Kapitel „New Working Mom Insights“ habe ich berufstätige Mütter aus Deutschland und Österreich interviewt. Damit die Interviews authentisch bleiben, haben mein Verlag und ich uns entschieden, ländertypische Formulierungen hier teils beizubehalten, beispielsweise in Österreich „Karenz“ und in Deutschland „Elternzeit“. Im Glossar findest du daher ländertypische Formulierungen sowie Fachbegriffe einfach erklärt.

Danksagung

Ganz besonders danken möchte ich allen Interviewpartnerinnen und -partnern! Ohne euch und eure persönlichen Einblicke, die ihr in euren Alltag gewährt, wäre dieses Buch nur halb so wertvoll.

Einen besonderen Dank möchte ich zusätzlich aussprechen an:

- Meine Familie, die mich stets unterstützt und so annimmt, wie ich bin. Hier gilt ein besonderes Dankeschön meinem Mann, der in der Zeit des Schreibens Verständnis für meine häufigen „Abend- und Nachtschichten" hatte und unser Kind liebevoll ins Bett brachte, sowie meiner Mutter und Schwiegermutter, die ebenfalls immer hinter mir stehen und mich stets unterstützen.
- Meine Freunde, die es mir verziehen haben, dass ich in den letzten 1,5 Jahren berufs- und buchbedingt sehr wenig Zeit für sie hatte.
- Meine 4 Betatest-Leserinnen, die das Buch vor Veröffentlichung bekamen und mir ehrliches Feedback gaben.
- Meinen Kooperationspartner Peter Rieder, mit dem ich gemeinsam die Unternehmenswelt mit Hilfe der Zertifizierung berufundfamilie und vielen weiteren Leistungen familienfreundlicher, zukunftsfähiger und lebenswerter mache.
- Dem gesamten Team des Instituts Kutschera Wien: Ohne die Ausbildungen bei euch wäre ich niemals so schnell meinen Weg gegangen. Danke!
- Und zu guter Letzt: dem gesamten Team des Verlages. Hervorheben möchte ich Mag. Werner Weingraber, der die Erstausgabe dieses Buchs veröffentlichte. Danke für die gute Zusammenarbeit und die reibungslose Übergabe.

Ihr seid spitze, danke!

Irene

KAPITEL 1

New Working Mom Insights: Berufstätige Mamas geben persönliche Einblicke in ihre Berufs- und Lebenswelten

Im Interview geben dir ambitionierte, berufstätige Mütter in unterschiedlichen Positionen und Branchen Einblicke in ihren beruflichen und privaten Alltag. Tauche ein und lass dich von ihren Erfahrungen inspirieren!

Es bleibt dabei dir überlassen, ob du alle Interviews lesen möchtest oder – beispielsweise aus Zeitgründen – vorerst nur in jene Interviews hineinschmökerst, die dich im Inhaltsverzeichnis besonders ansprechen.

Bettina:

Aufstieg zum CFO nach Karenz mit 2 Kindern

Bettina, Prokuristin und Chief Financial Officer eines mittelständischen Unternehmens, verheiratet, 2 Kinder (6 und 9 Jahre)

Erzähle bitte kurz über deinen bisherigen Werdegang.

Nach der Matura begann ich mein Jusstudium. Parallel dazu habe ich mir einen Job gesucht, der sich mit dem Studium vereinbaren lässt. Daher habe ich mich bei Austrian Airlines (AUA) als Flugbegleiterin beworben und wurde aufgenommen. Als Flugbegleiterin lernte ich nicht nur viele Destinationen kennen, sondern erfuhr eine unglaubliche Bereicherung durch die verschiedensten Sparten, die ich damit bediente: Ich lernte den Umgang mit unterschiedlichsten Kulturen und deren Eigenheiten und Besonderheiten, den Umgang mit den verschiedensten Typologien von Menschen in unterschiedlichen Situationen.

Durch mein Studium habe ich dann bei der AUA die juristische Ausbildung der neuen Flugbegleiterinnen übernommen und hier mit der Rechtsabteilung eng zusammengearbeitet. Währenddessen habe ich ein betriebswirtschaftliches Bachelorstudium abgeschlossen und, darauf aufbauend, den Master in Unternehmensführung und E-Business angeschlossen sowie parallel mein Jusstudium fertiggebracht. Bei der AUA habe ich mich für die freie Stelle der Lobbyistin (mit viel Reisetätigkeit) beworben und wurde genommen.

Unmittelbar danach bekam ich das Angebot einer Softwarenentwicklungsfirma, in deren Rechtsabteilung zu arbeiten. Da ich jedoch kurz darauf schwanger wurde und bei der AUA meine Fixstelle hatte, habe ich in der Schwangerschaft dort ein Praktikum gemacht und diesen Job nicht weiterverfolgt. Die Fliegerei war eine unglaubliche Lebensschule und ich möchte keine Sekunde davon missen. Dennoch war mir bewusst, dass ich diesen Job mit Kindern nicht mehr weitermachen wollte. Auch der Weg zum Flughafen war mir von meinem Familienzuhause zu weit. Somit war klar, dass ich mich nach einem neuen Job umsehen werde, sobald die Kinder – knapp 3 Jahre nach meinem ersten Sohn kam mein zweiter Sohn – aus dem berühmten „Gröbsten" raus waren.

Als mein Kleiner 1½ Jahre alt war, bekam ich überraschend ein Jobangebot im wahrsten Sinne des Wortes vor die Füße gelegt. Ich habe sehr gezögert, ob ich das schaffen werde. Aber ich habe es gewagt und den Job angenommen und bin seither in der Firma als CFO beschäftigt.

Du hast es geschafft mit zwei kleinen Kindern erfolgreich den Job zu wechseln und direkt in eine Leitungsposition (Chief Financial Officer) eines mittelständischen Unternehmens einzusteigen. Was hat dir rückblickend am meisten geholfen, diesen Job zu bekommen?

Schwer zu sagen. Ich habe immer schon sehr gerne Networking betrieben und so habe ich auch von einer Bekannten die Information über die Stellenausschreibung bekommen. Was mir letztendlich wirklich geholfen hat, war, dass ich durch meine breit aufgestellte Ausbildung in einem mittelständischen Unternehmen natürlich mehrere Fachgebiete abdecken kann. Ich würde immer wieder meine Studienkombination wählen!

Hattest du deine aktuelle Position schon sehr lange als Ziel vor Augen? Oder hat sie sich im Laufe der letzten Jahre herauskristallisiert und aus deinen Interessen oder Erfahrungen oder z. B. aus Gründen der Vereinbarkeit ergeben?

Nein, gar nicht. Ich wollte eher in die Selbständigkeit gehen und tendierte hier zur Beratung. Der Job war wirklich ein Zufall und für mich zum damaligen Zeitpunkt eigentlich um ein Jahr zu früh, da mein Kleiner erst 1 ½ Jahre alt war und die Kindergartenbetreuung erst ab 2 ½ Jahren möglich war. Aber mit der Unterstützung meines Mannes habe ich dann doch zugesagt. Bei der anfänglichen Einschulung hat mein Arbeitgeber extrem Rücksicht auf mich und die Kinderbetreuungszeiten genommen. Und so wuchs mit der Zeit auch der Arbeitsaufwand, aber da hatte ich mich bereits gut eingearbeitet. Die Rücksichtnahme meines Arbeitgebers ist geblieben, und so arbeite ich gewisse Tage direkt im Büro und den Rest erledige ich im Home-Office.

Nun bist du seit rund 5 Jahren in deiner Position als CFO tätig. Diese verantwortungsvolle Rolle brachte bestimmt auch schwierige Situationen oder Phasen mit sich. Was war rückblickend eine sehr schwierige Situation oder Phase? Und was hat dich damals ermutigt, weiterzumachen?

Rückwirkend gesehen war es definitiv der Beginn der Coronakrise! Es war eine sehr unsichere Lage und keiner konnte die Situation richtig einschätzen. In meiner Branche waren die Einbußen enorm und wir haben uns dazu entschlossen, die Firma für einen gewissen Zeitraum zu schließen. Einen Teil der Beschäftigten mussten wir kündigen, einen anderen konnten wir mit Hilfe der Kurzarbeit halten. Mein Chef und ich haben die Firma am Laufen gehalten und versucht die Beschäftigten freizuspielen. Es waren täglich neue Änderungen zu verarbeiten, Anträge zu stellen etc. Dabei ist mir wirklich manchmal die Luft ausgegangen, noch dazu mit Home Schooling und allen zu Hause. Ich habe mir dann mit der Familie meine Oasen gesucht und wir haben gemeinsame Rituale entwickelt, z. B. den täglichen gemeinsamen Spaziergang. Das hat mir Kraft zum Weitermachen gegeben.

Wie viele Stunden arbeitest du durchschnittlich pro Woche? Bist du mit diesem Ausmaß zufrieden oder würdest du es gerne ändern (mehr/weniger)?

Offiziell arbeite ich 30 Stunden, in der Praxis komme ich auf durchschnittlich 40 Stunden. Gerne würde ich weniger arbeiten, allerdings geht das leider momentan nicht.

Was schätzt oder liebst du an deinem Job besonders? Kannst du dir vorstellen, deinen Job bis zur Pension zu machen?

Ich schätze besonders die freie Zeiteinteilung und daher die Vereinbarkeit mit der Familie. Leider ist der Nachteil, dass ich immer erreichbar bin und somit das Telefon zu jeder Zeit bei mir habe.

Für mich passt alles zurzeit ganz gut und die Vereinbarkeit mit der Familie ist von wesentlichem Vorteil. Aber ob ich bis zur Pension bleibe, ist noch nicht klar.

Was bedeutet Karriere für dich persönlich?

Für mich persönlich bedeutet Karriere, dass ich es geschafft habe, Anerkennung zu bekommen, und dass ich etwas beitragen und bewegen kann!

Was hat dir rückblickend am meisten geholfen, um in deinem Wunschberuf zu landen? Gibt es DEN Wunschberuf für dich überhaupt? Oder bleibst du gerne flexibel und hast ein paar fixe Anhaltspunkte, die dir beruflich wichtig sind?

Ich bilde mich immer weiter, um flexibel zu bleiben und mich den Gegebenheiten des Arbeitsmarktes anzupassen – was gerade in Zeiten wie diesen wichtig ist!

War deine/eure Familienplanung ein bewusster, geplanter Schritt oder hat dich/euch das Leben überrascht? Bist du bzw. seid ihr rückblickend glücklich darüber, wie es gekommen ist? Oder würdest du die Familienplanung heute anders angehen?

Wir haben uns ganz bewusst für unsere Familie entschieden und auch bewusst für zwei Kinder. Dadurch, dass ich erst relativ spät Kinder bekommen habe, konnte ich davor die Ausbildungen fertig machen und auch beruflich schon weitreichende Erfahrungen machen. Ich würde es wieder genauso machen!

Wie sieht ein ganz normaler Wochentag bzw. eine ganz normale Woche bei dir aus?

In Kindergarten-/Schulzeiten fängt mein Tag um 6 Uhr an mit der Vorbereitung des Frühstücks und danach dem Fertigmachen der Kinder für Schule und Kindergarten. Nachdem mein jüngerer Sohn in den Kindergarten gebracht wurde, geht für mich an Home-Office-Tagen die Arbeit von zu Hause aus los, an Bürotagen fahre ich dann gleich weiter ins Büro. Die Bürotage sind den ganzen Tag ausfüllend, an Home-Office-Tagen koche ich zu Hause und mache mit dem großen Sohn die Hausaufgaben. Danach spielen die Kinder und ich versuche noch, den Rest der E-Mails oder Anfragen aufzuarbeiten. Wenn sich etwas nicht ausgeht, arbeite ich das nach dem Schlafenlegen der Kinder auf. Der restliche Nachmittag gehört den Kindern. Der Abend ist gekennzeichnet von Zusammenräumen, Zusammenpacken und Herrichten für den nächsten Tag. Nach kurzem Verschnaufen – am besten mit meinem Mann – geht es dann ab ins Bett und ich bin startbereit für den nächsten Tag!

Wie viel Zeit habt ihr – du und dein Partner – durchschnittlich pro Woche für Zeit zu zweit? Bei nahezu allen berufstätigen Paaren mit Kindern mangelt es an gemeinsamer Zeit. Wie geht ihr mit der oft sehr knappen Zeit um? Was ist deiner Meinung nach wichtig für eine gelungene Beziehung?

Nachdem wir keine üppigen Kinderbetreuungsmöglichkeiten haben, gönnen wir uns gerne zu Hause Zeit zu zweit, wenn die Kinder im Bett sind. Im Sommer entspannen wir dabei bei einem Gläschen an unserem Pool. Dabei können wir auch allfällige Themen besprechen. Ich finde es enorm wichtig, dass man an einem Strang zieht und gemeinsam als Familie zusammenhält. Wir waren sehr lange ohne Kinder ein Paar und wir wussten, dass wir die gleichen Ansichten und Werte teilen, was uns jetzt natürlich auch zusammenschweißt. Auch habe ich einen Partner an meiner Seite, der mich bei allem unterstützt und für die Familie da ist, was unglaublich toll ist!

Was sind aktuell Herausforderungen in deinem Alltag (beruflich und/ oder privat)?

Dass ich immer für alles zu wenig Zeit habe! Ich würde gerne so viel mehr machen, aber es fehlt mir an Zeit. Zusätzlich habe ich öfters ein schlechtes Gewissen, dass ich zu wenig Zeit mit meinen Kindern verbringe.

Was ist dir bei der Erziehung deiner Kinder besonders wichtig?

Ich möchte meine Kinder zu empathischen, weltoffenen und sozial kompetenten Mitgliedern der Gesellschaft erziehen und ich möchte, dass sie ein gutes Herz haben! Alles andere kommt von alleine!

Was genießt du besonders bzw. wie holst du dir im Alltag Kraft? Worüber freust du dich?

Ich liebe es, etwas mit meinen 3 Männern zu unternehmen! Wenn wir als Familie unterwegs sind, dann ist das für mich eine unglaubliche Kraftquelle! Ich freue mich dann über alles, was ich mit ihnen erleben darf!

Was ich auch sehr genieße, ist, wenn ich die Kinder ins Bett bringe. Das strahlt immer so viel Ruhe aus, wenn die Mäuse zur Ruhe kommen und einschlafen. Da klingt der Tag friedlich aus!

Was sind wesentliche Unterstützungsfaktoren für dich, um Beruf und Privatleben gut zu vereinbaren? Welche Aufgaben übernimmt dein Partner konkret?

Ich habe einen Partner, der mich in allen Bereichen unterstützt und mir den Rücken freihält. Er ist sogar auf Elternteilzeit gegangen, damit ich beruflich weiterkomme! Für den Haushalt habe ich eine Putzfrau, alles andere machen mein Mann und ich selbst. Und wenn die Großeltern Zeit haben, dann freuen sich die Kinder sehr, wenn sie bei ihnen sind.

Das Leben ist manchmal hart zu uns. Was war rückblickend (oder ist aktuell) eine schwierige Zeit für dich – seit der (ersten) Schwangerschaft/Familiengründung?

Leider die komplexe Familienkonstruktion bei uns. Wir haben meine Schwiegerfamilie im gleichen Ort und das macht es manchmal kompliziert. Früher bin ich durch meinen Beruf nicht viel zu Hause gewesen. Jetzt allerdings bin ich fast immer da und das führt zu Spannungen. Dazu kommt noch, dass ich „zugezogen" bin und im Ort viele Einheimische wohnen. Dadurch konnte ich mir kaum Freundschaften aufbauen, was mir wirklich fehlt.

Was hat dir damals Kraft gegeben bzw. gibt dir generell Kraft, wenn du ein Problem oder eine schwierige Situation meistern musst?

Meine kleine Familie und Gespräche mit meinem Mann.

Was war ein besonders schönes Erlebnis aus deinem Privat- oder Berufsleben, das dir spontan einfällt und du gerne mit uns teilen möchtest?

Das Kennenlernen meines Mannes und die Geburt meiner Kinder im Privatleben. Im Berufsleben habe ich durch die Fliegerei viele schöne Erlebnisse gehabt wie beispielsweise: Ich durfte in 21 Tagen um die Welt reisen! Da habe ich unglaublich schöne Eindrücke erfahren dürfen.

Was gibt dir laufend die nötige Energie, um deine Lebensbereiche bzw. Rollen als Mutter, Partnerin, Berufstätige etc. gesund zu verbinden? Was tust du (regelmäßig) für dein Wohlbefinden?

Ich gehe gerne in der Früh, wenn noch alle schlafen, laufen oder schwimmen. Wenn die Natur erwacht, ist das immer wieder beeindruckend und stärkt mich für den neuen Tag! Wenn ich dann zurückkomme und alles noch ruhig ist, kann ich den Tag getrost angehen, denn ich habe schon etwas für mich getan! Außerdem habe ich ein Doktoratsstudium begonnen, damit ich auch geistig fit bleibe und mich nicht in den Problemen der Firma verrenne.

Hat die durch Corona bedingte „besondere Familien-/Jobsituation" Wünsche oder Ziele in dir geweckt? Falls ja, welche?

Keine anderen als davor!

Was möchtest du anderen Frauen, die ebenso BEIDES – Kind und Karriere – möchten, mit auf den Weg geben?

IHR KÖNNT ALLES SCHAFFEN!!! Man muss manchmal aus seiner Komfortzone heraus und sich an Neues heranwagen, damit man seine Wünsche erfüllen kann. Habt keine Angst davor!

Das wunderschönste Abenteuer habt ihr mit der Geburt eurer Kinder geschaffen! Ihr seid die Heldinnen eurer Kinder und das kann euch keiner nehmen! Glückliche Mutter – glückliche Kinder! Geht es euch gut, dann geht es allen gut, da Kinder die Stimmung der Mutter übernehmen!

Claudia:

Mut zum beruflichen Neustart mit Teenie-Tochter

Claudia, Fundraising im Bereich Unternehmenskooperationen bei einer NGO, alleinerziehend, 1 Kind (14 Jahre)

Erzähle bitte kurz über deinen bisherigen Werdegang.

Schlechte Schülerin im Gymnasium, aufgeblüht während des Studiums der Politikwissenschaft und Geschichte in Wien, Selbstvertrauen gewonnen als Reiseleiterin während der Sommermonate, mit 25 Jahren ein Unternehmen gegründet in der Luxusbranche, erfolgreich geführt für 15 Jahre. Geburt der Tochter mit 35, Übersiedlung zum Mann nach London, Rückkehr mit 2-jährigem Kind als Alleinerzieherin, beruflicher Neustart mit zweiter Ausbildung, Job in der Sozialwirtschaft als Key Account Managerin (10 Jahre lang), seit 2 Jahren im Fundraising.

Du hast nach deiner langjährigen, erfolgreichen Tätigkeit im Key Account Management eine berufliche Umorientierung gewagt? Wie kam es dazu bzw. was half dir rückblickend dabei, den Mut aufzubringen für Bildungskarenz, Studium und Jobsuche in einer neuen Position und Branche?

Da ich bereits einmal einen beruflichen Neustart wagte, weiß ich nach einem erfolgreichen ersten Mal, dass ein Neustart wieder gelingen kann. Meine „Lessons learned" sind: Mut zum Neustart, die Notwendigkeit einer Umorientierung in Freude umwandeln, den Schritt als Chance sehen, mich weiterzuentwickeln und etwas Neues zu lernen. *„Ich kann das, ich schaffe das, ich will es."* Mein damaliger Freund, der mich in meiner beruflichen Neuausrichtung von der Unternehmerin zur Key Account Managerin in der Sozialbranche bei der Betreuung meiner kleinen

Tochter mehrere Jahre unterstützte, war damals eine essenzielle Hilfe, um Kind und Karriere Vollzeit managen zu können.

Hattest du deine aktuelle, berufliche Position schon sehr lange als Ziel vor Augen? Oder hat sie sich im Laufe der letzten Monate/Jahre herauskristallisiert und aus deinen Interessen oder Erfahrungen oder z. B. aus Gründen der Vereinbarkeit ergeben?

Ich arbeite gern mit Menschen und habe auch im Handel mit Luxusgütern immer den sozialen Aspekt gesehen: Menschen Freude zu schenken, durch die verkauften Objekte Inspiration und Schönheit ins Leben zu bringen sowie bei der Auswahl des passenden Objektes zum gerade aktuellen Bedürfnis der Person optimal zu beraten. Der Mensch war im Verkauf und ist auch jetzt im Sozialbereich im Mittelpunkt. Mein Bedürfnis, mit Menschen zu arbeiten und Freude am Austausch zu haben, blieb gleich. Meine aktuelle berufliche Position hat mich immer schon gereizt und ich habe mir damit einen Wunsch erfüllt. Als Quereinsteigerin in der Fundraising-Branche fühle ich mich nach 2 Jahren angekommen – in dem Sinne, dass ich alle Tipps und Tricks beherrsche.

Wie viele Stunden arbeitest du durchschnittlich pro Woche? Bist du mit diesem Ausmaß zufrieden oder würdest du es gerne ändern?

Wenn es nach der Wahrnehmung meiner 14-jährigen Tochter geht, arbeite ich „nur“. Wenn es nach meiner Wahrnehmung geht, arbeite ich „zu viel“. An einer Veränderung arbeite ich.

Da ich ein berufsbegleitendes FH-Studium mache, arbeite ich Teilzeit. Ich arbeite statt der vertraglich vorgegebenen 25 durchschnittlich rund 30 Wochenstunden. Weiters erledige ich die Arbeit von 40 Stunden in 30 Stunden, da ich mir ein hohes Tempo und Effizienz vorgebe. Ich trage viel Verantwortung, auch finanziell für eine soziale Zielgruppe, die unter anderem von meiner Leistung abhängig ist. Dafür habe ich im Gegenzug vollkommene zeitliche Flexibilität.

Die Teilzeit-Tätigkeit tut mir gut, da ich mit 40 Stunden Gefahr laufe, 60 Stunden zu arbeiten. Auf der anderen Seite hat die Teilzeitfalle „zugeschnappt“: gleiche Leistung und Output wie bei Vollzeit, bei niedrigerer Bezahlung. Insofern bin ich mit 25 Stunden bezahlter, meist 30 Stunden tatsächlicher und 40 Stunden gefühlter Arbeit nicht ganz zufrieden.

Was schätzt oder liebst du an deinem Job besonders? Kannst du dir vorstellen, deinen Job bis zur Pension zu machen?

Ich schätze die Arbeit mit Menschen sowie ein Produkt, im jetzigen Fall soziale Leistungen, zu verkaufen und so für einen Austausch in der Gesellschaft zu sorgen: Corporate Social Responsibility-Programme in Unternehmen zu initiieren und armutsbetroffene Menschen nachhaltig mit Hilfsinitiativen zu unterstützen, sind eine wertvolle Arbeit.

Meinen Job werde ich allerdings keinesfalls bis zur Pension machen, aus drei Gründen: Erstens weil ich nicht klassisch in Pension gehen möchte. Ich möchte auch nach dem gesetzlichen Pensionsalter beruflich tätig sein. In welcher Form auch immer. Das wird sich zeigen. Zweitens werde ich meinen Job nicht die nächsten 15 Jahre bis 65 weitermachen, weil ich im Sozialbereich Burnout-gefährdet bin. Einerseits liegt es an mir, meine Arbeit nicht im selben Tempo und mit demselben Engagement zu machen. Andererseits sind die Strukturen, der fehlende Support im Sozialbereich, ähnlich dem Pflegebereich, auf lange Sicht gesundheitsschädlich. Alternativ stumpfen viele nach langjähriger Tätigkeit in diesem Bereich ab. Ich will weder das eine noch das andere! Drittens ist das Gehalt im Sozialbereich zu niedrig und die derzeitigen Kollektivverträge[1] der Tätigkeit nicht angemessen.

Was bedeutet Karriere für dich persönlich?

Karriere bedeutet für mich:

- An einem schönen Frühlingstag mit meinem Team beim Teammeeting draußen sitzen und arbeiten und dabei in strahlende und motivierte Gesichter zu blicken.
- Genügend schöne und entspannte Zeit mit meiner Familie und meinen Liebsten zu verbringen.
- Die Schönheit dieser Welt und der Menschen um mich herum zu genießen und meine Talente und Fähigkeiten optimal einzusetzen, um etwas dazu beizutragen.

1 In Österreich regeln Kollektivverträge ähnlich der Branchentarifverträge Rechte und Pflichten von Arbeitnehmer*innen und Dienstgeber*innen.

Was hat dir rückblickend am meisten geholfen, um in deinem Wunschberuf zu landen? Gibt es DEN Wunschberuf für dich überhaupt? Oder bleibst du gerne flexibel und hast ein paar fixe Anhaltspunkte, die dir beruflich wichtig sind?

Für mich gibt es keinen Wunschberuf, da das Leben zu kurz und zu vielfältig ist, um es auf einen Beruf zu fokussieren. Insofern kommt mir das 21. Jahrhundert sehr entgegen. Ich muss nicht mehr 40 bis 50 Jahre einem Beruf nachgehen, sondern kann die Möglichkeiten für Veränderung nützen, wenn sie sich bieten. Die Gesellschaft ändert sich rasant, so auch die Berufsbilder. Dies zu nützen und nicht als Hindernis zu betrachten, stellt eine Stärke dar.

War deine/eure Familienplanung ein bewusster, geplanter Schritt oder hat dich/euch das Leben überrascht? Bist du rückblickend glücklich darüber, wie es gekommen ist? Oder würdest du die Familienplanung heute anders angehen?

Ich halte nicht so viel von Familienplanung, da Liebe nicht planbar ist. Die Hormone haben sich von alleine mit ca. 30 Jahren gemeldet: „Hier bin ich, das Mama-Hormon. Tu etwas und suche dir den richtigen Mann, um Dein Karriere-Hormon mit dem Mama-Hormon in Einklang zu bringen“. Ganz abgesehen von der Kraft der weiblichen Hormone und der Kraft des weiblichen Körpers: Liebe ist immer die richtige Entscheidung.

Wie sieht ein ganz normaler Wochentag bzw. eine ganz normale Woche bei dir aus?

06:30 Uhr: Wecker klingelt. Ich kann schwer aufstehen. Ich bereite mich geistig auf ein grantiges Teenager-Kind vor. Grießbrei kochen mit Schokoladestreusel. Jugendliche sind arm zu Corona-Zeiten!

07:30 Uhr: Kind ist endlich weg. Fein, wenn es überhaupt beschließt, in die Schule zu gehen! Kaffee, Frühstück, kurzer Morgen-Plausch mit meinem Mitbewohner, Wäsche wegräumen, damit ich es mir „schön“ mache im Home-Office/Wohnzimmer.

08:30 Uhr: Start in den Home-Office-Tag, seit mehr als 365 Tagen. Herrlich. Schön anziehen für die Zooms und für mich selbst, Jogginghose ist erlaubt (lacht).

12:00 Uhr: ½ Stunde kochen, weiterarbeiten.

14:00 Uhr: Essen. Luft schnappen am Balkon, wenn aus kleinen Ärgernissen große werden.

16:00 Uhr: Arbeitsende. Alles, was nicht geschafft wurde und dringend ist, kann abends nachgeholt werden. Oder wann auch immer, denke ich mir. Erledige es dann aber immer.

16:30 Uhr: Eine Runde spazieren gehen für 1 Stunde, Telefonate mit Freundinnen und Freunden.

19:00 Uhr: Das Kind vom Fernseher weglocken. Funktioniert nur durch gutes Abendessen, bevorzugt Hühnchen mit Bratkartoffeln. Alle anderen Versuche sind zwecklos.

20:00 Uhr: Wahlweise Weiterbildung in Online-Tools, Seminar-Arbeiten oder Master-Arbeit schreiben für mein berufsbegleitendes Studium „Sozialwirtschaft"; mich manchmal fragen, warum ich mir das angetan habe; immer schnell die Antwort wissen. Online-Yoga-Kurs, Buch oder „Wienerin" lesen – je nach Unterhaltungsbedürfnis. Der Fernseher ist seit 365 Tagen vom Kind besetzt.

23:00 Uhr: Schlafen gehen, mich nicht über das Kind ärgern, das bis 2.00 Uhr früh täglich vor dem Fernseher sitzt. Das ist verlorene Karrieremama-Energie. Sie wird diese 10-Stunden-Netflix-Phase überleben, ich auch.

Wie schaffst du es trotz alleiniger Verantwortung für die Erziehung deines Kindes, doch noch Zeit für dich zu finden?

Als Alleinerzieherin habe ich Support durch das Geld meines Ex-Mannes, das pünktlich und ausreichend seit 12 Jahren eintrifft. Die Großeltern, ohne die das Teenager-Kind nicht so lustig wäre trotz Corona. Der Ex-Freund, der das Kind mit großgezogen hat (Danke!), unser tolles Sozialsystem mit Kindergärten und Horten in Wien. Ich war immer die letzte Mama, die um 17:30 Uhr ihr Kind abgeholt hat. Und danke an meine alleinerziehenden Freundinnen. Wir haben uns so gut organisiert.

Ohne Freund, Großeltern, alleinerziehende Freundinnen und Mutter Staat wäre weder Kind noch Karriere so gut gelungen.

Was sind aktuell Herausforderungen in deinem Alltag (beruflich und/ oder privat)?

Zeit für mich zu finden und gut auf mich zu schauen, also zum Beispiel: ausreichend Pausen vom Home-Office zu machen, spazieren zu gehen, Yoga einzubauen im Alltag, mit einer Freundin zu telefonieren, mir Zeit zu nehmen für die Dinge, die mir Freude machen und die mir persönlich guttun, Tag für Tag.

Was ist dir bei der Erziehung deines Kindes besonders wichtig?

Dem Kind Liebe und Selbstvertrauen zu schenken. Das ist für mich die Basis, dass ein guter Mensch aus meinem Kind wird.

Was genießt du besonders bzw. wie holst du dir im Alltag Kraft? Worüber freust du dich?

An dieser Stelle will ich die Kichererbsen-Übung teilen, die ich nicht erfunden habe, aber zeitweise mache und liebe: 20 Kichererbsen in die rechte Hosentasche geben. Bei einem positiven Erlebnis (ein Vogel zwitschert, die Kassiererin im Supermarkt war freundlich, die Sonne scheint) nehme ich eine Kichererbse und stecke sie in meine linke Hosentasche. Am Abend zähle ich die Glücksmomente.

Was sind wesentliche Unterstützungsfaktoren für dich, um Beruf und Privatleben gut zu vereinbaren?

Essen bestellen, Putzfrau und anderen Luxus finde ich wunderbar, wenn ausreichend Geld dafür vorhanden ist. Sonst Kebap kaufen, wenn Energie und Zeit nicht zum Kochen reichen und den Staub in die Zimmerecken schieben, sodass ich ihn nicht sehe. Meine Ansprüche an mich selbst zu reduzieren und nicht perfekt zu sein, ist meine größte Ressource, die ich selbst habe. Dann in dieser Reihenfolge: die Großeltern, früher der Ex-Freund, die zeitliche Flexibilität im Home-Office, die Selbständigkeit meiner Tochter, die finanzielle Unterstützung meines Ex-Mannes.

Das Leben ist manchmal hart zu uns. Was war rückblickend (oder ist aktuell) eine schwierige Zeit für dich – seit der Schwangerschaft/ Familiengründung?

Als meine Tochter 3 Wochen alt war, übersiedelte ich von Wien zu meinem Mann nach London. Ich kannte niemanden und hatte im ersten Jahr keine Unterstützung in der Kinderbetreuung. Mein Mann arbeitete rund um die Uhr und es war eine sehr anstrengende Zeit, rund um die Uhr für meine kleine Tochter verfügbar zu sein.

Was hat dir damals Kraft gegeben?

Kraft gaben mir die Momente, in denen sie schlief. Ich nützte ihre Schlafenszeiten, um meine Energiereserven aufzufüllen: entweder mich selbst auszuruhen oder für mich entspannende Dinge zuhause zu machen. Ich entwickelte ein gutes Bewusstsein für den Wert der Zeit – „Mummy-Time-Management" – und schätzte jede Stunde ihrer Schlafenszeiten, um mir Kraft zu holen.

Was hilft dir generell bzw. gibt dir Kraft, wenn du ein Problem oder eine schwierige Situation meistern musst?

Ich male mir im Kopf aus, was das Schlimmste ist, was kommen kann. Ich stelle mir die verschiedenen Schreckensszenarien bildhaft und im Detail vor. Dann fürchte ich mich, so richtig stark. Wenn ich mich genug gefürchtet habe, lässt der Schrecken nach und ich habe mich „ausgefürchtet". Dann denke ich mir: Eigentlich ist das gar nicht so schlimm!

Was war ein besonders schönes Erlebnis aus deinem Privat- oder Berufsleben, das dir spontan einfällt und du gerne mit uns teilen möchtest?

Im ersten Lebensjahr meines Kindes hatte ich ein wunderschönes, großes Babytragetuch mit einer guten Wickeltechnik und eine etwas unkompliziertere Babytrage. Ich liebte es, mein Kind ganz nah bei mir am Körper zu tragen und sie liebte es genauso. Eine der schönsten Momente waren unsere gemeinsamen Tanzstunden, zur Musik einer Punto Mayo CD zuhause im Wohnzimmer tanzend, und meine kleine Tochter im Tragetuch glücklich an mich geschmiegt. Bei meinen improvisierten Tänzen durchs Wohnzimmer war ich im siebenten Himmel.

Was gibt dir laufend die nötige Energie, um deine Lebensbereiche bzw. Rollen als Mutter, Berufstätige etc. gesund zu verbinden? Was tust du (regelmäßig) für dein Wohlbefinden?

Augen rollen und heimlich Grimassen schneiden. Manchmal in die Luft springen vor Wut, wenn ich allein bin. Am Balkon Luft schnappen. Eine Freundin anrufen und mit ihr plaudern. Tief einatmen, noch tiefer ausatmen, und über vieles lachen, anstatt mich zu ärgern.

Hat die durch Corona bedingte „besondere Familiensituation" Wünsche oder Ziele in dir geweckt? Falls ja, welche?

Erstens weiterhin einen großen Anteil an Home-Office, zumindest die Hälfte meiner Arbeitszeit. Zweitens wünsche ich mir, mit meiner 14-jährigen Tochter eine große Reise zu machen, vielleicht nach Kalifornien.

Was möchtest du anderen Frauen, die ebenso BEIDES – Kind und Karriere – möchten, mit auf den Weg geben?

Suche dir starke Verbündete! Mache deine Karriere mit Freude und deine Kindererziehung mit Liebe! Und vergiss dabei nicht auf dich selbst. Du bist es wert, dass du gut zu dir bist.

Katharina:
Medizinstudium und erfolgreiche Praxis mit Familie

Katharina, Ärztin für Allgemeinmedizin, verheiratet, 3 Kinder (17, 18 und 21 Jahre)

Erzähle bitte kurz über deinen bisherigen Werdegang.

Mein Werdegang kurzgefasst: Matura, Studium der Humanmedizin 1993 bis 2002, Geburt des ersten Kindes 2000 noch während des Studiums, Promotion Mai 2002, Turnusbeginn Herbst 2002 in einem Krankenhaus, Geburt des zweiten Kindes im Jahr 2003, Geburt des dritten Kindes 2004, Fortsetzung Turnus im größten Krankenhaus des Bundeslandes und parallel Lehrpraxis (2005 bis 2008). Seither Ärztin für Allgemeinmedizin in einer Kassenordination (bzw. einem Primärversorgungszentrum) und in meiner eigenen Wahlarztordination. Erworbene Zusatzausbildungen (im Laufe der letzten Jahre): Homöopathie, Notärztin, Palliativmedizin, Psychosoziale und Psychosomatische Medizin.

Du bist seit Jahren als Allgemeinmedizinerin tätig, sowohl in einer Kassenpraxis als auch in deiner eigenen Wahlarzt-Ordination. Viele Frauen streben den Beruf der Ärztin an und gleichzeitig bleibt bei einem Teil von ihnen dadurch die Familienplanung auf der Strecke. Wie schaffst du es, deine verantwortungsvolle Rolle als Ärztin (sogar mit zwei Standbeinen) mit deiner privaten Rolle als dreifache Mutter und Ehefrau zu verbinden?

Für meinen Mann und mich war stets klar, dass wir Kinder haben wollen, und nicht nur eines. Ich wollte immer eine „junge" Mutter sein und habe mich oft gefragt, wie ich das bewerkstelligen soll. „Nach dem Studium kommt doch der Turnus und eventuell noch eine Facharztausbildung!

Wenn ich damit fertig bin, bin ich mindestens 30 Jahre alt!“ Solche Gedanken habe ich mir bereits während des Studiums gemacht.

Schließlich haben sich mein Unbewusstes und das Schicksal verbündet und ich bin mit 25 Jahren noch während des Studiums Mutter geworden. Das war eigentlich die perfekte Zeit. Damals konnte ich mir die Lern- und Anwesenheitszeiten sehr frei einteilen. Als Studentin hatte man damals jedoch keinen Anspruch auf Kinderbetreuungsgeld, sodass ich kurzfristig in der Gärtnerei des Onkels meines Mannes angestellt war und mitgearbeitet habe. Ich wollte auch nicht ausschließlich Mutter sein. So haben sich Studien- und Kleinkindzeit gut ergänzt. Im Herbst 2002 habe ich dann den Turnus in einem Krankenhaus begonnen. Meine Mutter hat sich für die Kinderbetreuung ein Sabbatical-Jahr genommen.

Doch wieder hat uns das Leben überrascht und ich bin ungeplant schwanger geworden. Es folgten leider harte Streitigkeiten mit meinem damaligen Dienstgeber, meine finanzielle Absicherung betreffend. Erst unter Androhung einer Klage habe ich meinen Anspruch auf Ausbildungszeiten, Mutterschutz und Kinderbetreuungsgeld durchgesetzt. Dementsprechend kämpferisch ist unsere zweite Tochter 2003 geboren geworden.

Diese war gerade einmal 14 Monate alt, da kam unsere dritte Tochter zur Welt. Diese Jahre (2003, 2004) waren geprägt von Hausbau, Umzug, Windeln wechseln, Essen machen, Wäsche waschen usw. An Ausbildung war zu dieser Zeit nicht zu denken, aber ich war mit 28 Jahren dreifache Mutter. Mein Mann und ich fanden es immer sehr wichtig, unsere Kinder großteils selber zu betreuen. Ich war für eine Turnusstelle in einem Niederösterreichischen Landesspital beworben und mein Mann hat zu dieser Zeit ebenfalls in einem Landesbetrieb gearbeitet. Wir haben die entsprechenden Personalabteilungen gebeten, sich kurzzuschließen, damit mein Mann in Karenz gehen kann, sobald ich einen Turnusplatz bekomme. Manches läuft langsam und umständlich bei der Landesregierung, aber das hat perfekt funktioniert. Als unsere jüngste Tochter 7 Monate alt war, habe ich meinen Turnus in einem anderen Krankenhaus fortgesetzt und mein Mann ist bei den Kindern zuhause geblieben.

Was hat dir rückblickend am meisten dabei geholfen, die zeit- und lernintensive Ausbildung als Allgemeinmedizinerin (Medizinstudium, Turnus) erfolgreich zu meistern?

Eindeutig geholfen hat mir während meiner Ausbildung die Verfügbarkeit der Großeltern von beiden Seiten und dass mein Mann ab meiner Turnusausbildung zuhause bleiben konnte. Hätte mich mein Mann nicht derart stark unterstützt, wäre ich mit Sicherheit erst 3 Jahre später mit der Turnusausbildung fertig geworden. Er stellte dafür seine Karriere eine Zeitlang zurück.

Auch wenn der Anteil der weiblichen Ärztinnen in Österreich in den letzten Jahren gestiegen ist, so gilt dieser Beruf bis dato nicht gerade als sehr familienfreundlich. Wie erlebst du das bzw. was sind deiner Meinung nach die größten Herausforderungen, die ärztliche Tätigkeit mit Familie zu verbinden?

Ich erlebe meinen Beruf durchaus als familienfreundlich. Während meiner Tätigkeit im Krankenhaus habe ich zwar viele Stunden gearbeitet, davon jedoch auch viele Nachtdienste. Daher hatte ich dann tagsüber viel frei. Jetzt bin ich selbstständig und habe meine Zeiteinteilung selbst in der Hand. In der Gruppenpraxis sind wir ein sehr kollegiales, flexibles Team und in der Wahlarztordination war es ein gewisser Lernprozess, wieviel Arbeit gesund ist.

Wie viele Stunden arbeitest du durchschnittlich pro Woche? Bist du mit diesem Ausmaß zufrieden oder würdest du es gerne ändern (mehr/weniger)?

Ich arbeite im Schnitt 36 bis 40 Wochenstunden und bin aktuell damit zufrieden. Ich stelle mir allerdings manchmal in Frage, ob ein Vollzeit-Job für uns Menschen langfristig gesund ist. Wichtig ist es meiner Meinung nach, eine Arbeit zu haben, die man gerne macht. Auch sind zwei Vollzeitkarrieren (also beider Elternteile) mit Kindern schwierig zu vereinbaren. Ich hätte mir nicht vorstellen können, meine Kinder von klein auf in hohem Ausmaß fremd betreuen zu lassen.

Was schätzt oder liebst du an deinem Beruf besonders? Kannst du dir vorstellen, deinen Job bis zur Pension zu machen?

Ich schätze an meinem Beruf den Umgang mit Menschen. Ich finde es schön, Familienärztin zu sein und Menschen von ihrer Geburt an bis zum Sterbebett zu begleiten, mit allen Sorgen und Erkrankungen, die dazwischen liegen können. Mich faszinieren die verschiedenen Lebensgeschichten und Strategien, mit Krankheit oder Problemen umzugehen und dabei zu helfen. Und ja, ich kann mir durchaus vorstellen, diesen Beruf bis zur Pension auszuüben.

Was bedeutet Karriere für dich persönlich?

Wenn ich an Karrierefrauen denke, sind das die taffen Damen aus Wirtschaft und Business im Hosenanzug für mich, deren Fokus auf Erfolg und Geldverdienen liegt. Doch vor kurzem haben mich zwei meiner besten Freundinnen bei einem Spaziergang gefragt, was mein Werdegang sonst ist als Karriere?! Ich habe das nie so gesehen. Für mich ist das einfach mein Beruf, der mich erfüllt – vielleicht sogar Berufung.

War deine/eure Familienplanung ein bewusster, geplanter Schritt oder hat dich/euch das Leben überrascht? Bist du bzw. seid ihr rückblickend glücklich darüber, wie es gekommen ist? Oder würdest du die Familienplanung heute anders angehen?

Unsere Familienplanung ist unbewusst geschehen und ich bin sehr, sehr froh darüber. Mir widerstrebt auch das Wort Familienplanung, denn das Leben ist nicht planbar – ich kann es bestenfalls etwas mitgestalten. Dass ich Familie möchte, gehörte schon sehr früh zu meinem Lebensplan. Kinder sind für mich Glück.

Wie sieht ein ganz normaler Wochentag bzw. eine ganz normale Woche bei dir aus?

An einem Ordinationstag im Primärversorgungszentrum gehe ich um 6:30 Uhr außer Haus und komme entweder um 19:30 Uhr oder um 13:30 Uhr nach Hause. Da unsere Kinder schon so groß sind, ist Betreuungszeit kein Thema mehr. Es gibt gegebenenfalls Autofahrten zur Nachhilfe oder von der Schule nach Hause zu koordinieren. Mein Mann war zuhause, seit unsere jüngste Tochter 7 Monate bis 17 Jahre alt ist, sodass auch immer frisch gekocht war bzw. ist. Das schätzen die Mädchen und ich sehr. Wenn ich zu Hause in der Wahlarztordination arbeite, beginne ich später, meist um 9 Uhr, und mache so Mittagspause, dass ich kochen kann. Danach arbeite ich am Nachmittag nochmal von 15 bis 18 Uhr.

Wie viel Zeit habt ihr – du und dein Partner – durchschnittlich pro Woche für Zeit zu zweit? Bei nahezu allen berufstätigen Paaren mit Kindern mangelt es an gemeinsamer Zeit. Wie geht ihr mit der oft sehr knappen Zeit um? Was ist deiner Meinung nach wichtig für eine gelungene Beziehung?

Schon als die Kinder klein waren, hat speziell mein Mann für regelmäßige Zweisamkeiten gesorgt – in Form von Kurzurlauben. Dank der Großeltern hatten wir auch immer ausreichend Betreuung. Dafür bin ich ihm auch heute im Nachhinein noch sehr dankbar. Ich hatte damals oft ein schlechtes Gewissen, doch es hat uns als Paar in Kontakt gehalten. Jetzt, wo die Kinder groß sind, haben wir seit einigen Jahren wieder viel Zeit zu zweit. Das genießen wir sehr.

Was sind aktuell Herausforderungen in deinem Alltag (beruflich und/ oder privat)?

Derzeitige Herausforderung ist für mich, wie ich mein weiteres Leben gestalten möchte. Die Kinder sind groß und werden zunehmend selbstständig. Das erfüllt mich mit Freude. Im Beruf bin ich zufrieden. Ich bilde mich natürlich laufend weiter, trotzdem entsteht jetzt viel Raum, den es zu füllen gilt.

Früher war die Schulzeit meiner Kinder eine sehr große Herausforderung für uns als Familie. Ich bin eine Befürworterin der Ganztagsschule, sodass zuhause keine schulischen Aufgaben mehr stattfinden müssen und man bewusste, freudvolle Familienzeit haben kann.

Was ist bzw. war dir bei der Erziehung deiner Kinder besonders wichtig?

Wie weiter oben bereits erwähnt, war uns sehr wichtig, die Kinderbetreuung selbst abzudecken. Das macht für mich Familie aus: gemeinsam den Alltag zu leben. Da gilt es, warten zu lernen, Rücksicht zu nehmen, Kompromisse zu finden. Und es bieten sich unglaublich viele Augenblicke, gemeinsam zu lachen und sich miteinander und aneinander zu freuen. Wichtig war und ist mir, für die Kinder da zu sein, im Gespräch mit ihnen zu bleiben. Egal, ob es um Themen geht, wo kleine Kinder wissbegierig oder besorgt sind, oder wenn die größeren Kinder Themen wie Drogen, Verhütung, soziale Ungerechtigkeiten, Umweltschutz, Ernährung, Nutzung der Sozialen Medien beschäftigen. Es gilt meiner Meinung nach, interessiert zu bleiben. Auch wenn ich manche Entwicklung nicht nachvollziehen kann, will ich am Leben unserer Kinder teilhaben. Ich möchte wissen, womit sie sich beschäftigen, was ihnen Spaß macht, was sie interessiert, welche Musik sie hören, möchte ihre Freunde kennenlernen etc.

Generell ist Erziehung in meinen Augen ein ständiges Balancieren zwischen Halt geben und Freiheit geben – oder, anders ausgedrückt, zwischen situationsbezogenem Unterstützen und Loslassen.

Was sind wesentliche Unterstützungsfaktoren für dich, um Beruf und Privatleben gut zu vereinbaren? Welche Aufgaben delegierst du beispielsweise an andere Personen?

Für mich persönlich war und ist sicher mein Mann der größte unterstützende Faktor, um mir meine unbeschwerte Berufsausübung zu ermöglichen. Sowohl im Krankenhaus als auch in der Lehrpraxis begann ich um 7 Uhr zu arbeiten. Wo kann man um 7 Uhr seine Kinder unterbringen? Auch wenn sie krank waren, konnte ich sie in ihrer vertrauten Umgebung beim Papa lassen. Der zweitwichtigste Faktor sind die Großeltern. Besonders für kurze Überbrückungszeiten (z. B. das älteste Kind vom Kindergarten abholen, wenn die Kleinen gerade Mittagsschlaf machen) waren meine Schwiegereltern gleich gegenüber unbezahlbar. Auch für unsere Auszeiten zu zweit waren unsere Eltern und Schwiegereltern eine große Unterstützung. Die Großeltern sind einfach sehr vertraute Personen, wo es sehr bald leicht möglich war, die Kinder zu lassen. Als die Kinder klein waren, hatte ich außerdem kurzfristig eine Haushaltshilfe.

Das Leben ist manchmal hart zu uns. Was war rückblickend (oder ist aktuell) eine schwierige Zeit für dich – seit der (ersten) Schwangerschaft/Familiengründung?

Eine schwierige Phase hatte ich nach der Geburt unserer zweiten Tochter. Wir waren eben übersiedelt, ich fühlte mich entwurzelt. Dann hatte ich Rechtsstreitigkeiten mit meinem damaligen Dienstgeber und das neugeborene Baby hat nur geschrien, wodurch ich permanent das Gefühl hatte, das ältere Kind zu vernachlässigen.

Was hat dir damals Kraft gegeben?

Mein Mann hat den Alltag aufrecht gehalten, die Hebamme hat mich motiviert, die Großeltern haben unterstützt, wo sie konnten. Doch rückblickend betrachtet hätte ich damals professionelle Hilfe in Anspruch nehmen sollen.

Was hilft dir generell bzw. gibt dir Kraft, wenn du ein Problem oder eine schwierige Situation meistern musst?

Wenn ich ein Problem bzw. eine schwierige Situation habe, helfen mir Gespräche. Je nach Thema mit meinem Mann, einer Freundin, im Rahmen von Balintgruppen oder Supervision.

Was war ein besonders schönes Erlebnis aus deinem Privat- oder Berufsleben, das dir spontan einfällt und du gerne mit uns teilen möchtest?

Es sind die vielen schönen Momente, die mein Leben bereichern. Ob es ein Kinderlachen, das Gehen lernen, das Radfahren lernen, ein schlafendes Baby, der erste Kindergarten- oder Schultag, miteinander spielende Geschwister, ein gemaltes Bild, ein gesungenes Lied, die bestandene Matura oder der bestandene Führerschein sind ... Ich könnte die Liste endlos fortsetzen. Das alles macht mein Leben schön.

Ebenso ist es in meinem Beruf. Es sind die vielen Erlebnisse wie ein Neugeborenes auf der Welt zu begrüßen, einem Ängstlichen die Angst zu nehmen, eine Wunde zu versorgen oder einen Menschen am Sterbebett zu betreuen. Diese Momente, ob privat oder beruflich, geben mir laufend Energie für Zeiten, wo es anstrengend ist oder nicht glatt läuft.

Was gibt dir laufend die nötige Energie, um deine Lebensbereiche bzw. Rollen als Mutter, Berufstätige, Partnerin etc. gesund zu verbinden? Was tust du (regelmäßig) für dein Wohlbefinden?

Für meine Selbstfürsorge mache ich täglich Yoga, gehe täglich mit unserem Hund spazieren, liebe es, mich im Garten um Blumen, Gemüse und Getier zu kümmern, koche und ernähre mich gesund, schlafe viel.

Regelmäßiger Urlaub am Meer verschafft mir immer wieder die nötige Distanz vom Alltag, und Fastenwochen sind eine Art „Reset".

Was möchtest du anderen Frauen, die ebenso BEIDES – Kind und Karriere – möchten, mit auf den Weg geben?

Ich denke, es ist wichtig, das Kind oder die Kinder nicht zum Projekt zu machen, sondern weiterhin die eigenen Ziele zu verfolgen und sie als natürlichen Teil des Lebens zu sehen. Oft erlebe ich, dass nach dem Projekt Hochzeit das Projekt Hausbau, dann das Projekt Karriere und dann das Projekt Kind kommen. Wobei immer der Fokus nur auf dem gerade aktuellen Projekt liegt, und das aber voll und ganz. Bei einem Kind ist das jedoch ungesund für beide Seiten. Kinder dürfen sich beispielsweise auch weh tun, dürfen krank sein. All das hilft ihnen zu wachsen.

Klar, ist es ein immer wieder neu auszubalancierendes Gefüge, je nach Alter der Kinder und dem entsprechenden Umfeld. Ich habe erlebt, dass die Arbeit einen Ausgleich zum Familienleben darstellen kann, und dass mein Familienleben meine Prioritäten neu sortiert hat und mich reich an Erfahrungen gemacht hat, die mir wieder in meinem Beruf zugutegekommen sind.

Generell wichtig sind außerdem Vertrauen und Gelassenheit. Ich gewann mit jedem Kind mehr Gelassenheit. Die erste Zeit verging sehr schnell und danach war es eine unglaubliche Ressource, wie gerne und gut sie sich miteinander beschäftigten und sich gegenseitig unterstützen und bereichern.

Elisabeth & Silke:

Familiengründung und Vereinbarkeit eines gleichgeschlechtlichen Paars

Elisabeth, Lehrerin an einer Handelsakademie und Online-Unternehmerin

Silke, Leiterin eines Kinderhorts

verheiratet, 2 Kinder (Zwillinge, 3 Monate)

Du und deine Partnerin, ihr lebt ein sehr modernes Familienmodell. Daher bin ich besonders dankbar, dass auch deine Partnerin an diesem Interview teilnimmt (soweit neben der Kinderbetreuung möglich) und ihr uns nun gemeinsam Einblicke in euer Berufs- und Familienleben gebt. Erzählt bitte jeweils kurz über euren bisherigen Werdegang.

Elisabeth: Matura, Studium Anglistik/Amerikanistik und Medienwissenschaften, Marketing-Managerin, davon 3 Jahre Abteilungsleiterin sowie nebenberuflich Betrieb des ersten Onlineshops und selbstständige Vertriebspartnerin eines Networking-Unternehmens. Lehramtsstudium Englisch/ Psychologie/ Philosophie und Veröffentlichung eines Hörbuchs, danach Einstieg als Lehrerin an einer Handelsakademie (bis heute). Ankauf von zwei Anleger-Eigentumswohnungen als Pensionsvorsorge. Seit 2018 zusätzlich: Betrieb eines YouTube-Lernkanals. Seit 2019: Betrieb zweiter Onlineshops. 2019-2021: Doktoratsstudium Englische Sprachwissenschaften. 2021: Geburt unserer Zwillinge.

Silke: Kindergartenschule mit Matura, Ausbildung Hort-Pädagogin, Tätigkeit als Hort-Pädagogin, danach Studium NMS-Lehramt Deutsch/ Bildnerische Erziehung/Geschichte. 2016: TrainerInnen-Ausbildung Deutsch als Zweitsprache/Deutsch als Fremdsprache. 2016-2020:

Unterrichten der Fächer Deutsch als Zweitsprache/Deutsch als Fremdsprache und Inklusion. 2019-2020: Leiterin eines Kinderhorts. Seit 2021: Karenz aufgrund der Geburt unserer Zwillinge

Hattet ihr eure aktuelle, berufliche Position schon sehr lange als Ziel vor Augen? Oder hat sie sich im Laufe der letzten Monate/Jahre herauskristallisiert und aus euren Interessen oder Erfahrungen oder z. B. aus Gründen der Vereinbarkeit ergeben?

Elisabeth: Ich wurde erst durch Silke auf die Idee gebracht, Lehramt zu studieren. Da Englisch immer schon eine meiner Leidenschaften war und ich viel Nachhilfe gegeben hatte, habe ich mit 29 Jahren noch das Lehramtsstudium nachgeholt, nachdem ich bereits 10 Jahre als Marketing-Managerin gearbeitet hatte. Wäre ich meiner Bürotätigkeit mit 40 Stunden (oder mehr) weiter nachgegangen, hätte ich viel weniger Zeit gehabt, um ein eigenes Unternehmen aufzubauen bzw. hätte es viel länger gedauert. Der Vorteil des Lehrerberufs ist definitiv die zeitliche Flexibilität, die durch gutes Zeitmanagement viel Freiraum für weitere berufliche Projekte zulässt. Zusätzlich ist der Lehrerjob durch die vielen Ferien sehr familienfreundlich, was für mich auch ein Grund für die berufliche Veränderung war, da ich schon immer Kinder wollte.

Silke: Neben dem Wunsch nach Weiterbildung war auch der finanzielle Faktor ein Grund für mein späteres Lehramtsstudium, da ein Job als Hort-Pädagogin schlecht bezahlt wird. Dennoch kristallisierte sich im Laufe meiner mehrjährigen Unterrichtserfahrungen heraus, dass mir die Tätigkeit in der Nachmittagsbetreuung mehr Freude macht und ich somit auf den höheren Verdienst verzichtete. Allerdings steht mein weiterer beruflicher Werdegang nach meiner Babypause noch nicht gänzlich fest, da sich ein Beruf in der Nachmittagsbetreuung zusätzlich zur schlechteren Bezahlung nicht optimal mit den Kindergarten- und Schulzeiten der Kinder vereinbaren lässt und ich die Zeit am Nachmittag lieber mit meinen Kindern und meiner Frau verbringen würde, was wiederum mehr für den Lehrerberuf sprechen würde.

Was schätzt oder liebt ihr an eurem Job besonders? Könnt ihr euch vorstellen, euren Job bis zur Pension zu machen?

Elisabeth: Ich liebe am Lehrerjob, dass ich junge Menschen inspirieren kann, mit Motivation und Engagement an ihren Zielen zu arbeiten. Durch die Tätigkeit an einer Handelsakademie und meine Arbeit als Online-Unternehmerin kann ich meine praxisnahen Erfahrungen direkt in den Unterricht einfließen lassen. Dennoch kann ich mir nicht vorstellen, bis zur Pension als Lehrerin zu arbeiten, da dieser Beruf sehr kräftezehrend ist. Außerdem ist es mein Ziel, bald ausschließlich als Online-Unternehmerin tätig zu sein, um mehr Lebenszeit mit gleichbleibendem oder besserem Verdienst zu gewinnen, was mir als Lehrerin niemals möglich wäre.

Silke: Ich schätze an meinem Beruf als Hortpädagogin besonders, dass ich kreativ und frei arbeiten und den Tagesablauf selbst gestalten kann. Ich könnte mir den Beruf bis zur Pension vorstellen, da ich sehr gerne mit Kindern arbeite. Dennoch spielt die finanzielle Seite eine Rolle, da ich als Hortpädagogin nur eine sehr kleine Pension beziehen würde und somit die Frage einer besser bezahlten Tätigkeit noch im Raum steht.

Was hat euch rückblickend am meisten geholfen, um in eurem Wunschberuf zu landen? Gibt es DEN Wunschberuf für euch überhaupt? Oder bleibt ihr gerne flexibel und habt ihr beispielsweise ein paar fixe Anhaltspunkte, die euch beruflich wichtig sind?

Elisabeth: Für mich bedeutet „Wunschberuf" Gewinnung von mehr Lebenszeit bei gleichbleibendem oder besserem Gehalt.

Was bedeutet Karriere für euch persönlich?

Elisabeth: Einen erfüllenden – aber nicht zu zeitausfüllenden – Job zu haben, mit dem sich so viel Geld verdienen lässt, dass man sich entspannen kann.

Silke: Mehr Lebenszeit.

Hab ihr bereits in der Phase der Familienplanung darüber gesprochen, wie ihr Kinderbetreuung und Berufstätigkeit untereinander aufteilt/regelt? Oder habt ihr dieses Thema erstmal auf euch zukommen lassen?

Elisabeth: Da ich sehr gerne arbeite und auch mehr verdiene als Silke, war es schon länger ziemlich klar für uns, dass Silke die Kinder bekommen und danach auch in Karenz gehen wird.

Vor rund 2 Jahren habt ihr geheiratet und nun kamen vor 3 Monaten eure Zwillinge auf die Welt. Gab es beruflich oder privat negative oder diskriminierende Reaktionen in eurem Umfeld à la „Kinder brauchen auch einen Vater“ oder ähnliches? Wenn ja, welche?

Elisabeth: Mein Vorgesetzter konnte mir nach meinem Outing in der Schule letztes Jahr für längere Zeit nicht direkt in die Augen schauen, wirkte distanzierter und benutzte statt der nun schon länger geläufigen Bezeichnung „Babymonat“ nach wie vor den Begriff „Papamonat“, wenn er mit mir sprach. Einige offizielle oder behördliche Formulare, z. B. das der Kinderwunschklinik, führten stets die Bezeichnung „Vater“ statt „2. Elternteil“ vor meinem Namen an – laut Rückfrage konnte das im System nicht geändert werden. Im privaten Umfeld reagierte mein Großvater nach der Verkündung der Schwangerschaft äußerst negativ und sagte: „Diese Nachricht ist kein Grund zur Freude.“ Auch mein Vater hat anfangs mit Desinteresse reagiert, erst als die gesamte Großfamilie in immer mehr Vorfreude verfiel, kam er mit mehr Interesse auf uns zu und möchte nun die Großvaterrolle einnehmen. Sonst hat der Großteil unseres Umfelds (Nachbarn, Freunde, Familie) glücklicherweise äußerst positiv auf unseren Nachwuchs reagiert.

Ist unsere Gesellschaft in Österreich eurer Meinung nach schon tolerant genug und akzeptiert gleichgeschlechtliche Familien gleichermaßen wie heterosexuelle Paare mit Kindern, oder gäbe es hier noch Luft nach oben?

Elisabeth: Da meine Frau Silke in der Großstadt aufgewachsen ist, wo Vielfalt großgeschrieben wird, und wir somit auch Teil eines liberalen Umfelds sind, werden gleichgeschlechtliche Familien in unserer Umgebung sehr gut akzeptiert. Obwohl sich in den letzten Jahren vieles verbessert hat, ist die österreichische Gesamtbevölkerung leider dennoch weit weg von einer Gleichstellung. Man braucht hier zum Beispiel nur in die Kommentare von Online-Zeitungen oder Sozialen Medien zu diesem Thema schauen, um den nach wie vor sehr negativen Tenor zu erleben (z. B. keine Ehe für alle, Homosexualität okay – aber bitte keine Kinder bekommen, Gleichsetzung mit Pädophilie, Homosexualität nicht öffentlich zur Schau stellen usw.).

Denkt ihr, ein Wandel in Bezug auf die Wahrnehmung gleichgeschlechtlicher Familien kann nur bzw. hauptsächlich auf individueller Ebene durch Änderung des Mindsets passieren? Oder könnte hier auch die Politik aktiver werden?

Elisabeth und Silke: Politik spielt eine ganz wesentliche Rolle. Beispielsweise haben sich liberale Parteien immer für Veranstaltungen wie den Life Ball oder die Regenbogenparade engagiert. Zusätzlich werden offizielle Orte regelmäßig mit Regenbogen-Fahnen und positiven Slogans geschmückt. Diese Aktionen haben positiven Einfluss auf die Gesamtstimmung eines Landes im Vergleich zu Ländern, wo Homosexualität negativ propagiert wird.

Ihr habt in Bezug auf euren Kinderwunsch einige schwierige Entscheidungen bereits im Vorfeld treffen müssen. So beispielsweise die Fragen, wer von euch beiden schwanger wird bzw. sich befruchten lässt, ob Eizellen von euch beiden entnommen und verwendet werden, und auch für welchen Samenspender ihr euch entscheidet. Ich kann mir vorstellen, dass dies sehr schwierige Fragestellungen sind, die einem als Paar mehrere Monate beschäftigen und den Entscheidungsprozess nicht gerade leicht machen. Wie seid ihr damit umgegangen und was hat euch geholfen, in Bezug auf diese Fragen einen gemeinsamen Weg zu finden, der für euch beide gleichermaßen passt?

Elisabeth: Da ich sehr gerne arbeite und auch mehr verdiene, war es schon länger klar für uns, dass Silke die Kinder bekommen und danach auch in Karenz gehen wird. Wir haben uns dafür entschieden, nur Silkes Eizellen zu verwenden. Nach einer langen, mühsamen Zeit mit einigen erfolglosen Versuchen der künstlichen Befruchtung in unserer ersten Kinderwunschklinik waren wir nervlich und finanziell sehr erschöpft und brauchten einen Neustart. Daher fassten wir nach viel Recherche im Internet und vor allem im Freundes- und Bekanntenkreis den Entschluss, die Kinderwunschklinik zu wechseln, und entschieden uns dazu, den Samenspender von einer der besten Samenbanken Europas selbst auszuwählen. Durch den Wechsel konnten wir glücklicherweise beim ersten Versuch in der neuen Klinik eine Zwillingsschwangerschaft erzielen.

Wie sieht ein ganz normaler Wochentag bzw. eine ganz normale Woche bei euch aus?

Elisabeth: Unter der Woche übernimmt Silke die Nachtschichten mit den Zwillingen, damit ich schlafen kann. Als Lehrerin arbeite ich von Montag bis Donnerstag ca. von 7 bis 14 Uhr, also insgesamt rund 28 Stunden pro Woche. Ich versuche, die Vorbereitungs- und Korrekturarbeiten während der Frei- oder Sprechstunden in der Schule zu erledigen. Während ich in der Schule bin, kommt vormittags entweder eine Babysitterin oder die Oma zur Hilfe bei der Betreuung der Zwillinge. Während dieser Zeit kann Silke ein bisschen Schlaf nachholen. Gegen 14 Uhr komme ich nach Hause und Silke und ich kümmern uns am Nachmittag und Abend gemeinsam um die Kinder. Zwei- bis dreimal unter der Woche kommt abends mein Bruder zum Babysitten, damit ich für mein Online-Unternehmen arbeiten kann. Die Wochenenden verbringen wir häufig bei den anderen Großeltern, die uns auch eine große Hilfe sind. So kann ich auch an den Wochenenden für mein Online-Unternehmen arbeiten. Da Zwillinge sehr viel Arbeit erfordern, ist eine gute Zeitplanung im Voraus enorm wichtig, damit alles gut funktioniert.

Wie viel Zeit habt ihr durchschnittlich pro Woche für Zeit zu zweit? Bei nahezu allen Paaren mit kleinen Kindern mangelt es an gemeinsamer Zeit. Wie geht ihr mit der oft sehr knappen Zeit um? Was ist eurer Meinung nach wichtig für eine gelungene Beziehung?

Elisabeth: Uns ist es sehr wichtig, regelmäßig kleine Zeitpausen zu zweit verbringen zu können. Manchmal ist das ein gemeinsamer Spaziergang, ein Treffen mit Freunden oder einfach nur, eine Mahlzeit in Ruhe gemeinsam zu essen. Dafür nutzen wir die Zeit, während die Oma, mein Bruder oder die Großeltern uns bei der Kinderbetreuung helfen. Momentan haben wir ungefähr 6 Stunden pro Woche Zeit für uns zu zweit. Wir versuchen, in diesen Pausen so wenig wie möglich von den Kindern zu sprechen (auch wenn es uns nicht immer gelingt). Für unsere Beziehung, unsere Psyche und zum Abschalten vom Alltag ist dies wirklich sehr wichtig für uns.

Was sind aktuelle Herausforderungen in eurem Alltag (beruflich und/ oder privat)?

Elisabeth: Wie bereits beschrieben, ist gutes, vorausschauendes Zeitmanagement momentan die oberste Priorität, damit der Alltag gut funktioniert. Da Silke nur das Kinderbetreuungsgeld und die Familienbeihilfe bekommt und die maximale Karenzdauer beanspruchen wird, ist die finanzielle Planung momentan eine Herausforderung, was mich jedoch noch mehr motiviert, mein Online-Unternehmen weiter auszubauen, um dadurch zusätzlich zum Lehrergehalt einen stabilen zweiten Einkommensstrom zu generieren. Ich bin zuversichtlich, dass mir dies bald gelingen wird.

Was ist euch bei der Erziehung eurer Kinder besonders wichtig?

Elisabeth: Eine von Silkes Stärken ist zweifelsohne ihre soziale Kompetenz und die Wichtigkeit von familiären Werten, von der unsere Kinder bestimmt sehr profitieren werden. Ich würde meine Kinder gerne zu selbstbewussten Menschen erziehen. Ich sehe mich selbst daher mehr zuständig für die Vermittlung von Werten wie Aktivität (wenn man etwas erreichen will, muss man selbst aktiv werden und dafür arbeiten), Selbstbestimmtheit und finanzieller Intelligenz.

Was genießt ihr besonders? Worüber freut ihr euch im Alltag?

Elisabeth: Wir lieben lange Spaziergänge mit den Kindern im naheliegenden Naturschutzgebiet. Nach einem langen Tag mit Arbeit und den Zwillingen genießen wir es momentan besonders, abends gemeinsam einen guten Film anzusehen, wenn die Kinder bereits schlafen.

Was sind wesentliche Unterstützungsfaktoren für euch, um Beruf und Privatleben gut zu vereinbaren? Wie teilt ihr euch die Aufgaben konkret auf?

Elisabeth: Neben der bereits genannten Unterstützung durch Großeltern, Bruder und Babysitterin kommt ein bis zwei Mal pro Monat eine Reinigungskraft, um uns bei der Hausreinigung zu helfen. All diese Unterstützungsfaktoren sind essenziell, damit wir den Alltag gut meistern können.

Das Leben ist manchmal hart zu uns. Was war rückblickend (oder ist aktuell) eine schwierige Zeit für euch – seit der Schwangerschaft/ Familiengründung?

Elisabeth: Die ersten beiden Wochen mit den Zwillingen waren pures Chaos. Ich hatte zwar viele Babybücher gelesen und mir Videos angesehen, jedoch war das *echte* Leben mit den Babys dann komplett anders als in der Theorie. Wir hatten anfangs auch keine externen Unterstützungspersonen eingeplant, da wir nicht dachten, wie anstrengend zwei Kinder sein könnten.

Was hat dir/euch hier Kraft gegeben?

Elisabeth: Nach den ersten 2 Wochen zog glücklicherweise eine Oma für einige Tage zu uns. Dies gab uns erstmal wieder ein wenig Kraft zurück. Da entschied ich mich auch dafür, eine Babysitterin zu suchen sowie die beiden Omas und den Opa sowie meinen Bruder regelmäßig um Unterstützung zu bitten. Alleine das Wissen, dass wir bald regelmäßig Hilfe erhalten würden, hat mich sehr entspannt und mir wieder Energie zurückgegeben.

Was hilft euch generell bzw. gibt euch Kraft, wenn ihr ein Problem oder eine schwierige Situation meistern müsst? Was gibt euch laufend die nötige Energie, um eure Lebensbereiche und Rollen gesund zu verbinden?

Elisabeth: Ich brauche regelmäßig kleine Ruheinseln, um meinen Kopf abschalten zu können. Dabei helfen mir vor allem Radfahren und Schlagzeug spielen. Dabei versinke ich komplett im gegenwärtigen Augenblick und kann einfach nur genießen und mich danach neu orientieren und gelassener auf herausfordernde Situationen zugehen.

Was war ein besonders schönes Erlebnis aus eurem Privat- oder Berufsleben, das euch spontan einfällt und ihr gerne mit uns teilen möchtet?

Elisabeth: Für mich war die Geburt meiner Kinder ein unglaubliches und einzigartiges Erlebnis. Diese Erfahrung kann man nicht beschreiben, sondern muss man selbst erlebt haben, um zu wissen, wie es sich anfühlt, Mama zu werden. Ein aktuell wahnsinnig schönes Erlebnis war, als mich die Zwillinge zum ersten Mal angelacht haben. Ein solch inniger, wunderschöner Augenblick kompensiert all den Stress, der davor gewesen ist, und verleiht pure Glücksgefühle.

Was möchtet ihr anderen Frauen, die ebenso BEIDES – Kind und Karriere – möchten, mit auf den Weg geben?

Elisabeth: Die meiner Meinung wichtigsten beiden Faktoren für Neu-Mamas, die gleichzeitig ihre Karriereziele erreichen möchten, sind ein gutes Netzwerk an Unterstützungspersonen und ein vorausschauendes Zeitmanagement.

Anja:

Vom Studium mit Kind zur Führungskraft und Dreifach-Mama

Anja, Bereichsleiterin Organisationsmanagement in der Gesundheitsbranche, verheiratet, 3 Kinder (2, 9 und 20 Jahre)

Erzähle bitte kurz über deinen bisherigen Werdegang.

Ich habe direkt nach der Matura ein Fachhochschulstudium abgeschlossen und einige Jahre später einen berufsbegleitenden, postgradualen Studiengang absolviert. Ich arbeite seit meinem fünfzehnten Lebensjahr (zumindest nebenher) und habe auch einige tolle Arbeitgeber und Positionen in meinem Lebenslauf vorzuweisen. Retrospektiv betrachtet war jede Erfahrung ein wichtiger Meilenstein und umgekehrt, egal, ob die Zeit als Kellnerin und Zimmermädchen oder in führenden Positionen war.

Du leitest das Organisationsmanagement in der Abteilung Personal & Organisation des europaweit größten öffentlichen Anbieters im Gesundheitswesen mit rund 27.000 Mitarbeiterinnen und Mitarbeitern und über 70 Standorten. Wie kam es dazu und was half dir rückblickend, um deine heutige Position zu erlangen?

Um ehrlich zu sein, kam ich durch ein paar glückliche Fügungen des Lebens in diese Position. Ich war einfach zur richtigen Zeit am richtigen Ort und habe mit den richtigen Leuten, zum Beispiel meinem derzeitigen Vorgesetzten, eine gewinnbringende, zwischenmenschliche und fachliche Basis aufgebaut. Rückblickend hat mir vor allem meine Fähigkeit, Verbindungen aufzubauen, neben meinem Engagement zu dieser Position verholfen. Ich habe nie lange überlegt, wenn sich neue Chancen aufgetan haben, habe diese aber auch aktiv gesucht.

Nach der Karenz wieder eine Führungsposition zu übernehmen, hat mir und meinem Mann familienorganisatorisch einiges abverlangt, aber ich wollte es gerne so.

Du hattest schon ein Kind, als du dein Studium begonnen hast. Wie hast du es geschafft, dein zeitintensives Fachhochschulstudium mit Familie zu meistern, und was hat dir rückblickend am meisten dabei geholfen?

Selbstvertrauen, Zuversicht und eine große Portion jugendliche Sorgenlosigkeit.

Zum einen mache ich mir selten Gedanken darüber, ob ich etwas, dass ich tun will, nicht schaffen könnte. Zum anderen habe ich ein hohes Maß an Flexibilität. Es gab und gibt für mich nicht immer nur einen richtigen Weg. Das Leben ist ständig voller Optionen und Möglichkeiten. Ich habe mir seit jeher immer ein gutes Netzwerk um mich aufgebaut. Als Jugendliche waren das meine Freunde und Freudinnen – wir haben uns gegenseitig geholfen, unsere Lebensphasen zu meistern. Später wurde die Kernfamilie wieder wichtig und ich habe gelernt, auch darüber hinaus Hilfe anzunehmen. Rückblickend hat mir daher am meisten geholfen, Strukturen aufzubauen, die mich in meiner aktuellen Lebensphase unterstützen. Dazu gehört aber auch die Flexibilität, diese stets zu adaptieren.

Auf meinem späteren beruflichen Karriereweg hat mich gerade die Erfahrung aus Studium mit Kind sehr geerdet und darin bestärkt, meinen Weg zu gehen. Wer heute mit meiner Tochter spricht, wird hören, dass sie stolz auf ihre erfolgreiche Mama ist. Tatsächlich ist aus ihre eine junge Dame geworden, die sich für Frauenrechte und Gleichberechtigung stark macht und die ihr weibliches Umfeld motiviert und fördert, worauf ich sehr stolz bin.

Die Tatsache, dass ich nicht Vollzeitmutter, sondern immerzu auch sehr intensiv mit mir und meinem persönlichen Werdegang beschäftigt war, hat meinem Kind überhaupt nicht geschadet. Anders formuliert: Die Liebe ist das, was deine Kinder glücklich wachsen lässt. Wenn sie in der Zeit des Heranwachsens von einem ganzen Dorf großgezogen werden, ändert das überhaupt nichts an der Mutter-/Vater-Kind-Bindung.

Diese Erfahrung hat mir dabei geholfen, Mama zu sein und trotzdem – ohne schlechtes Gewissen – Karriere zu machen.

Ich behaupte nicht, dass das immerzu leicht ist. Wer mehrfach eingespannt ist, muss regelmäßig Energie tanken. Auch das habe ich sehr früh gelernt und das hat mir wiederum geholfen, trotz Kinder glücklich Karriere zu machen.

Ich bin davon überzeugt, dass es nicht nur einen Weg zum Glück gibt. Ziele sind gut, aber der Weg dorthin muss nicht immer geradlinig sein. Daher ist es gut, im Kopf flexibel zu bleiben. Das Schwierigste ist bestimmt, herauszufinden, was man eigentlich will. Das ist ein ständiger Prozess, weil man sich ja stetig weiterentwickelt. Dranbleiben und sich gegenseitig unterstützen. Andere nicht für andere Lebensmodelle verurteilen.

Zusammengefasst ist wesentlich: die persönliche Einstellung, dein Netzwerk und die Achtsamkeit mit dir selbst.

Hast du berufliche Nachteile erfahren oder gab es besondere berufliche Herausforderungen durch die Geburt deiner Kinder? Wenn ja, welche?

Ich glaube, eine Schwangerschaft und Geburt bremst dich immer aus, egal in welcher Lebensphase. Diese – zumindest im Mutterschutz erzwungene – Entschleunigung ist aus meiner Sicht jedoch gut, um sich auf die neue Lebensgewohnheit einzuschwingen und sich zu organisieren.

Aus beruflicher Sicht ist diese Lebensumstellung rund um die Geburt schon ein Thema. Letztendlich betrifft es nicht nur dich als Mutter und deine Familie, sondern auch den Arbeitgeber, das Team.

Ehrlicherweise empfinde ich dennoch keinen beruflichen Nachteil. Ich hatte einfach großes Glück, nach knapp über einem Jahr Abwesenheit meine Position halten zu können. Das ist vor allem den Menschen zu verdanken, die mich vertreten und auf meine Stärke vertraut haben.

Mit beruflichen Herausforderungen war ich sehr wohl konfrontiert. Die beiden Lebenswelten Familie und Beruf vertragen sich nicht immer optimal. Die Mehrfachbelastung ist einfach sehr anstrengend. Mein drittes Kind hat die ersten eineinhalb Jahre nie mehr als 2 bis 4 Stunden am Stück geschlafen! Im Unternehmen wurde zu der Zeit eine große

Umstrukturierung durchgeführt, es wurde noch mehr Leistung unter Zeitdruck verlangt. Die stete Übermüdung und Überlastung haben mir vorübergehend auch den Optimismus und die Zuversicht geraubt.

Die größte Herausforderung für mich war jedoch bei jeder Geburt die gesellschaftliche Meinung zu meinem persönlichen Leben sowie die mangelnden strukturellen Unterstützungsangebote. Mit siebzehn war ich auf Grund meiner Jugendlichkeit einem unglaublichen Stigma ausgesetzt. Mit knapp dreißig musste ich mir milde Hinweise zur mangelnden Sorgfaltspflicht und Vereinbarkeit von Muttersein und Beruf gefallen lassen. Zumeist von Menschen, die ich nicht oder nur flüchtig kannte. Daher kann ich festhalten, dass die Geburt der Kinder vor allem persönliche, sozialpsychologische und versorgungsstrukturelle Herausforderungen mit sich gebracht hat.

Wie viele Stunden arbeitest du durchschnittlich pro Woche? Bist du mit diesem Ausmaß zufrieden oder würdest du es gerne ändern (mehr/weniger)?

Ich habe nach der Karenz meines dritten Kindes mit 30 Wochenstunden zu arbeiten begonnen und nach einem Jahr auf 35 Stunden erhöht. Aufgrund der Möglichkeit, im Home-Office zu arbeiten, ist für mich auch Vollzeit denkbar, sobald der Jüngste in den Kindergarten geht. Grundsätzlich passt es für mich so, wie es derzeit ist, sehr gut.

Was schätzt oder liebst du an deinem Job besonders? Kannst du dir vorstellen, deinen Job bis zur Pension zu machen?

Ich schätze vor allem die Gestaltungsmöglichkeiten, das Kollegium, mein Team und die zahlreichen Angebote an Aus-, Fort- und Weiterbildungen. Ich liebe es, in einer Managementfunktion als Generalistin tätig zu sein. Mit meinem Team gestalten und unterstützen wir in einer Branche, deren Kernaufgabe für mich zu einer der wichtigsten überhaupt zählt: die Gesundheitsversorgung von Menschen.

Momentan läuft es gut und die Pension habe ich noch lange nicht am Radar.

Was bedeutet Karriere für dich persönlich?

Weiterentwicklung. Das bedeutet nicht zwangsläufig, immerzu in der Hierarchie zu steigen. Es bedeutet für mich, sich in seiner beruflichen Lebenswelt nach seinen persönlichen Entwicklungszielen zu verändern.

Ich ziehe Wertschätzung und Anerkennung aus meinem beruflichen Alltag. Das tut mir gut und fördert gleichzeitig meine intrinsische Motivation. Es bedeutet aber zeitgleich, dass ich meinen Karriereweg auch danach orientiere, was mir meine Berufung zurückgibt. Eine Einbahnstraße ist nicht mein Weg. Somit bedeutet Karriere für mich auch Weiterentwicklung, sowohl im Leistungsspektrum als auch im Rahmen der Entlohnung – auch ideell, nicht nur materiell.

Was hat dir rückblickend am meisten geholfen, um in deinem Wunschberuf zu landen? Gibt es DEN Wunschberuf für dich überhaupt? Oder bleibst du gerne flexibel und hast ein paar fixe Anhaltspunkte, die dir beruflich wichtig sind?

Für mich gibt es DEN einen Wunschberuf nicht. Für mich sind die Menschen, mit denen ich zusammenarbeite, wichtig. Ich mag meinen Beruf, weil ich das Gefühl habe, dass die Tätigkeit letztendlich Sinn macht und ich laufend mit neuen Inhalten beschäftigt bin. Die Themen fordern und fördern mich gleichzeitig.

War deine/eure Familienplanung ein bewusster, geplanter Schritt oder hat dich/euch das Leben überrascht? Bist du bzw. seid ihr rückblickend glücklich darüber, wie es gekommen ist? Oder würdest du die Familienplanung heute anders angehen?

Privat bin ich wohl ein krasses Pendant zum Beruf und plane so gut wie gar nichts. Mein Planungshorizont beschäftigt sich so circa mit dem nächsten Wochenende und was ich noch einkaufen muss. Ich lasse das Leben auf mich regnen und finde das sehr gut so. Ich habe mich daher auch nie mit Familienplanung beschäftigt und die drei Kinder unter völlig unterschiedlichen Umständen bekommen.

Meine Tochter habe ich mit 17 Jahren bekommen. Alleinstehend unter – zu der Zeit – eher schwierigen familiären Verhältnissen. Ich war Schülerin und hatte zuvor ein Jahr wiederholt, daher war ich in der 5-jährigen höheren Schule erst im zweiten Jahr. Ich musste mich damals entscheiden und habe (auch aufgrund meiner damaligen Direktorin) es dann einfach durchgezogen. Im Juli kam meine Tochter zur Welt, im Oktober war ich wieder in der Schule. Ich hatte große Zweifel und Ängste. Meine Erkenntnis: Es ist unglaublich, was alles möglich ist, wenn man es einfach tut.

Meinen Mann habe ich damals schon gekannt, er war ein Jugendfreund. Als wir viel später ein Paar wurden, haben wir bald darauf unseren Sohn bekommen. Zu der Zeit habe ich mich gerne für eine Karenz entschieden, weil ich erleben wollte, wie sich der „klassische" Weg anfühlt. Noch während der Karenzzeit wollten wir noch ein Kind. Das hat jedoch leider nicht geklappt.

Mit der dritten Schwangerschaft hatten wir daher nach 6 Jahren nicht mehr gerechnet. Diese Überraschung hat uns sehr gefreut und mir gleichzeitig in meine Karriereplanung überhaupt nicht reingepasst. Ich hatte zu der Zeit eine befristete Leitungsposition und wollte im Unternehmen Fuß fassen. Das Leben war gut zu mir: Ich habe mein drittes Kind bekommen, bekam dennoch eine Festanstellung und konnte darüber hinaus die Leitungsposition behalten. Das ist im Übrigen immer noch „mein" Unternehmen und erklärt vielleicht auch, warum ich so gerne arbeite.

Ich bin sehr glücklich damit, weil sich alles wunderbar gefügt hat, und würde daher nichts ändern. Wenn ich könnte, würde ich meinem früheren „Ich" sagen, sich nicht so oft zu grämen, zu schämen oder klein zu fühlen, weil es die Menschen oder Situationen überhaupt nicht wert sind.

In Gesprächen über den richtigen Zeitpunkt, Kinder zu bekommen, höre ich oft: „Den richtigen Zeitpunkt gibt es nicht." Eigentlich ist es eher so: Der Zeitpunkt ist immer richtig – mit zwanzig genauso wie mit vierzig. Eine Herausforderung bleibt die Geburt eines Kindes vermutlich immer. Vollkommen egal, welcher Beruf, welche Familienkonstellation, welche Lebensumstände – Kinder ändern das gewohnte Leben. Darauf muss man sich eben erst einmal einstellen.

Ich würde daher die Familienplanung überhaupt nie „angehen". Besser ein bisschen locker bleiben und das Leben nehmen, wie es kommt.

Wie sieht ein ganz normaler Wochentag bzw. eine ganz normale Woche bei dir aus?

Ich arbeite theoretisch 35 Wochenstunden und bin von Montag bis Donnerstag terminlich durchgeplant. Freitag halte ich mir offiziell frei. Das hat sich aufgrund der zur Verfügung stehenden Kinderbetreuung so ergeben: Montag und Dienstag kommt eine mobile Tagesmutter zu uns ins Haus. Mittwoch hält sich meine Schwiegermutter und Donnerstag meine Mutter für Oma-Tage frei. Der Terminfreie Tag hat sich bewährt, weil ich hier flexibel (so wie neben den Kindern gerade möglich) liegen gebliebenes aufarbeiten kann. Ich arbeite manchmal auch abends und seltener, wenn erforderlich, an den Wochenenden.

Mein Arbeitgeber und meine Position ermöglichen mir ein hohes Maß an Flexibilität, den Arbeitsaufwand auch bestmöglich zu organisieren. Das hilft mir natürlich, auch wenn ich nicht immer Herrin meines Kalenders und der erforderlichen Termine sein kann.

Wie viel Zeit habt ihr – du und dein Partner – durchschnittlich pro Woche für Zeit zu zweit? Bei nahezu allen berufstätigen Paaren mit Kindern mangelt es an gemeinsamer Zeit. Wie geht ihr mit der oft sehr knappen Zeit um? Was ist deiner Meinung nach wichtig für eine gelungene Beziehung?

Mit einem Baby oder Kleinkind gibt es im Prinzip keine Zeit zu zweit. Unser Jüngster ist mittlerweile zwei und schläft seit ungefähr einem halben Jahr abends ein und fast die ganze Nacht durch. Daher haben wir nun schon des Öfteren die Möglichkeit, die Abende gemeinsam ausklingen zu lassen. Ich glaube, das Wichtigste ist, die Lebensphase einfach anzuerkennen. Kürzlich waren die Kinder zum ersten Mal über Nacht bei Oma eingeladen. Wir haben gut gegessen, den Abend genossen, die ganze Nacht bis in den Vormittag geschlafen. Das hat sich angefühlt wie ein verlängertes Wochenende im Spa. Für eine gelungene Beziehung kann ich nur empfehlen, sich immer wieder selbst zu erden. Schlechte Phasen anzuerkennen und nicht zu hart mit sich selbst oder dem Partner ins Gericht gehen, wenn man sich nicht den Erwartungen entsprechend verhält. Für eine gelungene Beziehung ist vor allem die Liebe zu dir selbst und das Loslösen von gesellschaftlichen Normen und Erwartungen wichtig. „Gelungen“ ist die Beziehung dann, wenn alle Betroffenen mit den Umständen gut leben können.

Was sind aktuell Herausforderungen in deinem Alltag (beruflich und/ oder privat)?

Die größte Herausforderung ist, dass ich sowohl im Beruf als auch in der Familie derzeit das Gefühl habe, zu wenig Zeit zu haben.

Was ist dir bei der Erziehung deiner Kinder besonders wichtig?

Mir ist nur wichtig, dass die Kinder freie, mutige und selbstbewusste Menschen werden. Dafür muss ich auf jedes Kind individuell eingehen.

Was sind wesentliche Unterstützungsfaktoren für dich, um Beruf und Privatleben gut zu vereinbaren? Welche Aufgaben delegierst du an andere Personen?

Tagesmutter, Nachmittagsbetreuungsangebote, Großeltern zur Unterstützung in der Betreuung der Kinder. Wir leben außerdem generationsübergreifend, Tür an Tür, mit der Großmutter meines Mannes und meinem Schwager. Die „Urli-Oma" ist noch fit und führt die Regentschaft über Garten und Wäsche. Mein Schwager ist der heißgeliebte Onkel unserer Buben und immer zur Stelle, wenn er gebraucht wird. Unsere Große studiert in Wien und wohnt in ihrem eigenen Haushalt. Sie ist sehr selbständig! Wenn ich ihre Hilfe brauche, kommt sie jederzeit.

Mein Mann und ich nutzen darüber hinaus eine Einkaufs-App, mit welcher wir unsere notwendigen Erledigungen und Einkäufe organisieren können. Ansonsten sind die Aufgaben im gesamten Familienmanagement auf meinen Mann und mich gleich verteilt.

Das Leben ist manchmal hart zu uns. Was war rückblickend (oder ist aktuell) eine schwierige Zeit für dich – seit der (ersten) Schwangerschaft/ Familiengründung?

Eine schwere Verletzung unseres mittleren Kindes, wobei sein Leben für einige Stunden bzw. Tage auf Messers Schneide stand und wir nicht wussten, wie und wann er sich erholt.

Was hat dir damals Kraft gegeben?

Mein Mann und ich mir selbst, in aller erster Linie. Es folgten dann für mich jedoch einige schwierige Jahre, weil ich das Erlebte nicht gut abhaken konnte. Im Nachhinein betrachtet hätte ich mir und uns einiges erspart, wenn ich mir Hilfe geholt hätte. Wenn man eine starke Persönlichkeit und innere Kraft hat, ist es sehr schwer, zu erkennen, dass diese ausgeht.

Was hilft dir generell bzw. gibt dir Kraft, wenn du ein Problem oder eine schwierige Situation meistern musst?

Berufliche Probleme kann ich zumeist sehr gut abgrenzen oder sie belasten mich nur kurzzeitig. Hier hilft mir vor allem der Zusammenhalt und Austausch im Team. Generell ziehe ich sehr viel Kraft aus guten Beziehungen mit meinen Mitmenschen. Ich brauche auch etwas Zeit für mich, um mir über mich, meine Wünsche und Bedürfnisse klar zu werden. In Ruhe, zum Beispiel bei oder nach einer Yoga-Praxis oder in der Sauna, finde ich innere Ausgeglichenheit und Klarheit. Scheinbar unlösbare Probleme oder schwierige Situationen lösen sich Schritt für Schritt.

Kraft gibt mir auch meine Tochter. Als Erwachsene betrachtet sie mich ja mit ganz anderen Augen. Nichts gibt mir so viel Kraft wie die Anerkennung und Wertschätzung der eigenen Tochter. Sie sagt mir auch „Danke" für ihre Möglichkeiten, Mitfinanzierung und so weiter. Ich hoffe, meine Söhne sehen mich auch einmal als positive weibliche Figur in ihrem Leben. Das gibt Kraft, denn es zeigt, dass es „das alles" (was auch immer „es" gerade ist) wert ist.

Was war ein besonders schönes Erlebnis aus deinem Privat- oder Berufsleben, das dir spontan einfällt und du gerne mit uns teilen möchtest?

Ich bin sehr stolz auf jeden Abschluss, den ich geschafft habe. Zu Beginn meiner Pubertät war ich „schwierig" und eine schlechte Schülerin. Ich hatte darüber hinaus Lehrer (ja, nur Männer), die es geschafft haben, mir mein letztes Gefühl an Selbstwert zu rauben. Irgendwie habe ich es dann doch in die Oberstufe geschafft und hatte nach einer „Ehrenrunde" die Chance auf einen Neuanfang. Ich hatte Glück mit der Klasse und den Pädagoginnen und Pädagogen. Diese Menschen haben mir trotz Schwangerschaft das Gefühl gegeben, als Mensch wertvoll zu sein und die Schule schaffen zu können. Das in dieser Zeit erarbeitete Selbstvertrauen und Selbstwertgefühl kann mir nie wieder irgendwer nehmen. Jeder Abschluss erfüllt mich mit Stolz.

Was gibt dir laufend die nötige Energie, um deine Lebensbereiche bzw. Rollen als Mutter, Berufstätige, Partnerin etc. gesund zu verbinden? Was tust du (regelmäßig) für dein Wohlbefinden?

Ich lege viel Wert auf gutes Essen. Wenn möglich, besuche ich gerne Sport- oder Bewegungskurse, weil mir die Bewegung in der Gruppe mehr Spaß macht. Vor allem bewegen wir uns jedoch viel in der Natur, da ich mit meiner Familie am Land direkt am Waldrand lebe. Obwohl ich Menschen um mich möchte und die Gesellschaft schätze, brauche ich dennoch Alltagspausen und Zeit für nur für mich.

Hat die durch Corona bedingte „besondere Familiensituation" Wünsche oder Ziele in dir geweckt? Falls ja, welche?

Urlaub!

Was möchtest du anderen Frauen, die ebenso BEIDES – Kind und Karriere – möchten, mit auf den Weg geben?

Meine persönlichen Erfahrungen habe ich im Laufe meiner Erzählung verpackt. Was wir uns alle – da nehme ich mich nicht aus – immer wieder in Erinnerung rufen müssen, ist: Respekt. Respekt vor den Lebensentscheidungen deiner Mitmenschen, aber auch Respekt im Umgang mit dir selbst. Wie sich eine Mutter oder ein Vater oder die beiden als Paar entscheiden, ihr Familienleben zu organisieren, ist für niemand anderen zu be- oder verurteilen.

Natürlich ist es nicht immer einfach. Dennoch leben wir in einem Land, welches uns eine gute Ausgangslage bietet, unser Leben zu gestalten. Nimm dir Zeit, zu erforschen, wer du bist und was du dir von dir wünschst. Lass dir keine gesellschaftlichen Erwartungen oder Zwänge auferlegen, bleib freundlich, aber bestimmt bei dir und auf deinem Weg. Nimm dir laufend Zeit für genau diese Reflexion und versuche im Rahmen der dir gegebenen Möglichkeiten, Ressourcen und Strukturen das Beste zu schaffen. Sei stark, aber schaffe dir ein Netzwerk. Nimm das Leben auch immer ein bisschen so, wie es kommt.

Petra:

Beruflicher Neustart als alleinerziehende Mutter

Petra, selbstständige Tagesmutter, in einer Partnerschaft lebend, 1 Kind (12 Jahre alt)

Erzähle bitte kurz über deinen bisherigen Werdegang.

Hauptschulabschluss, bestandene Ausbildung zur Buchhändlerin, Eheschließung 2005, Geburt des Sohnes 2010, Scheidung 2015, Ausbildung zur Tagesmutter 2016, neue Partnerschaft 2018, Ausbildung zur Lerntrainerin 2018, Ausbildung zur Legasthenie- und Dyskalkulietrainerin 2021, Hausbau (Fertigstellung 2020)

Du hast es gewagt, als alleinerziehende Mama beruflich umzusatteln und dich als Tagesmutter selbstständig zu machen. Was hat dir rückblickend geholfen, diesen Schritt zu wagen?

Als Alleinerzieherin brauchte ich einen Beruf, der sich besser mit der Betreuung meines Kindes vereinbaren lässt. Zudem haben sich die Ausbildungsdauer und die Ausbildungsanforderungen im pädagogischen Bereich als hilfreich angezeigt und waren im privaten Bereich von großer Bedeutung für mich.

Hattest du deinen Beruf als Tagesmutter schon sehr lange als Ziel vor Augen? Oder hat er sich im Laufe der letzten Jahre herauskristallisiert und aus deinen Interessen oder Erfahrungen oder z. B. aus Gründen der Vereinbarkeit ergeben?

Es war spontan. Die Arbeitssuche nach der Übersiedelung wegen meiner Scheidung war schwierig, da die Arbeitszeiten nicht vereinbar waren und eine Fremdbetreuung zu teuer war.

Wie viele Stunden arbeitest du durchschnittlich pro Woche? Bist du mit diesem Ausmaß zufrieden oder würdest du es gerne ändern (mehr/weniger)?

Direkt in der Betreuung 34 Stunden. Darüber hinaus wöchentlich zusätzlich ca. 15 Stunden in der Planung, die ich meist abends, wenn mein Kind schläft, einarbeite oder sich während der Arbeitszeit ergeben.

Was schätzt oder liebst du an deinem Job besonders? Kannst du dir vorstellen, deinen Job bis zur Pension zu machen?

Ich liebe es, die Kinder zu begleiten, ihre Entwicklung zu beobachten und wertschätzend zu unterstützen. Und natürlich sind Arbeit und Beruf an einem Standort.

Was bedeutet Karriere für dich persönlich?

Karriere und Erfolg sind immer wieder gesellschaftliche Themen, die meist am Einkommen gemessen werden. Natürlich bin ich nicht abgeneigt, finanziell abgesichert zu sein und meinen Lebensunterhalt sorgenfrei zu bestreiten. Dennoch ist Karriere und Erfolg so viel mehr. Ich leiste täglich so unglaublich Vieles, das nicht mit Geld aufzuwiegen ist, und ich bin eine sehr erfolgreiche Karrierefrau in so vielen Gebieten, die gesellschaftlich leider nicht anerkannt werden, z. B. Kindererziehung, die Familie zu betreuen, pädagogische Angebote im privaten Bereich zu planen und umzusetzen, finanzielle Planung, ein Haus in Schuss zu halten, eine liebevolle Partnerschaft zu Mann UND Kind zu führen. Wie wichtig ist das, um ein erfülltes, gesellschaftlich integriertes Leben führen zu können, um seiner Seele etwas Gutes zu tun? Sehr wichtig.

Was hat dir rückblickend am meisten geholfen, um in deinem Wunschberuf zu landen? Gibt es DEN Wunschberuf für dich überhaupt? Oder bleibst du gerne flexibel und hast ein paar fixe Anhaltspunkte, die dir beruflich wichtig sind?

Wie oben erwähnt: es war eine spontane Entscheidung, die ich keinen Tag bereue. Die Unterstützung und die Anerkennung im engen und erweiterten Familien- und Freundeskreis ist bei mir sehr hoch, daher habe ich mich getraut, meinen Beruf zu wählen. Es war nicht direkt mein Wunschberuf, aber es ist definitiv mein Traumberuf. Natürlich gibt es Hürden, die man nehmen muss und für die man sehr viel Kraft braucht. Dazu braucht es gutes Reflektieren, Stillstehen können und Akzeptanz, wenn etwas nicht gleich klappt.

War deine/eure Familienplanung ein bewusster, geplanter Schritt oder hat dich/euch das Leben überrascht? Bist du bzw. seid ihr rückblickend glücklich darüber, wie es gekommen ist? Oder würdest du die Familienplanung heute anders angehen?

Meine Familienplanung war absolut bewusst. Dass die Ehe nicht hielt, war traurig, doch ich habe nach 3 Jahren den erneuten Schritt gewagt, daher bin ich heute wieder sehr glücklich. Ob ich es anders angehen würde, weiß ich nicht – ich würde sehr viel dafür geben, wenn ich damals gewusst hätte, was ich heute weiß. Was ich definitiv bewusster machen würde, ist der Umgang mit der Beziehung zum Partner zusammen mit einem gemeinsamen Kind.

Wie sieht ein ganz normaler Wochentag bzw. eine ganz normale Woche bei dir aus?

Kind wecken, gemeinsam frühstücken und Kind zur Schule fahren. Meinen Arbeitsalltag beginnen und „bestreiten“. Kind holen, Aufgaben kontrollieren, zusammen die Freizeit gestalten und den Abend genießen (Essen etc.). Da mein Partner Schichtarbeiter ist, kann man das auch wunderbar aufteilen.

Du hast mehrere Jahre als alleinerziehende Mutter gelebt. Was war dabei am schwierigsten für dich? Erfährt man in Österreich als Alleinerziehende deiner Meinung nach genug Unterstützung (z. B. finanziell oder im Hinblick auf die Kinderbetreuung)? Wenn nein, welche Maßnahmen sollte es zur Verbesserung der Situation von Alleinerziehenden geben?

Das Schwierigste war definitiv das Auskommen mit der Einsamkeit und dem Alleinsein. Das Aushalten, das Akzeptieren und das Integrieren eines neuen Lebens in alte Gewohnheiten. Die Einsamkeit und das Alleinsein machen sich aber nicht nur seelisch bemerkbar, sondern auch finanziell. Wenn man wie ich Glück hat und der Kindesvater das Kindeswohl zumindest finanziell vor alles andere stellt, dann kann man dankbar dafür sein. Doch ich kenne aus vielen unzähligen Beispielen andere Varianten aus erster Hand. Wo es keine Unterstützung gibt, weder finanziell noch sozial. Wo Mütter 3 Kinder und 2 Jobs haben. Jedes Kind hat andere Bedürfnisse, andere Entwicklungsphasen, andere Erwartungen ans Leben – und alle müssen gestillt werden. Doch es gibt kaum finanzielle Unterstützung für Alleinerziehende. Denn entweder ist das Einkommen zu hoch wegen 2 Jobs, die Miete zu teuer oder die Unterhaltszahlungen sind nicht verlässlich. Alleinerziehenden, egal, ob Frauen oder Männern (ich kenne mittlerweile auch eine Handvoll Männer, die Alleinerzieher sind), reicht die finanzielle Unterstützung oft kaum für bedürfnisangepasste Betreuung bzw. Schulen. Meines Erachtens wird der private Betreuungsbereich von den Institutionen fast zur Gänze ignoriert. Dabei bräuchten so viele Kinder und Jugendliche bedürfnisangepasste Lehranstalten und Betreuungsmöglichkeiten. Keine überfüllten Gruppen, Klassen, Horte etc. Hier sollten die Ausschüttungen der Förderungen gänzlich überdacht werden.

Seit mehreren Jahren lebst du nun in einer glücklichen Beziehung, am Wochenende auch als Patchwork-Familie. Bei nahezu allen berufstätigen Paaren mit Kindern mangelt es an gemeinsamer Zeit. Wie viel Zeit bleibt euch pro Woche durchschnittlich für Zeit zu zweit? Wie geht ihr mit der oft sehr knappen Zeit um? Was ist deiner Meinung nach wichtig für eine gelungene Beziehung?

Hätte ich das Rezept für eine rundum gelungene Beziehung, wäre ich mittlerweile wahrscheinlich eine Pilgerstätte (lacht). Unsere gemeinsame Zeit ist, denke ich, mindestens genau so knapp bemessen wie bei allen anderen Paaren. Wieviel Zeit tatsächlich zu zweit bleibt, ist schwer zu sagen, doch was diese knappe Zeit so wertvoll macht, ist, dass wir sie uns bewusst nehmen, die Kinder zu Rücksichtnahme und Akzeptanz für die Paarzeit erziehen (z. B.: abends sind die Kinder ab einer gewissen Uhrzeit in ihren Zimmern – sie müssen nicht schlafen, wenn die Zeit noch nicht so weit fortgeschritten ist, dürfen natürlich zu uns kommen, wenn sie wollen, oder die Zeit gemeinsam in einem Zimmer verbringen, dennoch bitten wir sie, sich in ihren Zimmern zu beschäftigen) und vor allem, dass wir die Zeit zu zweit als solche wahrnehmen. Es gelingt uns nicht immer, aber das Bewusstsein für die Kostbarkeit von gemeinsam genutzter Zeit ist ein sehr probates Hilfsmittel. Ich führe meine Beziehung nicht, um den Menschen an meiner Seite zu meinen Gunsten zu verändern, sondern um alle Vorteile daraus zu genießen, wie dieser Mensch ist, mit mir umgeht und welche Qualitäten er sonst noch mitbringt. Wenn ich das einmal vergesse, dann bekomme ich just die Rechnung präsentiert – es gibt Ärger. Ich habe also immer die Wahl.

Was sind aktuell Herausforderungen in deinem Alltag (beruflich und/ oder privat)?

Beruflich, würde ich sagen, ist es die finanzielle Planbarkeit. Corona hat seine Spuren bei den Familien hinterlassen, daher sparen die Familien oft in der Kinderbetreuung. Privat ist es meine Persönlichkeitsentwicklung. Mir ist es wichtig, einen entspannten und gesunden Geist bzw. Seele zu haben. Coachings sind mir sehr wichtig, doch ich muss immer aufpassen, dass meine Weiterentwicklung meine Familie nicht überfordert.

Was ist dir bei der Erziehung deines Kindes besonders wichtig?

Denke, bevor du handelst, denke, bevor du redest, sei achtsam und genügsam. Gehe gut mit dir selbst um, dann gehst du gut mit deinen Mitmenschen um. Lasse dich zu nichts überreden, aber überdenke andere Ansichten. Woraus du lernen kannst, sind Erfahrungen, doch bringe dich niemals selbst in Gefahr. Sei aufmerksam bei Bildung und Ausbildung – niemand kann dir deinen Intellekt wegnehmen, denn deine Gedanken gehören alleine dir. Lass dir helfen, aber teile mit, wenn du überfordert bist. Sei geduldig mit dir selbst und akzeptiere deine Grenzen, um sie zu deinen Gunsten zu nutzen.

Was genießt du besonders bzw. wie holst du dir im Alltag Kraft? Was bereitet dir im Alltag Freude?

Drei Dinge: Lesen, Natur, Musik – das genieße ich in aller Ruhe und Stille nur für mich alleine. Spüre ich, dass ich sozialen Kontakt brauche, gehe ich selbst auf die Menschen zu.

Es darf aber manchmal auch gerne „trashy" sein: ein bisschen Shoppen, eine Serie im Fernsehen ansehen, mit Freundinnen – so es möglich ist – einen Prosecco trinken. Oder mit meinem Mann Gestaltungspläne für unser Haus machen und umsetzen.

Was sind wesentliche Unterstützungsfaktoren für dich, um Beruf und Privatleben gut zu vereinbaren? Welche Aufgaben übernimmt z. B. dein Partner konkret?

Mein Partner hilft gerne mit, wo er kann und es seine Arbeitszeit zulässt, doch er braucht Anleitung. Dinge, von denen er weiß, dass sie gemacht gehören (Kinder fürs Bett herrichten zum Beispiel) brauche ich ihm nicht sagen, doch er möchte gerne, um nichts falsch zu machen, wissen, was er tun kann – dann kann ich ihm alles sagen und er macht es wirklich, so gut er kann.

Beruflich lasse ich mich beim Kochen unterstützen – die Verpflegung für die Kinder kommt von einem regionalen Anbieter. Worauf ich hinarbeite, ist eine pädagogische Stützkraft, die mir einen Teil der Arbeit abnimmt, mit mir plant und arbeitet oder das Backoffice übernimmt.

Sonstige Unterstützung hole ich mir demnächst von einer Haushaltshilfe.

Das Leben ist manchmal hart zu uns. Was war rückblickend (oder ist aktuell) eine schwierige Zeit für dich – seit der Schwangerschaft/Familiengründung?

Die schwierigste Zeit in meinem Leben war die Neuorientierung nach meiner Scheidung. Ich musste lernen, die Dinge positiv zu formulieren, damit ich Herausforderungen, sind sie noch so schwierig, mutig entgegentrete, ohne zu verzweifeln. Zum Beispiel der Satz: „Was will ich in meinem Leben nicht mehr?" Vieles, keine Frage. Aber der Satz „Was möchte ich ab jetzt in meinem Leben?" gab mir definitiv mehr Kraft.

Es ist alles eine Frage der Einstellung, der Sichtweise, ja des Formulierens. Wörter wie „nicht" und „kein" haben so viel negative Energie und zwingen uns, uns immer wieder damit auseinanderzusetzen, was nicht passt. Dabei gibt es so vieles, was richtig läuft – darauf will ich mich konzentrieren. Formulieren wir es allerdings positiv, wie z. B. „Immer habe ich so viel Arbeit, ich will das nicht mehr." zu „Meine Arbeit gibt mir Sinn in meinem Leben, ich nutzte die Kraft, die ich dafür habe." fällt es uns leichter, mit allem klarzukommen.

Was hat dir damals Kraft gegeben?

Viel Unterstützung in der Familie und von meinen zwei besten Freundinnen. Sie waren immer für mich da.

Was hilft dir generell bzw. gibt dir Kraft, wenn du ein Problem oder eine schwierige Situation meistern musst?

Ich schaue immer auf das, was ich bereits geschafft habe und nicht, wie ich es hätte besser schaffen können. Selbstzweifel sind sehr selbstzerstörend. Ich sage nicht, dass ich alles perfekt gemacht habe, aber ich bin stolz darauf, was ich geleistet habe. Daran denke ich immer, wenn ich eine Hürde nehme. Ähnlich wie ein Läufer ... Wenn ich laufe und mir ein neues Ziel setze, gibt es mir Kraft, dass ich es geschafft habe, mich a) zu überwinden, es zu tun, und b) dass ich am Anfang auch dachte, ich könne es nicht, und sehe mir dann an, wie weit ich es aber bereits geschafft habe, also werde ich auch die nächste Hürde schaffen können. Ich rede auch über meine Themen. Entweder im Coaching, mit meinem Partner oder mit Freunden und Familie – Reden ist der Schlüssel zu fast allem.

Was war ein besonders schönes Erlebnis aus deinem Privat- oder Berufsleben, das dir spontan einfällt und du gerne mit uns teilen möchtest?

Meine Reisen, die ich bis jetzt gemacht habe. Ich liebe es, zu reisen, bin eine Kosmopolitin. Ich liebe es, Aktivurlaube zu machen und Reisen mit dem Wohnwagen. Meine wunderbarste Reise war bis jetzt Hawaii – diese allerdings nicht mit dem Wohnwagen. Reisen bildet und öffnet den Geist für Neues und andere Kulturen und Lebensweisen. Man kann so viel daraus in sein Leben mitnehmen.

Was gibt dir laufend die nötige Energie, um deine Lebensbereiche bzw. Rollen als Mutter, Partnerin, Berufstätige etc. gesund zu verbinden? Was tust du (regelmäßig) für dein Wohlbefinden?

Ich laufe und habe meine Ernährung umgestellt. Ich laufe fast täglich. Sonntags bis zu 11 km, unter der Woche 4 bis 5 km. Wenn weniger Zeit ist oder das Wetter nicht danach ist, mache ich Workouts.

Hat die durch Corona bedingte „besondere Familiensituation" Wünsche oder Ziele in dir geweckt? Falls ja, welche?

Ja, eines ganz besonders, mehr denn je: Wir wollen achtsam mit uns umgehen. Wir haben nur dieses eine Leben, diesen einen Körper, diesen einen Planeten.

Was möchtest du anderen Frauen, die ebenso BEIDES – Kind und Karriere – möchten, mit auf den Weg geben?

Nur das eine: Sei achtsam mit dir selbst.

Sandra:

Eine kommunikationsstarke Mama über partnerschaftliche Teilung von Familien- und Hausarbeit

Sandra, Unternehmenskommunikation im Headquarter eines internationalen Konzerns, verheiratet, 1 Kind (5 Jahre)

Erzähle bitte kurz über deinen bisherigen Werdegang.

Ich bin Kommunikations- und Marketing-Expertin, Coach und Trainerin. Ich habe Medienmanagement und European Studies in Wien, St. Pölten und Paris studiert. Darüber hinaus bin ich Master-Coach und ISO-zertifizierte internationale Trainerin.

Beruflich habe ich als Marketing- und Kommunikationsexpertin in den unterschiedlichsten Branchen Erfahrung gesammelt: Medien, Bildung, Tourismus und Industrie. Derzeit arbeite ich als Group Communication and Marketing Managerin bei einem internationalen Konzern, der das Headquarter in meiner Heimatgemeinde hat. So bin ich nach beruflichen Stationen in Salzburg und Wien wieder „back to the roots" in Wieselburg (Niederösterreich).

Hattest du deine aktuelle berufliche Position schon sehr lange als Ziel vor Augen? Oder hat sie sich im Laufe der letzten Monate/Jahre herauskristallisiert und aus deinen Interessen oder Erfahrungen oder z. B. aus Gründen der Vereinbarkeit ergeben?

Ich wollte immer einen internationalen Job haben. Die Medienbranche ist nur leider sehr Österreich-lastig und auch mein „Ausflug" in den Tourismus hat sich leider nicht international gestaltet. Der aktuelle Job hat sich tatsächlich am Weg ergeben. „Wege entstehen dadurch, dass man sie geht“, sagte schon Franz Kafka.

Vereinbarkeit: Job direkt im Ort, ich kann mit dem Rad in die Arbeit fahren und international arbeiten, das ist echt Luxus für mich!

Schon mit 26 habe ich in einem renommierten Verlag den ersten Leitungsjob bekommen und das Glück gehabt, immer sehr spannende Aufgaben zu haben. Mir war es immer wichtig, dass mir mein Job Spaß macht und sinnvoll für mich erscheint. Und wenn das irgendwann nicht mehr so war, dann habe ich den Job gewechselt.

Wie viele Stunden arbeitest du durchschnittlich pro Woche? Bist du mit diesem Ausmaß zufrieden oder würdest du es gerne ändern (mehr/weniger)?

32 Stunden. Das passt für mich so. Mein Mann arbeitet 35 Stunden. Also beide Vollzeit-nahe, aber dennoch Teilzeit. Das gibt uns eine gute Kombination aus Flexibilität und gleichzeitig genug Zeit, um in einem spannenden Job wirksam zu werden, sowie Zeit für unsere Tochter, als Familie und ein bisschen Zeit auch noch als Paar zu haben. Wir haben uns die Karenz partnerschaftlich aufgeteilt (ich 15 Monate, mein Mann 9 Monate Karenz).

Was schätzt oder liebst du an deinem Job besonders? Kannst du dir vorstellen, deinen Job bis zur Pension zu machen?

Ich mag meinen derzeitigen Job sehr gerne. Man wird sehen, was die nächsten 25 Jahre bringen (lacht).

Generell vertraue ich darauf, dass Lebenswege entstehen und sich immer die richtigen Chancen ergeben bzw. Türen aufgehen.

Was bedeutet Karriere für dich persönlich?

Sich mit seinen Fähigkeiten einbringen zu können, einen Mehrwert zu schaffen, die Richtige an der Position zu sein.

Was hat dir rückblickend am meisten geholfen, um in deinem Wunschberuf zu landen?

Eigeninitiative, Offenheit, immer mehr geben als gefordert ist bzw. erwartet wird.

War deine/eure Familienplanung ein bewusster, geplanter Schritt oder hat dich/euch das Leben überrascht? Bist du bzw. seid ihr rückblickend glücklich darüber, wie es gekommen ist? Oder würdest du die Familienplanung heute anders angehen?

Unsere Familienplanung war bewusst. Ich würde es wieder so machen. Wir hätten gerne zwei Kinder gehabt, es gab jedoch Komplikationen rund um die Geburt unserer Tochter. Daher wissen wir es sehr zu schätzen, dass unsere Tochter und ich gesund sind, und wollen das Glück kein zweites Mal herausfordern. Wir sind zufrieden mit dem, was wir haben.

Wie sieht ein ganz normaler Wochentag bzw. eine ganz normale Woche bei dir aus?

Montag und Mittwoch: Mein Mann bringt und holt meine Tochter vom Kindergarten.

Dienstag, Donnerstag und Freitag: Ich bringe und hole meine Tochter vom Kindergarten.

Damit ist klar, an welchen Tagen man früher in der Arbeit beginnen bzw. länger arbeiten kann, weil der andere einem jeweils den Rücken freihält.

Wie viel Zeit habt ihr – du und dein Partner – durchschnittlich pro Woche für Zeit zu zweit? Bei nahezu allen berufstätigen Paaren mit Kindern mangelt es an gemeinsamer Zeit. Wie geht ihr mit der oft sehr knappen Zeit um? Was ist deiner Meinung nach wichtig für eine gelungene Beziehung?

In der Pandemie bleibt nicht viel Zeit zu zweit, da unsere Babysitterin Corona-Risikogruppe ist und daher ausfällt. Wichtig ist, als Paar in Kontakt zu bleiben und alles auszureden.

Was sind aktuell Herausforderungen in deinem Alltag (beruflich und/ oder privat)?

Balance beruflich und privat, in der Früh rechtzeitig aus dem Haus zu kommen.

Was ist dir bei der Erziehung deines Kindes besonders wichtig?

Qualitätszeit, aufrichtiger Kontakt im Miteinander, viel Zeit im Freien, im Garten, Sprachen lernen, Bewegung, Tanzen.

Was genießt du besonders? Worüber freust du dich?

Haus und Garten, besonders auch in Zeiten der Pandemie.

Was sind wesentliche Unterstützungsfaktoren für dich, um Beruf und Privatleben gut zu vereinbaren? Welche Aufgaben übernimmt dein Partner konkret?

Wir organisieren alles in der Kombination aus meinem Mann und mir und dem Kindergarten.

Mein Mann und ich teilen uns die Arbeit gleich auf. Das ist uns auch beiden sehr wichtig.

Unsere Tochter soll nicht mit den klassischen weiblichen Rollenklischees aufwachsen. Mein Mann sagt immer, unsere Tochter soll sehen, dass der Mann genauso die Hausarbeit machen kann wie die Frau. Mein Mann macht z. B. seit 12 Jahren die Wäsche. Im Buch „Lean In" von Sheryl Sandberg habe ich gelesen, dass auf die Frage, was Männer für die Karriere von Frauen machen können, die Antwort lauten soll: „Die Wäsche." Das finde ich sehr lustig und bringt es im Grunde sehr gut auf den Punkt.

Mein Mann übernimmt Kinderbetreuung und Haushalt genauso wie ich. Auch den Pflegeurlaub teilen wir uns auf. Im Grunde ist es so, dass oft mein Mann zuerst den Pflegetag nimmt, bevor ich ihn beantragen würde. Im Vergleich zu anderen Beziehungen merke ich, dass das nicht selbstverständlich ist. Mein Mann weiß z. B. ganz genau, wann welche Mutter-Kind-Pass-Untersuchung ist. Als studierter Sozialarbeiter weiß er, wie wichtig Organisation und Termineinhaltungen sind.

Kindergarten ist Montag bis Donnerstag 8 bis 16 Uhr und Freitag von 8 bis 14:30 Uhr.

Die Großeltern sind aus Gesundheitsgründen keine Ressource bzw. sie wohnen zu weit weg.

Putzfrau einmal pro Woche und gelegentlich Essen bestellen.

Das Leben ist manchmal hart zu uns. Was war rückblickend (oder ist aktuell) eine schwierige Zeit für dich – seit der Schwangerschaft/ Familiengründung?

Wie bereits erwähnt die schwierige Zeit rund um die Geburt unserer Tochter.

Was hat dir damals Kraft gegeben?

Der Glaube, dass alles gut wird. Ausdauer und Disziplin.

Was hilft dir generell bzw. gibt dir Kraft, wenn du ein Problem oder eine schwierige Situation meistern musst?

Yoga.

Was war ein besonders schönes Erlebnis aus deinem Privat- oder Berufsleben, das dir spontan einfällt und du gerne mit uns teilen möchtest?

Besonders schön war, als wir eine Familienwanderung am Lunzer See gemacht haben, der ja sehr kalt ist, und Ende März trotzdem schon kurz reingestiegen sind, um zwischen den Corona-Lockdowns ein Sommergefühl zu spüren.

Was gibt dir laufend die nötige Energie, um deine Lebensbereiche bzw. Rollen als Mutter, Partnerin, Berufstätige etc. gesund zu verbinden? Was tust du (regelmäßig) für dein Wohlbefinden?

Laufen 1 x pro Woche, Yoga 1 x pro Woche.

Hat die durch Corona bedingte „besondere Familiensituation“ Wünsche oder Ziele in dir geweckt? Falls ja, welche?

Hausrenovierung.

Was möchtest du anderen Frauen, die ebenso BEIDES – Kind und Karriere – möchten, mit auf den Weg geben?

Geh durch die offenen Türen! Das ist meine wichtigste Lebenslektion. Und: Never miss a chance to dance!

Nicole:

Als zweifache Mama ganz in die Selbstständigkeit

Nicole, selbständige Physiotherapeutin mit eigener Praxis, verheiratet, 3 Kinder (3 Monate, 5 Jahre und 8 Jahre)

Erzähle bitte kurz über deinen bisherigen Werdegang.

Nach meiner Matura (2002) habe ich 3 Jahre an der Akademie für Physiotherapie studiert (2002-2005) und bin seitdem als Physiotherapeutin tätig. Bis zur Geburt meines 1. Sohnes (2013) habe ich im Spital gearbeitet und zusätzlich noch selbständig in meiner eigenen Praxis. Nach der Geburt meines 2. Sohnes (2016) habe ich dann beschlossen, nur noch selbständig in meiner eigenen Praxis zu arbeiten.

Bereits vor der Geburt meiner Kinder habe ich immer wieder kleinere und größere Fortbildungen gemacht. 2017 bis 2019 habe ich dann noch zusätzlich eine umfangreiche Ausbildung absolviert.

Hattest du deine aktuelle, berufliche Position schon sehr lange als Ziel vor Augen? Oder hat sie sich im Laufe der letzten Monate/Jahre herauskristallisiert und aus deinen Interessen oder Erfahrungen oder z. B. aus Gründen der Vereinbarkeit ergeben?

Tatsächlich hat sich das erst entwickelt. Früher war ich in einem Spital angestellt, doch nach der Geburt meines ersten Sohnes habe ich schnell gemerkt, dass ich durch die lange Fahrtzeit viel Zeit mit meinem Kind verlieren würde. Somit habe ich mich durch die Ermutigung meines Mannes selbständig gemacht.

Wie viele Stunden arbeitest du durchschnittlich pro Woche? Bist du mit diesem Ausmaß zufrieden oder würdest du es gerne ändern (mehr/weniger)?

Derzeit bin ich noch in Karenz, doch üblicherweise arbeite ich zwischen 20 bis 25 Wochenstunden am Patienten. Ich bin damit sehr zufrieden, da ich dadurch viel Zeit für und mit meinen Kindern habe und auch immer noch Zeit für mich selbst bleibt.

Was schätzt oder liebst du an deinem Job besonders? Kannst du dir vorstellen, deinen Job bis zur Pension zu machen?

Ich liebe an meinem Job, viele verschiedene Persönlichkeiten und Charaktere kennen lernen und diese ein Stück ihres Weges begleiten zu dürfen. Außerdem ist er sehr abwechslungsreich und ich kann mich in vielen verschiedenen Bereichen immer wieder fort- und weiterbilden.

Ich kann mir definitiv vorstellen, diesen Job bis zu meiner Pension zu machen, da er, wie schon oben angeführt, sehr vielfältig gestaltbar ist und mir einfach eine Riesenfreude bereitet.

Was bedeutet Karriere für dich persönlich?

Den Job gefunden zu haben, der mich erfüllt und in dem ich mich verwirklichen kann. Karriere ist für mich nur möglich, wenn ich mich in meinem Job wohlfühle und authentisch bin. Karriere bedeutet für mich keineswegs, Reichtum an Geld anzusammeln, sondern Reichtum an Zufriedenheit und Wohlbefinden.

Was hat dir rückblickend am meisten geholfen, um in deinem Wunschberuf zu landen?

Die Summe vieler Dinge. Beginnend damit, dass ich in der AHS die Möglichkeit bekommen habe, eine Physiotherapeutin kennen zu lernen, und von da an den Wunsch, Physiotherapeutin zu werden, verfolgt habe.

Um meinen Beruf jetzt in dieser Form so ausüben zu können, hat mich mein Mann immer unterstützt und ermutigt. Durch die Geburt meiner Kinder ist mir schnell klar geworden, dass ich flexibel in meiner Arbeitszeit sein will, um möglichst viel Zeit mit meiner Familie verbringen zu können.

War deine/eure Familienplanung ein bewusster, geplanter Schritt oder hat dich/euch das Leben überrascht? Bist du bzw. seid ihr rückblickend glücklich darüber, wie es gekommen ist? Oder würdest du die Familienplanung heute anders angehen?

Es war eine bewusste und geplante Entscheidung, dass wir Kinder haben wollen, und dennoch hat dann das Schicksal entschieden, wann wir unseren ersten Sohn bekommen sollten (was das Beste war, das uns passieren konnte). Bei unseren zwei weiteren Söhnen hatten wir eine Wunschvorstellung bezüglich des Altersunterschiedes, und auch da hatten wir das Glück, dass es so geklappt hat.

Wie sieht ein ganz normaler Wochentag bzw. eine ganz normale Woche bei dir aus?

Die zwei Großen sind am Vormittag im Kindergarten bzw. in der Schule. Unseren mittleren Sohn hole ich nach dem Mittagessen vom Kindergarten ab und der Große kommt nach der Lernstunde alleine nach Hause. Momentan bin ich mit meinem Jüngsten in Karenz – davor habe ich an 3 Tagen in der Woche meine 20 bis 25 Stunden gearbeitet. Am Nachmittag haben wir Zeit, um Freunde zu treffen bzw. für diverse Freizeitaktivitäten.

Wie viel Zeit habt ihr – du und dein Partner – durchschnittlich pro Woche für Zeit zu zweit? Bei nahezu allen berufstätigen Paaren mit Kindern mangelt es an gemeinsamer Zeit. Wie geht ihr mit der oft sehr knappen Zeit um? Was ist deiner Meinung nach wichtig für eine gelungene Beziehung?

Auf jeden Fall zu wenig. Die Abende, wenn die Kinder im Bett sind, gehören uns. Momentan ist leider nicht mehr drin.

Die knappe gemeinsame Zeit bzw. eher der Druck, alles unter einen Hut zu bringen, führt natürlich auch immer wieder zu Reibungspunkten zwischen meinem Mann und mir. Doch das gehört zu einer Beziehung einfach dazu.

Das Wichtigste für eine gelungene Beziehung sind für mich Kommunikation, gegenseitige Wertschätzung und die Wünsche des jeweils anderen zu respektieren.

Was sind aktuell Herausforderungen in deinem Alltag (beruflich und/ oder privat)?

Privat die Bedürfnisse aller Kinder unter einen Hut zu bringen. Ein großes Anliegen ist mir, dass die zwei Großen nicht zu kurz kommen, auch wenn ich einen Säugling zu Hause habe, und umgekehrt, dass auch der Kleine genug Mama hat.

Beruflich bin ich zwar momentan in Karenz und arbeite nicht am Patienten, allerdings muss ich in der Praxis bzw. im Therapiezentrum vieles organisieren und koordinieren, wodurch die zwei Großen sich in dieser Zeit alleine beschäftigen müssen.

Da mein Mann viel arbeitet, bleiben Haushalt und Familie großteils an mir hängen.

Was ist dir bei der Erziehung deiner Kinder besonders wichtig?

Mir ist wichtig, dass unsere Kinder lernen, die Bedürfnisse von uns allen wertzuschätzen. Bei fünf Personen in einer Familie sollte keiner zu kurz kommen.

Weiters ist mir wichtig, dass meine Kinder lernen, auf ihre Gefühle zu vertrauen. Dazu gehört Ehrlichkeit unseren Kindern gegenüber, egal, wie viele Diskussionen das mit sich bringt. Alles in kindgerechter Form offen anzusprechen soll ihnen Sicherheit und Vertrauen geben.

Ebenso wichtig finde ich, dass auch ich mich als Elternteil bei meinen Kindern entschuldigen kann, wenn ich mich ihnen gegenüber nicht richtig verhalten habe. So lernen die Kinder, dass es nicht wichtig ist, perfekt zu sein, dass man allerdings zu seinen Fehlern stehen sollte.

Was genießt du im Alltag besonders? Worüber freust du dich?

Ich genieße es, zu sehen, dass meine Kinder mit all ihren Eigenschaften und Besonderheiten aufwachsen dürfen. Ich freu mich über jedes Lächeln, „Mama, ich hab dich lieb", „Mama, du bist die Beste", „Mama, ich find dich doof", „Mama, du bist so gemein", „Mama, ...". Denn all das zeigt mir, dass meine Kinder so sein dürfen, wie sie sind, und nicht so, wie manche sie gerne haben würden. Ich freue mich darüber, dass ich durch meine Kinder so vieles über mich lernen durfte und darf – und das macht mich einfach glücklich.

Was sind wesentliche Unterstützungsfaktoren für dich, um Beruf und Privatleben gut zu vereinbaren? Welche Aufgaben übernimmt dein Partner konkret?

An meinen Arbeitstagen bringt mein Mann die Kinder in Schule und Kindergarten bzw. am Abend ins Bett.

Von den Großeltern erhalten wir ebenfalls ab und zu Unterstützung.

Außerdem gönnen wir uns immer wieder ein bestelltes Abendessen und wöchentlich eine Reinigungshilfe.

Das Leben ist manchmal hart zu uns. Was war rückblickend (oder ist aktuell) eine schwierige Zeit für dich – seit der (ersten) Schwangerschaft/Familiengründung?

Sehr schwierig war für mich das erste Jahr, nachdem mein zweiter Sohn geboren wurde. In dieser Zeit hat mein großer Sohn aufgehört, gut zu schlafen, und das Baby hat natürlich auch nicht durchgeschlafen. Mein erster Sohn ist sowieso schon sehr fordernd, und dann kamen noch die Eifersucht auf seinen Bruder und das ständige Aufmerksamkeitssuchen dazu. Nachdem ich mich auch in der Nacht nicht erholen konnte, war ich mit meinen Kräften oft am Ende.

Was hat dir damals Kraft gegeben?

Was mir damals und auch noch heute sehr viel Kraft gegeben hat und gibt, ist meine Cranio-Sacral-Therapeutin. Mit ihrer Hilfe habe ich meine Kindheits- und Familienstrukturen aufgelöst und zu mir gefunden, was sich auch sehr positiv im Umgang mit meinen Kindern und meinen Mann ausgewirkt hat. Auch heute noch ist sie ein Anker für mich.

Was hilft dir generell bzw. gibt dir Kraft, wenn du ein Problem oder eine schwierige Situation meistern musst?

Das Wissen, dass es gut wird. Mittlerweile weiß ich: Wie hart auch gerade eine Phase sein mag, ich kann sie meistern, und am Ende werde ich dadurch noch stärker. Ebenfalls das Wissen, dass ich immer jemanden habe, der für mich da ist, wenn ich Hilfe brauche.

Was war ein besonders schönes Erlebnis aus deinem Privat- oder Berufsleben, das dir spontan einfällt und du gerne mit uns teilen möchtest?

Einer der schönsten Momente in meinem Leben war unsere Hochzeitsreise. In diesen 3 Wochen war ich so befreit, wie noch nie zuvor. Ich war ganz ich selbst, obwohl ich zu diesem Zeitpunkt noch nicht einmal mein Leben aufgearbeitet hatte. Dieses Gefühl werde ich nie vergessen.

Was gibt dir laufend die nötige Energie, um deine Lebensbereiche bzw. Rollen als Mutter, Partnerin, Berufstätige etc. gesund zu verbinden? Was tust du (regelmäßig) für dein Wohlbefinden?

Einerseits, wie schon erwähnt, arbeite ich sehr viel an mir selbst und arbeite Dinge aus meiner Vergangenheit auf. Andererseits schaue ich, dass ich immer auch Zeit für mich selbst habe, um mich mit Freunden zu treffen, mich auszuruhen oder dergleichen. Diese Kombination gibt mir sehr viel Energie und auch die nötige Sicherheit.

Hat die durch Corona bedingte „besondere Familiensituation" Wünsche oder Ziele in dir geweckt? Falls ja, welche?

Ehrlich gesagt, hat Corona keine Wünsche oder Ziele in mir geweckt. Die, die ich habe, hatte ich auch schon vorher. Ich kann nur sagen, dass mir durch Corona nochmals mehr in Erinnerung gerufen wurde, wie dankbar ich für mein Leben, meine Familie, mein Zuhause sein darf.

Was möchtest du anderen Frauen, die ebenso BEIDES – Kind und Karriere – möchten, mit auf den Weg geben?

Glaub an dich und deine Ziele, dann kannst du es schaffen. Arbeite an dir und versuche nicht, andere zu verändern. Bleib immer bei dir selbst. Dafür ist es sicher notwendig, ein Leben lang an sich zu arbeiten.

Eines der wichtigsten Dinge für mich ist es, dass ich Zeit mit meiner Familie habe und die Karriere nicht auf Kosten meiner Familie funktioniert. Ich liebe meinen Job, allerdings steht meine Familie immer an erster Stelle. Das finde ich für mich persönlich das Wichtigste, um beides mit gutem Gewissen vereinbaren zu können. Dazu muss ich allerdings auch sagen, dass ich durch meinen Beruf das Glück habe, sehr flexibel zu sein. Mir ist bewusst, dass das nicht überall in dieser Form möglich ist.

Irmgard:

Bürgermeisterin, Unternehmerin und zweifache Mama

Irmgard, Bürgermeisterin und Unternehmerin, verheiratet, zwei Kinder (12 und 15 Jahre)

Erzähle bitte kurz über deinen bisherigen Werdegang.

Nach meinem Lehrabschluss in der Gastronomie hab ich im Büro eines Bauunternehmens begonnen und berufsbegleitend Ausbildungen im Bereich Bilanzbuchhaltung gemacht sowie auch den Lohnverrechnungs-Lehrgang absolviert. Darauf bin ich rückblickend sehr stolz, denn diese Ausbildungen waren neben einem Vollzeit-Job alles andere als einfach. Ich bin 3 Jahre lang fast jeden Freitag und Samstag im Fortbildungskurs gesessen.

Mit 25 Jahren habe ich dann mein erstes Kind bekommen. Ich habe gleich nach dem Mutterschutz wieder geringfügig bei meinem damaligen Arbeitgeber weitergearbeitet – in Buchhaltung und Lohnverrechnung. So bin ich immer am Ball geblieben – auch nach dem zweiten Kind.

Nach 16 Jahren im Bauunternehmen wechselte ich dann zu einem technischen Unternehmen. Dort habe ich in den Bereichen Buchhaltung und Backoffice (inkl. Einkauf und Vertriebsinnendienst) gearbeitet. Meine Arbeitgeber waren stets verständnisvoll und durch meine Arbeitszeiten konnte ich Berufstätigkeit und Muttersein gut verbinden.

Die größten Meilensteine in meinem Leben sind jedenfalls meine zwei Kinder. Ich bin von Herzen Mama. Diese Rolle ist sehr erfüllend für mich und ich bin überaus dankbar, zwei gesunde Kinder zu haben. Auch wenn es im Teenager-Alter nicht immer einfach ist mit ihnen (lacht). Dennoch ist es gut, so wie es ist. Jede Phase im Leben hat seine Zeit. Jetzt brauchen sie mich nicht mehr so stark bzw. auf andere Art und Weise. Daher kommt nun auch wieder jene Zeit, in der ich mich bewusster meinem Job und meiner Karriere widmen kann.

Meine Lehrzeit in der Gastronomie hat mir rückblickend sehr geholfen: Ich konnte daraus viel für meinen späteren Lebensweg mitnehmen – vor allem, was das Zwischenmenschliche betrifft, beispielsweise den Umgang mit schwierigen Kundinnen und Kunden, die Fähigkeit, auch Konflikte gut zu meistern. Davon profitiere ich sogar jetzt noch als Bürgermeisterin (lacht). Auch beruflich hat es sich für mich gut ergeben: Neben dem Bürgermeisteramt habe ich mich vor kurzem selbstständig gemacht. Ich führe damit einen Teilbereich des Unternehmens fort, in dem ich die letzten 10 Jahre gearbeitet habe und das aufgrund der Pensionierung des Eigentümers und Geschäftsführers geschlossen wurde. Auch mein Mann ist hier mit eingestiegen, und wir haben uns somit beide ein zweites berufliches Standbein geschaffen.

Du bist seit fast 3 Jahren als Bürgermeisterin einer Gemeinde in Niederösterreich tätig. Damit zählst du zu den raren 10 % weiblicher Bürgermeisterinnen. Davor warst du viele Jahre in der Privatwirtschaft tätig. Was hat dich rückblickend angetrieben, dich als Bürgermeisterin zur Wahl zu stellen und diesen vermutlich oft sehr herausfordernden Posten auszuüben?

Ursprünglich dazu gekommen ist es Ende 2014, einige Monate vor der Gemeinderatswahl, als unser Parteiobmann bei uns zuhause an der Türe geklopft hat und mich aktiv darauf angesprochen hat: „*Wir würden uns gerne neu aufstellen und suchen dazu engagierte Leute. Gerne hätten wir auch ein paar Frauen dabei. Hast du Interesse?*“

Ich habe sofort dankend abgelehnt, denn ich wollte das im ersten Augenblick nicht. Nachdem er wieder gegangen war, meinte mein Mann zu mir: „*Warum probierst du das nicht? Du hast doch nichts zu verlieren! Wenn es dir nicht gefällt, hörst du einfach wieder damit auf! Es nicht einmal zu probieren, ist doch ungeschickt.*“

Ich dachte über seine Worte nach und kam zu dem Schluss, dass er eigentlich recht hat. Vielleicht würde ich mich in ein paar Jahren ärgern, wenn ich mich nicht in meiner Gemeinde engagiert hätte. Dementsprechend sagte ich zu und ließ mich auf die Liste für die Gemeinderatswahl setzen. Kurz darauf wurde ich in den Gemeinderat gewählt.

2017 ist unser Vizebürgermeister dann leider ganz plötzlich verstorben und unser damaliger Bürgermeister war bemüht, möglichst rasch einen neuen Vizebürgermeister zu finden. Neben mir kamen noch einige Männer dafür infrage, doch da war die Gefahr von Machtkämpfen untereinander so groß, dass unser damaliger Bürgermeister mich für diesen Posten auswählte. Er war damals schon über 70 Jahre alt und hatte vor, bald aufzuhören. Als er im Jahr 2018 dann zurücktrat, bin ich vom Gemeinderat als Bürgermeisterin gewählt worden.

Es war also ursprünglich nicht mein Plan, doch ich bin hineingewachsen in das Ganze (lacht). Ich hab diese Chance wahrgenommen in dem Bewusstsein, dass ich sie bestimmt nur einmal bekomme und kein zweites Mal.

Als Bürgermeisterin steht man laufend im Rampenlicht bzw. die eigene Tätigkeit ist ständig Gesprächsthema in der Gemeinde. Auch die Arbeit im Gemeinderat ist vermutlich oft herausfordernd (parteipolitisches Hick-Hack, Machtdemonstrationen etc.). Was hat dir rückblickend am meisten dabei geholfen, Konflikte oder auch persönliche Angriffe erfolgreich zu meistern?

Es nicht ausarten zu lassen. Ich bin auf keinem Social-Media-Kanal. Ich halte mich sehr zurück und lasse auch nichts über die Presse ausrichten.

Wenn es Angriffe oder Drohungen gibt, versuche ich, die Dinge immer sachlich abzuarbeiten – auch nach außen. Ich versuche Botschaften stets selbst zu überbringen, nicht über Dritte. Dazu gehört für mich auch, mit Gefühl bzw. mit Stil zu antworten und gleichzeitig meinen Standpunkt aufzuzeigen. Die sachliche Begründung und Argumentation von Entscheidungen ist mir dabei ein großes Anliegen. Ich atme durch und antworte sachlich.

Generell ist es mir wichtig zuzuhören, das Gegenüber zu Wort kommen zu lassen und auch schlechte Botschaften ohne lange Verzögerung persönlich zu überbringen. Ich werde persönlich nie untergriffig oder angriffig und versuche stets einen freundlichen Ton zu bewahren.

Dementsprechend gefällt mir der jetzige Ton der Bundespolitik nicht – egal von welcher Partei.

Als Gemeinde sind wir diejenigen, die am Bürger dran sind. Wir spüren die Probleme der Leute.

Auch wenn der Anteil der weiblichen Bürgermeisterinnen langsam steigt, gilt Bürgermeisterin scheinbar für viele Frauen noch als unattraktive Position. Wie erlebst du das bzw. was sind deiner Meinung nach die größten Herausforderungen, um Bürgermeisteramt mit Familien- bzw. Privatleben zu verbinden?

Die großen Herausforderungen sind sicher die Männer-Machtkämpfe, die im Hintergrund toben. Hier muss man sich als Frau durchsetzen.

Zusätzlich ist es vermutlich das Bild, das man als Bürgermeisterin für alle Missstände in der Gemeinde verantwortlich gemacht und zur Schuldigen erklärt wird. Man wird schnell verbal attackiert, bedroht oder beschimpft. Das schreckt, denke ich, viele ab – Frauen wie Männer.

Dennoch denke ich: Wir Frauen sollten uns viel mehr zutrauen!

Ich kann andere Frauen nur ermutigen, es trotz alledem zu wagen. Gerade die Gemeindepolitik braucht meiner Meinung nach viel mehr Frauenhandschrift. In Gemeinden sind Themen wie Kinderbetreuung, Familie und Pflege von älteren Menschen sehr präsent. Wenn im Gemeinderat fast keine Frauen sitzen, darf man sich nicht wundern, wenn eher Straßen saniert als neue Spielplätze errichtet werden. Die Investitionen der Gemeinde spiegeln auch die Interessen und Präferenzen der Gemeinderatsmitglieder wider.

Wie viele Stunden arbeitest du durchschnittlich pro Woche? Bist du mit diesem Ausmaß zufrieden oder würdest du es gerne ändern (mehr/weniger)?

Meine Arbeitstage sind sehr lang. Mit Selbstständigkeit und Bürgermeisteramt komme ich in Summe auf ca. 50 bis 60 Stunden, Aufteilung ca. 50:50.

Aktuell bin ich mit dieser Stundenanzahl zufrieden, weil ich es mir weitestgehend selbst einteilen kann, wann ich arbeite. Ich arbeite ja gerne – in beiden Rollen.

Was schätzt oder liebst du an deinen Berufen besonders? Kannst du dir vorstellen, deine Jobs bis zur Pension zu machen?

Ich schätze an meinem Bürgermeisteramt das Vertrauen der Menschen. Es ist ein sehr kostbares Gut, dass mir Gemeindebürgerinnen und -bürger ihre Anliegen anvertrauen.

Das Bürgermeisteramt werde ich definitiv nicht zur Pension machen, obwohl mir die Gemeinde sehr ans Herz gewachsen ist. Doch nach einer gewissen Zeit braucht es meiner Meinung nach in jeder Gemeinde Veränderung im Sinne von neuen Leuten, neuen Ideen und neuen Ansichten.

Meine Selbstständigkeit baue ich schon danach auf, dass ich sie bis zur Pension machen kann.

Was bedeutet Karriere für dich persönlich?

Wenn der Beruf erfüllend ist und Spaß macht. Für meine Kinder beruflich ein Vorbild zu sein. Sich durch die Berufstätigkeit die eine oder andere Annehmlichkeit leisten zu können. Und für mich gehört auch dazu, ein gutes soziales Umfeld durch meine Kolleginnen und Kollegen zu haben. Auch diesbezüglich hatte ich immer Glück.

Dennoch stehen für mich die Kinder über allem. Mein größter Erfolg sind somit meine Kinder bzw. das Muttersein.

War deine/eure Familienplanung ein bewusster, geplanter Schritt oder hat dich/euch das Leben überrascht? Bist du bzw. seid ihr rückblickend glücklich darüber, wie es gekommen ist? Oder würdest du die Familienplanung heute anders angehen?

Es war eine bewusste Entscheidung. Wir wollten immer Kinder haben. Dass es dann gleich so schnell ging, hat mich schon ein bisschen überrascht (lacht). Doch ich bin froh darüber und dankbar, dass es so ist, wie es ist.

Wie sieht ein ganz normaler Wochentag bzw. eine ganz normale Woche bei dir aus?

Ich stehe um 6 Uhr auf und kümmere mich um Haushalt und Kinder. Danach startet mein Arbeitstag. Ich habe in der Regel zwei lange Arbeitstage pro Woche, an denen ich von 7 Uhr bis 22 Uhr außer Haus bin. Zwei bis drei Tage pro Woche bin ich nachmittags zuhause und verbringe den Nachmittag mit meinen beiden Kindern (inkl. Kochen und Spazierengehen in der Natur). Drei- bis viermal pro Woche arbeite ich abends meist bis 22 Uhr, habe entweder Abendtermine oder lese E-Mails und Gesetzestexte, wie beispielsweise Verordnungen für bevorstehende Bauprojekte. Auch an den Wochenenden habe ich fallweise Termine (Turniere, Vereinsfeste, Eröffnungen ...).

Wie viel Zeit habt ihr – du und dein Partner – durchschnittlich pro Woche für Zeit zu zweit? Bei nahezu allen berufstätigen Paaren mit Kindern mangelt es an gemeinsamer Zeit. Wie geht ihr mit der oft sehr knappen Zeit um? Was ist deiner Meinung nach wichtig für eine gelungene Beziehung?

Wenig Zeit. Wir haben seit einem Jahr einen Hund. Mit ihm gehen wir täglich gemeinsam spazieren. Das ist sozusagen unsere gemeinsame Zeit. Doch gemeinsame Unternehmungen ohne Kinder sind sehr selten.

Meiner Meinung nach wichtig für eine gelungene Beziehung sind Vertrauen und den Partner mit all seinen Ecken und Kanten anzunehmen und so zu lassen, wie er ist. Nicht versuchen, ihn zu verändern, und ihm auch seinen Freiraum zu lassen, sodass er sich entwickeln kann. Trotz gemeinsamer Familie ist jeder von uns auch ein Individuum mit unterschiedlichen Interessen und Bereichen, in denen man sich weiterentwickeln möchte. Diese Freiheit muss man sich gegenseitig lassen.

Was sind aktuell Herausforderungen in deinem Alltag (beruflich und/oder privat)?

Das Bürgermeisteramt ist schwierig, keine Frage (lacht). Gerade Corona hat uns zusätzlich vor viele Herausforderungen gestellt – in der Familie wie auch in der Gemeinde.

Es ist einerseits sehr schön, weil man viel in der Gemeinde bewirken kann und die Dankbarkeit spürt, doch andererseits haben wir einen manchmal sehr starren, gesetzlichen Rahmen, in dem wir uns bewegen. Sobald wir einen Schritt abweichen, sind wir mit einem Fuß im Graubereich. Was ich gelernt habe: Salopp Zusagen zu machen, ist schwierig. Es ist ganz wichtig, sich vorab den gesetzlichen und finanziellen Rahmen anzusehen. Und dann zu entscheiden: Was können wir tun – oder eben nicht tun. Natürlich ist damit oft auch die unangenehme Aufgabe verbunden, die Botschaft zu überbringen, dass viele Dinge nicht möglich sind.

Umso wichtiger ist es mir, stets eine klare Linie zu fahren, denn wenn man einmal anfängt, eine Ausnahme zu machen, zieht das viel Unangenehmes nach sich.

Ich habe grundsätzlich eine positive Einstellung den Menschen und auch dem Leben gegenüber und versuche immer das Beste aus einer Situation zu machen.

Was ist dir bei der Erziehung deiner Kinder besonders wichtig?

Respektvoller Umgang mit Mensch und Natur, also auch mit Tieren und allgemein mit Ressourcen. Und sie darin zu bestärken, dass sie ihren Weg gehen.

Was sind wesentliche Unterstützungsfaktoren für dich, um Beruf und Privatleben gut zu vereinbaren? Welche Aufgaben delegierst du beispielsweise an andere Personen?

Ich hab mit meiner Familie ein starkes Netzwerk hinter mir. Mein Mann und meine Eltern und Schwiegereltern haben mich stets in der Kinderbetreuung unterstützt. Zusätzlich hab ich eine Haushaltshilfe, die mir beim Gröbsten hilft und das Bügeln für mich erledigt. Ab und zu bestellen wir uns auch was zum Essen.

Das Leben ist manchmal hart zu uns. Was war rückblickend (oder ist aktuell) eine schwierige Zeit für dich – seit der (ersten) Schwangerschaft/ Familiengründung?

Es gab zwei Phasen, die rückblickend schwierig waren:
Die erste Phase war nach der Geburt meines ersten Kindes. Mir war innerlich zum Heulen und ich habe auch sehr viel geweint. Ich dachte mir: Eigentlich müsste ich jetzt glücklich sein, doch ich war eben nicht

immer glücklich. Ich hatte das Gefühl, draußen dreht sich die Welt weiter (meine kinderlosen Freundinnen trafen sich und unternahmen viel) und ich saß mit meinem Kind zuhause und kam eben nicht immer mit ihm zurecht. Ich hatte oft das Gefühl, ich verpasse etwas. Ich orientierte mich an diesen perfekten Müttern, die man in den Medien sah. Das war ich nicht und das frustrierte mich. Zu Beginn war ich auch in einer Babygruppe, doch dort verglichen die Mütter ihre Babys so stark („Meiner sitzt schon", „Meiner hat schon einen Zahn", „Meiner schläft schon durch" usw.). Bei meinem Kind war das nicht so, es hat lange Zeit nicht durchgeschlafen! Das hat mir nicht gutgetan, sodass ich einfach nicht mehr hingegangen bin. Ich habe lernen müssen, mich von Idealbildern zu verabschieden und mir auch keinen Stress zu machen mit Putzen oder Kuchenbacken, bevor Besuch kam. Ich durfte mir eingestehen, dass es okay war, wenn es mir tageweise nicht so gut ging, und konnte dann wieder nach vorne schauen. Niederfallen, aufstehen, Krone richten (lacht).

Die zweite Phase war das Jahr als Vize- und mein erstes Jahr als Bürgermeistern. Natürlich versuchte ich, alles bestmöglich zu machen, und die Vereinbarkeit war dementsprechend nicht immer leicht. Meine Kinder warfen mir oft vor, ich sei so wenig zuhause. Mein Mann hat mich in dieser Phase bestärkt und gesagt: *„Sobald du bei der Tür draußen bist, ist das für sie kein Thema mehr. Ich bin für unsere Kinder da."* Es kam außerdem in diesen 2 Jahren eine Fülle an völlig neuen Aufgaben auf mich zu. Beispielsweise war es zu Beginn für mich eine große Herausforderung, eine Rede vor vielen Menschen zu halten. Da brauchte ich lange zur Vorbereitung. Das haben die Kinder natürlich zu spüren bekommen, indem die Zeit für sie gefehlt hat. Es fingen auch erste körperliche Beschwerden an, beispielsweise im Brustkorb. Vermutlich, weil ich mich wie in einem engen Korsett fühlte. Es stand dann die Wahl an und ich kam an einen Punkt, wo ich mir sagte: Entweder ich finde nun für mich einen anderen Weg, damit umzugehen, oder ich lasse es bleiben und höre auf.

Vor meiner Position als Bürgermeisterin dachte ich immer, dieses *Burnout*, von dem alle reden, sei eine Modeerscheinung und das könne mich nicht treffen. Doch in der Situation wurde mir bewusst, dass ich falsch lag.

Wie bist du damit umgegangen? Und was hilft dir generell bzw. gibt dir Kraft, deinen Alltag gut zu meistern?

Ich habe gelernt, Probleme in der Gemeinde aus dem Schlafzimmer draußen zu lassen. Es mag mich in der Küche vielleicht noch beschäftigen oder auf der Couch, aber spätestens vor der Schlafzimmertür ist Schluss!

Ich gehe immer mit einem guten Gedanken schlafen. Ich lasse den Tag Revue passieren und denke nach, welche Situation heute schön war. Und wenn es nur eine Kleinigkeit war, wie eine nette Verkäuferin, die mich beim Einkaufen angelächelt hat.

Zusätzlich gehe ich auch regelmäßig zu einer Cranio-Sakral-Therapeutin, die mir hilft, meine Nackenverspannungen zu lösen und somit meinen Kopf zu entspannen.

Auch Laufen gehen, Aktivitäten mit meinen Kindern oder der regelmäßige Spaziergang mit dem Hund helfen mir abzuschalten. Denn unser Hund merkt sofort, wenn ich in Gedanken abschweife (lacht).

Was war ein besonders schönes Erlebnis aus deinem Privat- oder Berufsleben, das dir spontan einfällt und du gerne mit uns teilen möchtest?

Nach der Geburt beider Kinder: das erste Mal das eigene Kind sehen, kuscheln und streicheln. Das war wunderschön. Die Geburt selbst empfand ich als schrecklich (lacht).

Was möchtest du anderen Frauen, die ebenso BEIDES – Kind und Karriere – möchten, mit auf den Weg geben?

Den Mut, das zu machen was sie machen wollen. Dazu gehört für mich auch, das mit dem eigenen Umfeld, insbesondere dem Partner, zu besprechen. Die Vereinbarkeit ist schwierig, doch man darf nicht bei der ersten Schwierigkeit gleich aufgeben. Oft hilft es, dranzubleiben oder einen anderen Weg zu versuchen, es zu erreichen. An den Fehlern, die wir machen, oder aus den Steinen, die uns in den Weg gelegt werden, wachsen wir und lernen daraus. Letztlich profitieren wir davon, auch wenn die Situation im Augenblick noch so schwierig zu sein scheint.

Es lohnt sich, seinen Weg zu gehen! Wichtig ist, sich dabei nicht auf das Geld oder die Meinung anderer zu fokussieren, sondern auf sich selbst.

Lisi:

Ein Start-up gründen mit 3 kleinen Kindern

Lisi, Geschäftsführerin und Gründerin eines Start-ups, verheiratet, 3 Kinder (2 ½ Jahre, 5 Jahre und 6 Jahre)

Erzähle bitte kurz über deinen bisherigen Werdegang.

Ich habe BWL studiert und startete mein Arbeitsleben im Online-Marketing. Über mein Netzwerk kam ich 2010 nach Wien ins Messe-Business – da habe ich zum ersten Mal gemerkt, wie wichtig Netzwerken ist.

2015 habe ich dann mein erstes Kind bekommen und kurz davor vom Unternehmen einen Coach zur Seite gestellt bekommen. Das hat mir unglaublich gefallen, weil ich gesehen habe, was in 10 Stunden Coaching alles so aus mir herausholbar ist, das ich teils vorher gar nicht gewusst habe. Das hat mich so fasziniert, dass ich mich entschieden habe, eine Coaching-Ausbildung zu machen. Nach der Geburt unseres Sohnes habe ich dann im Herbst 2017 meine Coaching-Ausbildung abgeschlossen und mich 2018 nebenbei selbstständig gemacht. Parallel bin ich für 20 Stunden zurück ins Unternehmen gegangen, einfach aus einem Sicherheitsbedürfnis heraus. 2019 kam unser drittes Kind auf die Welt. Dann war allerdings für mich klar: Nochmal zurück ins Unternehmen kommt für mich nicht in Frage, weil mir die Arbeit dort zu starr und unflexibel war.

Du hast mit 3 Kindern den Sprung vom sicheren Angestelltenverhältnis, in dem du dir während der letzten 10 Jahre bestimmt ein gutes Standing erarbeitet hast, in die Selbstständigkeit gewagt. Was hat dich dazu bewegt oder dir den Mut gegeben, diesen Schritt zu wagen?

Mehrere Dinge. Einerseits habe ich schon nebenbei selbstständig gearbeitet und dann die dritte Karenz genutzt, um mich gut aufzustellen und zu sehen, wie es läuft.

Die einzige Komponente, die mich im Angestelltenverhältnis gehalten hat, war die finanzielle Sicherheit, weil ich gewusst habe: Am Ende des Monats sind X € auf meinem Konto.

Für mich war immer wesentlich: Wenn ich selbstständig bin, muss da finanziell gleichviel drin sein.

Mut gegeben hat mir mein Partner, der mir ohne irgendwelche Bedenken Rückhalt gibt und mich bestärkt. Auch der Zuspruch durch meine Community der Business Moms Austria hat mich unterstützt, das zu versuchen. Und mir wurde klar: Wenn es nicht funktioniert, kann ich immer noch in einem Angestelltenverhältnis arbeiten.

Wie würdest du anderen Frauen, die zwischen der Fortführung ihres Angestelltenverhältnisses und einer Unternehmensgründung schwanken, raten vorzugehen? Welche Faktoren waren für dich im Entscheidungsprozess wesentlich?

Finanzielle Sicherheit war für mich ein Riesenthema. Es ist ja nicht so, als ob die Selbstständigkeit gleich von 0 auf 100 Profit abwirft. Man muss sich die Kunden aufbauen, egal, in welchem Business man ist. Man hat auch Anfangsinvestitionen. Es ist also eine Entscheidung, die man fundiert treffen sollte.

Wenn die Anfangsinvestition sehr gering ist, würde ich sagen: Probiere es einfach aus, beides zu machen! Durch ein Angestelltenverhältnis finanziell unabhängig zu bleiben und sich nebenbei – wenn man die Ressourcen mobilisieren kann – selbstständig zu machen.

Es ist ein bisschen Trial & Error. Jeder muss da seinen eigenen Weg finden.

Grundsätzlich denke ich immer: Die Ideen, die man hat, sollte man auch umsetzen! Um Wege zu finden, die einem das ermöglichen, muss man manchmal etwas unkonventionell denken, aber grundsätzlich weiß man ja, wohin einen das Herz zieht oder wofür man brennt.

Viele Unternehmen denken, „sehr familienfreundlich" zu sein, und die Realität wird aus Perspektive der Beschäftigten ganz anders wahrgenommen. Hast du in deiner bisherigen Laufbahn berufliche Nachteile erfahren durch die Geburt deiner Kinder? Wenn ja, welche?

Ja, leider. Erstens habe ich vor dem ersten Kind schon eine Position nicht bekommen, die ich gerne gehabt hätte. Bei der Rückkehr wollte ich mehr Stunden arbeiten, als es dann schlussendlich geworden sind, weil eine Home-Office-Regelung damals noch nicht möglich war. Und das dritte Thema war dann das subtil vermittelte Gefühl, keine „vollwertige Arbeitskraft" mehr zu sein. Und das hat mich eigentlich am allermeisten gestört. Dieses: „Du bist nur 20 Stunden da, da bringst du eh nicht viel weiter!" Das stimmt so aber nicht, weil man unglaublich effizient arbeitet, keine Kaffeepausen macht und sich selbst unter Zeitdruck setzt, damit man pünktlich das Büro verlassen kann und alle Arbeiten erledigt hat.

Wie viele Stunden arbeitest du durchschnittlich pro Woche? Bist du mit diesem Ausmaß zufrieden oder würdest du es gerne ändern (mehr/weniger)?

Normalerweise zwischen 25 und 30 Stunden, in der Regel von 8 bis 14 Uhr. In Ausnahmefällen mehr. Vom Naturell her bin ich ein Workaholic (lacht). Die Kinder „begrenzen" mich in meiner Arbeitszeit und das ist wunderbar! Mein großes Ziel ist ja auch, mehr für mich zu tun und auch zwischendurch Zeit für mich zu haben.

Was schätzt oder liebst du an deinem Job besonders? Kannst du dir vorstellen, deinen Job bis zur Pension zu machen?

Kann ich so gar nicht beantworten. Im Leben geht es ja oft ganz wild zu (lacht). Ja, ich kann es mir zwar vorstellen, dass ich das bis zur Pension mache. Aber das kommt ein bisschen darauf an, wie das Leben so spielt.

Was mich so fasziniert an dem Job, den ich jetzt mache, ist, berufstätige Mütter zu unterstützen. Das ist mein gesellschaftlicher Beitrag für ein besseres Morgen. Wenn das der Kern bleibt, dann glaube ich, dass ich das bis zur Pension mache (lacht).

Was bedeutet Karriere für dich persönlich?

Es muss erfüllend sein für mich. Ich brauche nicht das Ansehen von außen, sondern das Gefühl, etwas Sinnvolles zu machen. Mit vollem Herzen. Nicht nur ich soll etwas davon haben, sondern auch jemand anderer. Erfüllung schließt für mich auch ein, dass es mir Spaß macht und ich meine Talente leben kann.

War deine/eure Familienplanung ein bewusster, geplanter Schritt oder hat dich/euch das Leben überrascht? Bist du bzw. seid ihr rückblickend glücklich darüber, wie es gekommen ist? Oder würdest du die Familienplanung heute anders angehen?

Ja, war bewusst, aber nicht so schnell geplant. Wir wussten schon, dass wir mehrere Kinder nahe beisammen haben wollen, damit sie „gemeinsam" aufwachsen. Das zweite ging dann schneller als gedacht, aber rückblickend glücklicherweise. Das dritte Kind war dann nochmal eine sehr bewusste Entscheidung. Im Nachhinein gesehen würde ich es niemals verändern, weil es unsere Familie so macht, wie wir sind.

Wie sieht ein ganz normaler Wochentag bzw. eine ganz normale Woche bei dir aus?

Wir stehen spätestens um 6:30 Uhr auf. Nach dem Erledigen aller Früh-Routinen und dem Frühstück gehen die Kinder um 8 Uhr mit meinem Mann in den Kindergarten. Ich setz mich um kurz vor 8 Uhr zum Computer und bin bis 14 Uhr beschäftigt. Gegen 14:15 Uhr starte ich spätestens los in Richtung Kindergarten und hol sie ab. Am Nachmittag haben wir dann Spielezeit. Gegen 17:30 Uhr beginnt das Abendritual mit Abendessen, Baden gehen, Zähneputzen. Dann wird noch Geschichte gelesen und es geht zwischen 19 und 19:30 Uhr ab ins Bett. Mein Mann kommt meistens zwischen 18 und 18:30 Uhr nach Hause und übernimmt das weitere Abendritual mit den Kindern.

Wie viel Zeit habt ihr – du und dein Partner – durchschnittlich pro Woche für Zeit zu zweit? Bei nahezu allen berufstätigen Paaren mit Kindern mangelt es an gemeinsamer Zeit. Wie geht ihr mit der oft sehr knappen Zeit um? Was ist deiner Meinung nach wichtig für eine gelungene Beziehung?

Paarzeit ist für mich wahnsinnig wichtig. Das fehlte mir während Corona extrem. Wir haben immer einen Tag pro Woche „Date Night“. Da leisten wir uns eine Babysitterin, um zu zweit ausgehen zu können. Zwei Stunden raus aus den vier Wänden, raus aus dem gewohnten Familienkonstrukt und für sich wieder eine andere Umgebung haben.

Auch kurze Urlaube ohne Kinder genießen wir. Unsere Kinder sind währenddessen bei den Großeltern sehr gut aufgehoben. Aus diesen zwei Nächten schöpfen wir dann wieder Kraft, alles zu meistern.

Was ist dir bei der Erziehung deiner Kinder besonders wichtig?

Mir ist wichtig, dass sie offen sind für alles, was neu kommt, also die Veränderung nicht scheuen. Weil ich selbst ein Mensch bin, der versucht Veränderungen positiv zu bewerten.

Ich möchte speziell meiner Tochter mitgeben, dass sie alle Freiheiten hat, die sie haben möchte, und sich nicht durch irgendjemand anderen regulieren lässt. Stichwort Gender Equality. Ich bin 100 % überzeugt, dass Beruf und Familienleben miteinander und nebeneinander funktionieren kann. Vereinbarkeit soll für sie irgendwann kein Thema mehr sein, sondern gelebt werden.

Was sind wesentliche Unterstützungsfaktoren für dich, um Beruf und Privatleben gut zu vereinbaren? Welche Aufgaben delegierst du an andere Personen?

Privat: Babysitter und Großeltern einbeziehen, wo es geht, und diese Zeit dann auch für Me-Time nutzen!

Beruflich: Da eine Ausdehnung meiner Stunden nur bedingt möglich ist, habe ich seit einem Jahr jemanden geringfügig angestellt. Hier sind für mich auch die Türen und Tore offen, das in Zukunft noch mehr zu machen, weil man irgendwann an die Grenze der Belastbarkeit stößt. Ich bin somit sehr glücklich über diese Entscheidung.

Das Leben ist manchmal hart zu uns. Was war rückblickend (oder ist aktuell) eine schwierige Zeit für dich – seit der (ersten) Schwangerschaft/ Familiengründung?

Für mich war belastend, vom Job her von 100 auf 0 zu kommen und dann unter Anführungsstrichen „nur noch" Mama zu sein. Darunter hat mein Selbstbewusstsein gelitten, weil ich zuerst sehr viel unter Leuten war. Im Mutterschutz freute ich mich total auf die Geburt, und nach der Geburt kam ein tiefes Tal der Tränen. Deswegen habe ich mir dann auch diese Ausbildungen gesucht, um etwas für mich zu machen und nicht nur Mama zu sein. Ich habe mein Mutterglück total genossen. Bitte nicht falsch verstehen! Doch die Verantwortung für mein Kind, in meiner Rolle als Elternteil, hat mir gleichzeitig total viel Angst gemacht, im Nachhinein betrachtet.

Was hat dir damals Kraft gegeben?

Mein Mann, der mir gesagt hat „Du wirst deinen Weg machen!" und ganz oft früher von der Arbeit heimgekommen ist, um unsere zwei Kids zu übernehmen. Und meine Ausbildungen, um mich selbst weiterzubringen.

Was hilft dir generell bzw. gibt dir Kraft, wenn du ein Problem bzw. eine schwierige Situation meistern musst?

a) Der Austausch mit meinem Partner. Denn jedes Problem, das ich habe, ist auch ein bisschen sein Problem. Und umgekehrt genauso. Ich binde ihn sehr stark ein. Die Perspektive von jemandem, der mir nahe ist, ist für mich sehr wichtig, um ein „Relativ" zu haben.

b) Der Austausch mit meinen Eltern. Meine Mutter hat auch 3 Kinder und da ergeben sich viele Parallelen.

Was war ein besonders schönes Erlebnis aus deinem Privat- oder Berufsleben, das dir spontan einfällt und du gerne mit uns teilen möchtest?

In Wahrheit sind es alle meine drei Kinder, die ich jeden Tag aufwachsen sehen darf. Das ist für mich das Schönste auf der ganzen Welt.

Was gibt dir laufend die nötige Energie, um deine Lebensbereiche bzw. Rollen als Mutter, Berufstätige, Partnerin etc. gesund zu verbinden? Was tust du (regelmäßig) für dein Wohlbefinden?

Für mich das Wichtigste ist die halbe Stunde im Bad in der Früh. Das ist meine „Me-Time“ – jeden Tag! Mein entspannter Start in den Tag. In letzter Zeit versuche ich, auch durch Anregung einer Mentaltrainerin, zwei- bis dreimal pro Woche eine halbe Stunde Yoga zu machen. Dafür stehe ich extra früher auf. Das frühe Aufstehen ist für mich zwar (da ich keine Sportskanone bin) jeden zweiten Tag ein richtiger Kampf, und mein innerer Schweinehund arbeitet da auch ordentlich dagegen. Doch es tut mir sehr gut.

Auch die gemeinsame Zeit mit meinem Partner gibt mir Energie.

Hat die durch Corona bedingte „besondere Familiensituation“ Wünsche oder Ziele in dir geweckt? Falls ja, welche?

Ein Kurzurlaub mit meinem Partner!

Was möchtest du anderen Frauen, die ebenso BEIDES – Kind und Karriere – möchten, mit auf den Weg geben?

Mut, den eigenen Weg zu verfolgen. Egal, in welche Richtung dieser geht. In sich hineinzuhören: Wo zieht es mich hin? Was möchte ich machen? Für jede und jeden ist Vereinbarkeit ein individuelles Thema, auch jede Familie funktioniert anders. Man muss vielleicht verschiedene Dinge ausprobieren, um am Ende eine Lösung in der Familie zu finden, die für alle stimmig und passend ist. Die klare Aufgabenverteilung spielt dabei eine Rolle. Wir Frauen kämpfen oft damit, zu glauben, wir müssen alles selbst machen. Das ist nicht notwendig. Auch die Partner können und wollen viel. Man muss es ihnen einfach nur zutrauen und zulassen (lacht). Oft ist es dabei notwendig, den eigenen Anspruch bzw. Perfektionismus loszulassen!

Daniela:

Mama und IT-Managerin mit Hands-on-Mentalität

Daniela, Digital Education Manager in einem internationalen IT-Unternehmen, verheiratet, 1 Kind (2 ½ Jahre)

Erzähle bitte kurz über deinen bisherigen Werdegang.

Nach meiner Matura an einer AHS habe ich IBWL studiert mit Schwerpunkt Wirtschaftsinformatik sowie Organisation. Danach habe ich bei einem Versicherungskonzern im Bereich Lebensversicherung/Aktuariat als Projektleiterin in Zusammenarbeit mit der IT gearbeitet und dabei quasi fachliche Anforderungen übersetzt und koordiniert.

Da der Wunsch, im Ausland zu arbeiten, sehr stark ausgeprägt war, bin ich kurzentschlossen nach Barcelona ausgewandert, wo ich bei einem amerikanischen IT-Konzern im Bereich Collections (Finanzbereich) global tätig war. Mit viel (Lebens-)Erfahrung im Gepäck bin ich, nach einem kleinen Umweg, nun in einem großen IT-Unternehmen tätig. Dort habe ich als Business Analyst begonnen und bald danach die Projektleitung für ein großes, sehr technisch-lastiges Projekt übernommen. Leider habe ich mich thematisch nicht gut aufgehoben gefühlt, sodass ich nach einem Jahr das Gespräch mit meinem Teamleiter gesucht und ihm gesagt habe: *„Wenn ihr mir keine andere Aufgabe gebt, dann kündige ich."* Mein Arbeitgeber hat sich dann wirklich bemüht und hat mir drei Optionen in drei verschiedenen Unternehmensbereichen vorgeschlagen. Ich habe mich dann dafür entschieden, in meiner Abteilung zu bleiben und habe dann eine ganz andere Aufgabe bekommen. Ich habe einen Lehrgang redesigned von Deutsch auf Englisch und von Classroom auf Blended Learning und lustigerweise zusätzlich einen Büro-Umbau begleitet. Also zwei ganz unterschiedliche Sachen und vor allem auch ganz konträr zu dem, wofür ich ursprünglich eingestellt wurde. Doch das habe ich ganz gut gefunden (lacht).

Dann waren beide Projekte abgeschlossen und ich habe die Rolle einer Key Account Managerin übernommen (lacht), für ein Versicherungssystem, das weltweit im Konzern verwendet wird. Genau für diesen Fall braucht es eben eine Ansprechperson, und da habe ich Benelux, CEE, Griechenland und Indien betreut. War echt ein cooler Job, sehr spannend und sehr fordernd. Ich war dann auch beruflich in Griechenland und Indien unterwegs, musste teilweise auch am Wochenende erreichbar sein.

Und dann bin ich geplant schwanger geworden. Ich war folglich ein Jahr in Karenz und hab nach neun Monaten langsam geringfügig (4 Stunden pro Woche) wieder begonnen, weil ich das selbst so wollte, um mit dem Unternehmen in Kontakt und somit am Ball zu bleiben. Da habe ich das Thema E-Learning bekommen – hat super gepasst, denn genau in diesen Bereich wollte ich immer. Die Karenz war somit auch beruflich für mich ein Segen und hat mich genau dort hingeführt, wo ich hinwollte. Mein Mann war auch 2 Monate in Karenz (1 Monat davon war ich Vollzeit, 1 Monat waren wir gemeinsam). Nach der Karenz war ich mit 20 Wochenstunden Teilzeit beschäftigt, vor kurzem habe ich nun weiter aufgestockt.

Letztlich wurden mir viele Möglichkeiten im Unternehmen eröffnet und ich war auch ganz frei, wie ich mir meine Karenz und danach auch meine Arbeitszeit gestalten wollte. Sogar in der geringfügigen Tätigkeit habe ich ein eigenes, kleines Projekt bekommen und keine klassischen Low-Brain-Tätigkeiten. Auch meine Teamleiterin ist sehr verständnisvoll: der Wiedereinstieg war kein Thema, alles war sehr unkompliziert.

Du bist als Digital Education Managerin im IT-Unternehmen eines großen Versicherungskonzerns tätig. Was hat dir rückblickend am meisten dabei geholfen, in einer nach wie vor sehr männerdominierten Branche tätig zu sein?

Es hat sich alles sehr zufällig entwickelt, doch jedenfalls: Dedication, Passion – ich brenne für meinen Job. Das ist das Um und Auf (Anmerkung: Österreichische Redewendung für „Hauptsache"). Außerdem sich bemühen, etwas zu erreichen, und dafür auch bereit zu sein, etwas zu tun. Selbstständigkeit und unkompliziertes Denken. Proaktiv sein.

Was sind deiner Meinung nach die größten Herausforderungen, Karriere mit Familie zu verbinden?

Für mich persönlich das eigene Mindset. Ich möchte für beide Bereiche (Karriere und Kind) da sein. Beides zu 100 % zu machen, geht aber nicht. Da ärgere ich mich manchmal. Und ein gutes Umfeld ist wesentlich – sich das selbst zu schaffen.

Wie viele Stunden arbeitest du durchschnittlich pro Woche? Bist du mit diesem Ausmaß zufrieden oder würdest du es gerne ändern (mehr/weniger)?

30 Stunden pro Woche. Das Ausmaß passt für mich und meine Familie sehr gut und im Moment möchte ich daran nichts ändern.

Was schätzt oder liebst du an deinem Beruf besonders? Kannst du dir vorstellen, deinen Job bis zur Pension zu machen?

Aus derzeitiger Sicht kann ich mir vorstellen, meinen Job bis zur Pension zu machen. Das sind bei mir aber noch mehr als 20 Jahre. Ich glaube, die Zeiten, wo man vom Studium oder von der Lehre bis zur Pension beim selben Unternehmen bleibt, gibt es nur mehr selten. Keine Ahnung, was sich noch ergibt, aber ja, ich mag meinen Job. Es ist das erste Unternehmen, in dem ich arbeite, das sehr vielseitige, spannende Herausforderungen hat und vor allem auch international arbeitet. Das finde ich superwichtig für mich persönlich. Also derzeit kann ich es mir vorstellen. Aber frag mich in einem Jahr nochmal (lacht)! Dann ist es vielleicht schon wieder ganz anders.

Was bedeutet Karriere für dich persönlich?

Ich würde sagen: Zufrieden zu sein mit der Herausforderung, der man sich stellt. Dass man immer wieder etwas Neues erreichen kann. Ich habe einen Job, wo ich nicht täglich dasselbe machen muss – das kann ich mir nicht vorstellen. Und ich kann sehr viel selbst steuern, das bedeutet für mich auch Karriere.

War deine/eure Familienplanung ein bewusster, geplanter Schritt oder hat dich/euch das Leben überrascht? Bist du bzw. seid ihr rückblickend glücklich darüber, wie es gekommen ist? Oder würdest du die Familienplanung heute anders angehen?

Es war ein geplanter Schritt. Wenn es ein bisschen früher gewesen wäre, wäre es sicher besser gewesen, aber ansonsten nichts. Kommt auch immer darauf an, wann man sich als Paar kennenlernt. Wenn man mit 25 schon den Partner fürs Leben gefunden hat, dann ist man diesbezüglich flexibler. Bei uns hat das länger gedauert. Wir haben uns erst später kennengelernt. Da plant man dann natürlich auch ganz anders.

Wie sieht ein ganz normaler Wochentag bzw. eine ganz normale Woche bei dir aus?

Wir stehen gegen 7 Uhr auf, dann bringt mein Mann unser Kind gegen 8 Uhr in den Kindergarten. Dann habe ich ca. 30 Minuten Zeit für Aufräumen, Frühstück oder Yoga. Um 8:30 Uhr beginne ich zu arbeiten. Gegen 11:30 Uhr gehe ich Mittagessen. Gegen 14:30/15 Uhr hole ich meine Tochter vom Kindergarten ab. Jeden Montag haben wir eine Leih-Oma, die sie abholt. Gegen 18:30 Uhr gehe ich dann mit meiner Tochter zu Bett und bleibe bei ihr, bis sie einschläft.

Wie viel Zeit habt ihr – du und dein Partner – durchschnittlich pro Woche für „Zeit zu zweit"? Bei nahezu allen berufstätigen Paaren mit Kindern mangelt es an gemeinsamer Zeit. Wie geht ihr mit der oft sehr knappen Zeit um? Was ist deiner Meinung nach wichtig für eine gelungene Beziehung?

Durchschnittlich haben wir 2 bis 3 Stunden pro Tag gemeinsame Zeit zu zweit. Wir machen uns vorher aus, ob wir abends arbeiten oder nicht. Wir planen Spieleabende ein, schauen gemeinsam Netflix oder wir machen ab und zu Date-Abende, wo wir unsere Leih-Oma einspannen.

Zeit ist das Wichtigste für die Beziehung, und dass man sich die gemeinsam nimmt und vor allem viel redet.

Was sind aktuell Herausforderungen in deinem Alltag (beruflich und/ oder privat)?

Ich sehe aktuell keine großartigen Herausforderungen. Es ist business as usual und hat sich eingespielt.

Was ist dir bei der Erziehung deines Kindes besonders wichtig?

Authentizität, und dass wir sie zu einem selbstständigen Menschen erziehen.

Was sind wesentliche Unterstützungsfaktoren für dich, um Beruf und Privatleben gut zu vereinbaren? Welche Aufgaben delegierst du beispielsweise an andere Personen?

Wir haben schon relativ früh mit einer Leih-Oma Kontakt aufgenommen, zum ersten Mal mit 6 Monaten, weil unsere Eltern nicht in der Nähe wohnen. Nach gemeinsamer Eingewöhnung war meine Tochter mit 9 Monaten dann zum ersten Mal 4 Stunden mit der Leih-Oma alleine. Die zwei kennen sich schon sehr lange, lieben sich heiß und innig und meine Tochter fragt mich immer, ob sie wieder von der Leih-Oma abgeholt wird (lacht). Das ist wirklich super und funktioniert gut. Und wir haben auch eine Putzfrau, die alle 2 Wochen kommt. Und Essen bestellen wir immer wieder.

Das Leben ist manchmal hart zu uns. Was war rückblickend (oder ist aktuell) eine schwierige Zeit für dich – seit der Schwangerschaft/ Familiengründung?

Wir hatten eine sehr lange Kinderwunschzeit, das war das Schwierigste, was wir jemals meistern mussten. Seitdem die üblichen Ups & Downs.

Was hat dir damals Kraft gegeben?

Wir waren viel auf Urlaub und haben uns gegenseitig viel Kraft geben.

Was hilft dir generell bzw. gibt dir Kraft, wenn du ein Problem oder eine schwierige Situation meistern musst?

Viel reden und auch Yoga sowie Meditation.

Was war ein besonders schönes Erlebnis aus deinem Privat- oder Berufsleben, das dir spontan einfällt und du gerne mit uns teilen möchtest?

Als ich zum ersten Mal meine Kollegen im Büro besucht habe (als meine Tochter 4 Monate alt war) und ich meine Tochter gestillt habe. Mein Chef hat einen Zettel an die Tür gepickt: „M.........'s (Name der Tochter) VIP Room“ (lacht).

Was gibt dir laufend die nötige Energie, um deine Lebensbereiche bzw. Rollen als Mutter, Berufstätige, Partnerin etc. gesund zu verbinden? Was tust du (regelmäßig) für dein Wohlbefinden?

Schwierig. Ich würde gerne mehr tun, aber es ist ein Zeit-Thema. Wenn sie gut schläft (und nicht um 22 Uhr wieder aufwacht): mich zu bewegen. Gut gefällt mir die Technik von Melissa Woods: Pilates verbunden mit Achtsamkeit/Meditation. In unserem Unternehmen gibt es zusätzlich eine Global Mindfulness Community. Dort darf ich jetzt auch das Search-Inside-Yourself-Training machen, das ist sehr bereichernd. Aber regelmäßig ist schwierig. Der innere Schweinehund ist dann immer sehr aktiv (lacht).

Hat die durch Corona bedingte „besondere Situation“ Wünsche oder Ziele in dir geweckt? Falls ja, welche?

Überraschenderweise nicht. Vielleicht ist es auch so, dass ich mittlerweile zur Ruhe gekommen bin. Früher, als ich noch jünger war, wollte ich immer irgendetwas Anderes oder Neues machen. Corona hat für uns als Familie auch viel Positives bewirkt: mein Mann war viel zuhause (Home-Office) und hat mich viel unterstützt. Es ist ein Riesenvorteil für Teilzeit-Mamas, wenn der Papa auch daheim ist.

Was möchtest du anderen Frauen, die ebenso BEIDES – Kind und Karriere – möchten, mit auf den Weg geben?

Ich glaube, wenn man beides möchte, sollte man eine kluge Partnerwahl treffen. Nämlich jemanden, der einen dabei auch unterstützt. Und auch eine kluge Unternehmenswahl. Denn man kann nur beides machen, wenn das Umfeld stimmt. Wenn das Unternehmen eher nicht familienfreundlich eingestellt ist, dann kann ich es noch so wollen: es wird schwierig werden. Das Gleiche betrifft auch den Partner. Ich glaube, das wird zu wenig gesagt bzw. darüber wird zu wenig gesprochen. Zitate von Michelle Obama oder Sheryl Sandberg gehen ja in eine ähnliche Richtung.

Sabine: HR-Leitung (Führung in Teilzeit) und dreifache Mutter

Sabine, Leiterin HR in einem Bankeninstitut, verheiratet, 3 Kinder (Zwillinge 10 Jahre, 12 Jahre)

Erzähle bitte kurz über deinen bisherigen Werdegang.

Nach meiner Matura habe ich an der Fachhochschule für Wirtschaftsberatende Berufe vier wunderschöne Jahre lang studiert, viele interessante Menschen kennengelernt und gute Freunde gefunden.

Nach dem Studium hat es mich dann wieder in meine Heimat zurückgezogen, wo ich ein Jahr in den Bereichen *Public Relations* und *Investor Relations* bei einem Automobilzulieferunternehmen tätig war. In diesen Positionen war ich unterfordert, hatte keine Perspektiven, eine sehr schwierige Führungskraft und noch nicht die Erfahrung und den Mut, etwas dagegen zu tun.

Durch Kontakte habe ich von einer freien Stelle im Human-Resources-Bereich einer Bank erfahren und mich dort beworben, obwohl der Personalbereich für mich damals nie die erste Berufswahl war.

Doch heute weiß ich zu 100 %: Das Arbeiten im HR-Bereich und mit Menschen ist meine absolut richtige Berufswahl! Mein damaliger Chef hat mir sehr viel beigebracht, fachlich und persönlich. Er hat mich gefördert und gefordert, mir Vertrauen und Wertschätzung entgegengebracht. Während der Jahre in der Bank hatte ich die Möglichkeit, eine Vielzahl an Aus- und Weiterbildungen zu machen. Besonders viel mitnehmen für meine weitere Karriere konnte ich von einem Potenzialförderungsprogramm und einer zertifizierten Coachingausbildung.

Die Zeit nach der Geburt meiner Kinder habe ich als berufliche Auszeit genossen, dennoch habe ich immer Kontakt zu meinem Dienstgeber und den Kolleginnen und Kollegen gehalten. Den Wiedereinstieg konnte ich durch Elternteilzeit so gestalten, dass eine Vereinbarkeit mit der Familie gut umsetzbar war. Für mich war auch immer klar, dass ich – und nicht mein Mann – in Karenz gehen werden.

Nach über 14 Jahren und 2 Karenzzeiten war es Zeit, sich neu zu orientieren. Ich erfuhr wieder durch mein Netzwerk, dass der damalige Personalleiter einer anderen Bank in Altersteilzeit wechselte. So entstand ein ganz neues, flexibles Arbeitsmodell: Ich bewarb mich, bekam den Job und wir teilten uns bis zu seinem Pensionseintritt eine Stelle in Form von Altersteilzeit und Familienteilzeit (eine klassische Elternteilzeitvereinbarung war es rein rechtlich nicht). Heute habe ich nach wie vor diese HR-Leitungsposition als Führungskraft in Teilzeit inne.

Während meiner Karenz wurde ich dann von einem Trainer und Unternehmensberater, mit dem ich bereits Seminare organisiert hatte, kontaktiert, ob ich mir vorstellen könnte, einen Strategieworkshop zu moderieren. Aus diesem einen Workshop sind viele geworden, und mit dem Trainer verbindet mich heute eine berufliche Freundschaft. Durch ihn, die gemeinsamen Trainings und den fachlichen sowie methodischen Austausch kann ich persönlich und beruflich profitieren. So entstand für mich ein nebenberufliches Standbein als Moderatorin/Trainerin.

Hattest du deine aktuelle, berufliche Position schon sehr lange als Ziel vor Augen? Oder hat sie sich im Laufe der letzten Monate/Jahre herauskristallisiert und aus deinen Interessen oder Erfahrungen oder z. B. aus Gründen der Vereinbarkeit ergeben?

Ich hatte eigentlich nie das konkrete Ziel, die Leitung einer Personalabteilung in Form von Teilzeit zu übernehmen. Ich würde sagen, es hat sich eines nach dem anderen so ergeben und ich habe zur richtigen Zeit die richtigen Schritte gemacht.

Wahrscheinlich hat mein Dienstgeber auch nicht geplant, meine Stelle in Form einer Teilzeit-Stelle zu besetzen. Wir haben uns beide auf dieses „Experiment“ eingelassen und es funktioniert perfekt. Ich denke, wir haben beide dabei gelernt: Wo sind die persönlichen und zeitlichen Grenzen? Wie muss die Erreichbarkeit aussehen? Aus jetziger Sicht betrachtet, ist es besonders wichtig, die gegenseitigen Erwartungen klar zu kommunizieren. Meine eigenen Erwartungen an mich waren wahrscheinlich manchmal höher als die meiner Führungskräfte an mich.

Wie viele Stunden arbeitest du durchschnittlich pro Woche? Bist du mit diesem Ausmaß zufrieden oder würdest du es gerne ändern (mehr/weniger)?

27 bis 30 Stunden. Das passt momentan sehr gut. Durch die Flexibilität sowohl betreffend Arbeitsort als auch Arbeitszeit kann ich meine Aufgaben in der Familie mit jenen in der Arbeit sehr gut vereinbaren.

Was schätzt oder liebst du an deinem Job besonders? Kannst du dir vorstellen, deinen Job bis zur Pension zu machen?

Zeitliche Flexibilität, Gestaltungs- und Entscheidungsspielraum, hohe Eigenverantwortung, Arbeit mit Menschen, gegenseitiges Vertrauen.

Ich kann mir vorstellen, eine Tätigkeit im HR-Management bis zu meiner Pension zu machen. Ich bin mir jedoch auch sicher, dass sich diese Tätigkeit im Laufe der Jahre noch verändern wird. Wir befinden uns mitten in der digitalen Transformation und diese wird auch meine Arbeit laufend weiterentwickeln.

Was bedeutet Karriere für dich persönlich?

Eine berufliche Tätigkeit, die mich erfüllt und fordert. Es soll immer etwas Neues dazukommen, an dem ich wachsen und mich weiterentwickeln kann. Bewegung statt Stillstand!

Was hat dir rückblickend am meisten geholfen, um in deinem Wunschberuf zu landen?

Ein gutes Netzwerk, Gespräche mit den richtigen Leuten zum richtigen Zeitpunkt und Offenheit für Neues.

War deine/eure Familienplanung ein bewusster, geplanter Schritt oder hat dich/euch das Leben überrascht? Bist du bzw. seid ihr rückblickend glücklich darüber, wie es gekommen ist? Oder würdest du die Familienplanung heute anders angehen?

Die Zeitpunkte waren geplant – die Anzahl der Kinder eine Überraschung. Das zweite Kind sind Zwillinge.

Wie sieht ein ganz normaler Wochentag bzw. eine ganz normale Woche bei dir aus?

6:00 Uhr: Aufstehen, Frühstück und Jause machen, alle machen sich fertig für Schule und Arbeit

7:15 bis 7:45 Uhr: alle verlassen das Haus

13:30 Uhr: nach Hause kommen, Kochen, Mittagessen

14:30 Uhr: 15 Minuten Pause für mich

15:00 Uhr: den Kindern bei ihren Hausaufgaben helfen, Haushalt, Wäsche, ein paar arbeitsbezogene E-Mails beantworten oder Telefonate führen

17:30 Uhr: Frischluft, Walking, Radfahren oder Lesen – je nach Wetter und Jahreszeit

19:00 Uhr: Abendessen und Freizeit mit den Kindern (bzw. restliche Hausübungen kontrollieren)

20:00 Uhr: Bettruhe für die Kinder – Gute-Nacht-Sagen und Aufräumen

20:30 Uhr: Lesen, Social Media durchschauen, Meditieren oder Yoga

22:00 Uhr: Ab ins Bett!

Wie viel Zeit habt ihr – du und dein Partner – durchschnittlich pro Woche für Zeit zu zweit? Bei nahezu allen berufstätigen Paaren mit Kindern mangelt es an gemeinsamer Zeit. Wie geht ihr mit der oft sehr knappen Zeit um? Was ist deiner Meinung nach wichtig für eine gelungene Beziehung?

Montag bis Freitag: 10 Minuten gemeinsamer Kaffee in der Früh und je nach „Erschöpfungsgrad" 30 Minuten am Abend

Wochenende: je nach Freizeitprogramm und Arbeit im Haus und Garten. Viel qualitative gemeinsame Zeit bleibt nicht für uns beide.

Für uns war es immer schon wichtig, mehrmals pro Jahr einen Abend, ein Wochenende oder ein paar Tage gemeinsam ohne Kinder zu verbringen: ein Abendessen in einem guten Restaurant, ein Wochenende im Spa oder ein paar Tage Schifahren oder Wandern.

Was sind aktuell Herausforderungen in deinem Alltag (beruflich und/oder privat)?

Die größte tägliche Herausforderung ist sicher der Morgen, wenn wir alle gleichzeitig außer Haus müssen. Ansonsten sind es Zeiten, wenn jemand krank ist, die Kinder viel zu lernen haben und gleichzeitig im Beruf viel los ist.

Was ist dir bei der Erziehung deiner Kinder besonders wichtig?

Mir und meinem Mann ist es besonders wichtig, dass unsere Kinder selbstständig werden. Wir versuchen sie altersgemäß viel selbst machen zu lassen und so ihr Selbstvertrauen zu stärken. Mir ist es auch sehr wichtig, ein respektvolles und liebevolles Miteinander zu schaffen. Zur täglichen Mutter-Kind-Beziehung gehört bei uns das Kuscheln nach dem Aufwachen und vor dem Einschlafen. Ich möchte aber auch, dass meine Töchter verstehen, dass ich zwar fast immer für sie da bin, jedoch auch Zeit für mich brauche. Als Mutter will ich ihnen ein Vorbild sein, und dazu gehört genauso, auch Schwächen zu zeigen. Bei der Erziehung verlasse ich mich auf mein Gefühl und meine Intuition.

Was genießt du besonders? Worüber freust du dich im Alltag?

Den Moment in der Früh, wenn sie wach werden und mir ihr erstes Lächeln des Tages schenken. Wenn sie zu mir Kuscheln kommen und mir sagen, wie lieb sie mich haben. Sehr schön finde ich auch Zeiten, die ich mit einer Tochter alleine verbringen kann – Mama-Tochter-Zeit. Diese Zeit genießen auch die Mädchen, wenn sie für ein paar Stunden meine ungeteilte Aufmerksamkeit haben.

Was sind wesentliche Unterstützungsfaktoren für dich, um Beruf und Privatleben gut zu vereinbaren? Welche Aufgaben übernimmt dein Partner konkret?

Meine Eltern haben bis dato einen Nachmittag pro Woche auf die Kinder geschaut, jetzt brauchen wir das fast nicht mehr, weil sie schon alleine bleiben wollen/können/dürfen. Zwischendurch an Wochenenden oder auch in den Ferien dürfen die Kinder viel Zeit bei den Großeltern verbringen, damit mein Mann und ich Zeit zu zweit verbringen können. Den Haushalt und Garten teilen uns mein Mann und ich. Jeder hat seine Spezialaufgaben. Bei einigen Arbeiten sollen auch unsere Töchter schon mithelfen – mit mehr oder weniger Motivation (lacht). Mein allergrößtes Learning: Es ist egal, wenn manchmal ein Chaos herrscht. Ich schau durch die Fensterscheiben und sehe die schöne Natur – nicht die Fingerabdrücke auf den Scheiben.

Das Leben ist manchmal hart zu uns. Was war rückblickend (oder ist aktuell) eine schwierige Zeit für dich – seit der (ersten) Schwangerschaft/Familiengründung?

Als wir erfahren haben, dass unsere Zwillinge eine angeborene, unheilbare Stoffwechselerkrankung haben, war sicher die schwierigste Zeit.

Was hat dir damals Kraft gegeben?

Menschen, die für mich da waren und mit angepackt haben. Das waren meine Eltern, Freundinnen, die mobile Kinderkrankenschwester, die Praktikantin aus der Sozialschule und ganz viele andere. Durch ihre Unterstützung ist es uns gelungen, ein „normales" Familienleben mit wenigen Einschränkungen zu leben. Dank meiner Mutter, die von Anfang an alle Therapien mitgelernt hat, war auch ein Wiedereinstieg ins Berufsleben gut möglich.

Was hilft dir generell bzw. gibt dir Kraft, wenn du ein Problem oder eine schwierige Situation meistern musst?

Gespräche mit guten Freundinnen, Sport und Bewegung in der Natur und Meditieren. Dadurch bekomme ich eine andere Perspektive auf die Situation.

Was war ein besonders schönes Erlebnis aus deinem Privat- oder Berufsleben, das dir spontan einfällt und du gerne mit uns teilen möchtest?

Ich versuche, jeden Tag meine Aufmerksamkeit auf die vielen kleinen oder auch großen Erlebnisse zu lenken, die ein schönes, gutes Gefühl hinterlassen. Wenn man das bewusst macht, sind täglich viele solche Augenblicke dabei.

Was gibt dir laufend die nötige Energie, um deine Lebensbereiche bzw. Rollen als Mutter, Partnerin, Berufstätige etc. gesund zu verbinden? Was tust du (regelmäßig) für dein Wohlbefinden?

Ich brauche Zeit für mich. Die wöchentliche Yogastunde, Sport mit einer Freundin, Stille und einfach mal nur zu sein, ohne zu tun. Das musste ich erst lernen.

Hat die durch Corona bedingte „besondere Familiensituation" Wünsche oder Ziele in dir geweckt? Falls ja, welche?

Mir ist bewusst geworden, wie gut uns die Ruhe tut, wenn der (selbst auferlegte) Freizeitstress plötzlich wegfällt.

Was möchtest du anderen Frauen, die ebenso BEIDES – Kind und Karriere – möchten, mit auf den Weg geben?

Das Wichtigste ist, auf sich selbst zu schauen! Nur wenn es mir selbst gut geht, kann ich gut arbeiten und gleichzeitig für meine Familie da sein.

Meine größte Erkenntnis: die klare Kommunikation. Wir gehen immer davon aus, dass andere denselben Wissenstand, dieselben Vorstellungen und Erwartungen haben – oder unsere kennen müssen. So ist es nicht: Es können viele Leerkilometer, Enttäuschungen und Umwege verhindert werden, wenn klar kommuniziert wird.

Außerdem: Mut und Selbstvertrauen – wir Mütter sind gut und sollen auch dazu stehen!

Karen:

Retrospektive einer selbstständigen Vierfach-Mama

Karen, Selbstständige Englisch-Trainerin und Dipl. Lebens- und Sozialberaterin, 4 Kinder innerhalb von 5 Jahren (heute 23, 25, 27 und 28 Jahre)

Du stehst kurz vor der Pension und blickst auf eine langjährige Selbstständigkeit und 4 Kinder zurück. Wie sieht dein Alltag heute aus?

Zwei meiner Kinder sind bereits ausgezogen, die anderen zwei leben noch zuhause. Einer meiner Söhne lebt mit seiner Freundin in einem eigenen Stockwerk, völlig autonom und selbstversorgt. Wir sehen uns also nur ab und zu und freuen uns dann darüber (lacht). Das jüngste Kind, meine Tochter, wohnt noch zuhause, inoffiziell wohnt ihr Freund auch bereits bei uns (lacht).

Zu Beginn war es eine Herausforderung: Wann sind sie da? Wie lebt man zusammen? Doch inzwischen hat sich das eingespielt. In manchen Bereichen teilen wir uns die Arbeit (beispielsweise Wäsche) und das funktioniert in der Regel sehr harmonisch. Die anderen Kinder kommen manchmal unangemeldet oder ein anderes Mal machen wir uns etwas aus. Wir sehen uns im Schnitt einmal in der Woche.

Wie hast du früher, als deine Kinder noch klein waren, die Vereinbarkeit von Familie und Beruf gemanagt?

Ich war immer selbstständig und war daher sehr flexibel. Ich habe meine Arbeit sehr meiner Familie angepasst. So habe ich in den Sommerferien beispielsweise nie gearbeitet. Dafür habe ich nie aufgehört zu arbeiten. Ich habe mir bei meinen Kundinnen und Kunden immer den Fuß in der

Türe gehalten. Ich habe hochschwanger noch unterrichtet und auch sehr schnell nach der Geburt wieder.

Es war mir wichtig, in Kontakt mit der „Erwachsenenwelt" zu bleiben und geistig herausfordernden Tätigkeiten nachzugehen (lacht). Als meine Kinder ganz klein waren, also noch nicht im Kindergarten, hatte ich daher Babysitterinnen. Da hatten wir nacheinander zwei Babysitterinnen, die länger zu uns kamen und denen ich gut vertrauen konnte.

Ich habe heute noch eine Situation in Erinnerung: Damals war unser jüngster Sohn drei Wochen alt und ich hatte für zwei Stunden einen Kundentermin. Es fiel mir schwer, zu gehen und unsere Babysitterin mit meinem Sohn alleine zu lassen. Sie sagte dann zu mir: „Geh jetzt, ich kann das!" Und es stimmte, sie konnte das und alles ging gut.

Wichtig war mir, dass ich Vertrauen aufbauen konnte zu den Babysitterinnen. Natürlich hatten wir auch mal eine Babysitterin, die völlig chaotisch war. Sie war dementsprechend auch nicht lange bei uns. Wichtig ist, sich jemanden zu suchen, auf den man sich verlassen kann.

Zusätzlich hat es sich später ergeben, dass ich Freundinnen hatte mit Kindern in einem ähnlichen Alter und wir uns gegenseitig sehr stark unterstützt haben. Einmal nahm ich ihre drei Kinder, dann wieder sie meine vier Kinder. Das funktionierte sogar mit Übernachtung.

Auch haben wir uns damals entschieden, uns eine Putzfrau zu leisten. Und: Ich habe gelernt, dass es egal ist, ob aufgeräumt ist oder nicht, wenn Besuch kommt. Denn entweder sie kommen, um uns zu besuchen, weil wir ihnen wichtig sind, oder sie haben Pech gehabt, wenn ihnen das Äußere wichtig ist.

Mein Mann unterstützte mich damals ebenfalls sehr stark. Er ist ein totaler Familienmensch. Sobald er von der Arbeit nach Hause kam, war er für mich und unsere Kinder verfügbar.

Sozialkontakte außerhalb der Familie, Ausgleich im Sinne von Gesprächen mit Freundinnen, holte ich mir damals am Spielplatz. Anders wäre das mit 4 kleinen Kindern nicht gegangen.

Was hat dir im „Work-&-Family-Alltag" Kraft gegeben?

Ich bin generell ein sehr positiv denkender Mensch. Ich schaue eher nach vorne als zurück. Ich kann auch in meinem Beruf auftanken. Der Beruf war also stets eine „Kraftquelle" für mich. Darüber hinaus hat mir eine Zeit lang Qi Gong und ein Rücken-Kurs gutgetan. Eine Zeit lang ging ich auch regelmäßig malen. Das waren meine Auszeiten und Ressourcen im Alltag, die mir halfen, Kraft zu tanken.

Wie viele Stunden hast du damals durchschnittlich pro Woche gearbeitet?

8 bis 10 Stunden pro Woche, als die Kinder ganz klein waren. Nachdem alle in Kindergarten und Schule gingen dann sukzessive mehr.

Was bedeutet Karriere für dich persönlich?

Karriere ist für mich mit Steilheit und sehr hohem Einkommen verbunden. Karriere habe ich in meinen Augen nicht gemacht, aber ich habe berufliche Erfüllung erfahren. Ich tue, was mich inhaltlich erfüllt.

Was hat dir rückblickend am meisten geholfen, um in deinem Wunschberuf zu landen?

Ich bin zweisprachig aufgewachsen und habe nach der Matura begonnen, Lehramt zu studieren. In meiner ständigen Geldnot habe ich dann während des Studiums den Bereich der Erwachsenenbildung für mich entdeckt (lacht). Die Englisch-Trainings haben mir von Beginn an großen Spaß gemacht. Ich konnte in Kontakt mit Menschen sein, ohne Disziplinierungsmaßnahmen setzen zu müssen oder viel Papierkram zu haben, wie es ja Teil des Lehrerinnen- bzw. Lehrerberufes ist. Ich bin also letztlich in dieser Tätigkeit picken geblieben und hatte damit verbunden große Freiheit. Dadurch konnte ich auch die Vorstellung, die ich und mein Mann von Familie hatten, leben.

War deine/eure Familienplanung ein bewusster, geplanter Schritt oder hat dich/euch das Leben überrascht? Bist du bzw. seid ihr rückblickend glücklich darüber, wie es gekommen ist? Oder würdest du die Familienplanung heute anders angehen?

Wir haben uns sehr bewusst dazu entschieden vier Kinder zu bekommen, und auch so knapp hintereinander war gewünscht. Ich war 31, als das erste Kind zur Welt kam. Wir hätten vermutlich schon früher mit der Familienplanung begonnen, wenn es geklappt hätte. Wir waren also bereit. Wir hatten nie das Gefühl, etwas versäumt zu haben.

Ihr seid nun 37 Jahre lang verheiratet. Was war bzw. ist deiner Meinung nach wichtig für eine gelungene Beziehung?

Natürlich gab es auch in unserer Beziehung Höhen und Tiefen. Doch unsere gemeinsamen Kinder waren eine große Ressource für eine gute Beziehung. Wir sind beide Familienmenschen und es hatte für uns einen sehr hohen Stellenwert, unseren Kindern ein gutes Elternhaus, ein gutes Zuhause zu bieten. „Sie brauchen uns beide, also reißen wir uns ein bisschen am Riemen!“, war unser Motto. Zusätzlich sind wir beide Menschen, die nicht nachtragend sind und einander verzeihen können. Außerdem hatten wir immer ein Netzwerk, sodass wir Zeit als Paar verbringen konnten. Das war für unsere Beziehung ebenso wichtig.

Was war dir bei der Erziehung deiner Kinder besonders wichtig?

Eine liebevolle Beziehung. Mit meinem jüngsten Sohn war die Kommunikation nicht immer einfach. Doch ich bin dann folgendermaßen vorgegangen und habe zu ihm gesagt: „Weißt du was: Wenn du dich beruhigt hast und ich mich beruhigt habe, dann versuchen wir es noch einmal!“ Und später konnten wir im Gespräch immer eine Lösung finden.

Auch Toleranz und Vertrauen in unsere Kinder war uns immer sehr wichtig. Unsere Kinder durften beispielsweise mit 15 oder 16 Jahren auch weggehen und ihre ersten Erfahrungen machen. Oder auch ihre ersten Freunde und Freundinnen mit nach Hause bringen – auch zur Übernachtung. Unser Motto war immer: Besser, sie machen Erfahrungen in einem geschützten Raum, als sie entfernen sich von uns und wir wissen nicht, was sie tun.

Wenn wir als Paar gemeinsam wegfuhren, haben wir immer gesagt: Keine *wilden* Partys zuhause! Ich habe dann am Tag der Rückfahrt 5 Stunden vor Ankunft zuhause angerufen und gesagt: *„Ich möchte euch nur sagen: in 5 Stunden sind wir zurück!"* Es hat dann immer geklappt, dass bis dahin der ursprüngliche Zustand wieder hergestellt wurde (lacht). Lediglich einmal ist etwas zu Bruch gegangen. Das war aber nicht schlimm und haben wir aufgeklärt.

Worauf blickst du gerne zurück? Was hast du oder habt ihr als Familie besonders genossen?

Der Urlaub auf dem Bauernhof für 2 bis 3 Wochen war jedes Jahr ein tolles familiäres Highlight. Das war jedes Jahr eine schöne, unbeschwerte Zeit.

Was sind aktuell Herausforderungen in deinem Alltag (beruflich und/ oder privat)?

Die aktuelle Herausforderung ist, dass mein Ehemann bereits in Pension und damit zuhause ist und ich meine Berufstätigkeit weiterhin ausüben möchte.

Das Leben ist manchmal hart zu uns. Was war rückblickend (oder ist aktuell) eine schwierige Zeit für dich – seit der (ersten) Schwangerschaft/ Familiengründung?

Mein jüngster Sohn hatte in den ersten Lebensjahren öfters Fieberkrämpfe. Das war erschreckend. Zweimal dachten wir, er stirbt, weil er komplett blau wurde. Er war auch ein bisschen entwicklungsverzögert, hat spät sprechen gelernt. Auch als er älter wurde, war er ein „Bruchpilot", der überall raufkletterte und immer irgendwo eine Wunde oder einen blauen Fleck hatte. Damit hat er uns ganz schön gefordert (lacht).

Im Großen und Ganzen gab es (bis auf die Erlebnisse der Fieberkrämpfe) keine wirklich schwierige Zeit mit unseren Kindern. Wir haben zu all unseren Kindern ein sehr gutes Verhältnis.

Was war ein besonders schönes Erlebnis aus deinem Privat- oder Berufsleben, das dir spontan einfällt und du gerne mit uns teilen möchtest?

Privat war die Hochzeit unseres ältesten Sohnes ein sehr schönes Erlebnis für mich. Auch die Familie meiner Schwiegertochter ist sehr nett. Wir unternehmen öfters was gemeinsam.

Beruflich gibt es für mich keine einzelne, besondere Situation. Was ich immer wieder sehr schön finde, ist, wenn sich Menschen mir anvertrauen – egal ob in der Beratung oder in den Englisch-Trainings. Generell: Wenn ich etwas bewirken kann und merke, dass Menschen etwas Positives für sich mitnehmen können.

Was gibt dir laufend die nötige Energie, um deine Lebensbereiche bzw. Rollen als Mutter, Partnerin, Berufstätige etc. gesund zu verbinden? Was tust du (regelmäßig) für dein Wohlbefinden?

Ich habe gelernt, gut auf mich zu achten. Ich reflektiere mehr. Als die Kinder ganz klein waren, gab es natürlich Zeiten, in denen ich nur funktioniert habe. Doch dann habe ich begonnen mehr nachzudenken. Auch meine Coaching- und Beratungs-Ausbildung hat mir geholfen. Ich schaue heute mehr auf mich und bin nicht mehr für alle rund um die Uhr verfügbar.

Darüber hinaus genieße ich den täglichen Spaziergang mit unserem Hund. Ich gehe mit sehr offenen Sinnen durch den Tag. Wenn ich beispielsweise irgendwo eine schöne Blume sehe, freue ich mich darüber. Abends, wenn ich im Bett liege, lasse ich gerne den Tag Revue passieren. Ich reflektiere dann: Was war heute gut?

Es sind die kleinen Dinge, meine „Mini-Aufladestationen“, die mir Kraft geben.

Was möchtest du anderen Frauen, die ebenso BEIDES – Kind und Karriere – möchten, mit auf den Weg geben?

Es ist wichtig, Dinge auch abgeben zu können. Und wenn jemand Hilfe anbietet: diese auch annehmen.

Ich habe meine berufliche Entwicklung bewusst zurückgestuft, weil wir uns für eine große Familie entschieden haben. Diese Entscheidung muss man bewusst treffen, für sich und auch als Paar. Mein Mann hat stets sehr gut verdient und somit war das möglich. Ich glaube, Familie und Beruf lassen sich verbinden. Wie man es im Detail ausgestaltet, ist ganz individuell. Ich persönlich möchte die Zeit mit meinen Kindern nicht missen. Diese Zeit geht so schnell vorbei, und mir wäre es kein Höhenflug meiner Karriere wert gewesen, auf diese Zeit zu verzichten.

Das Wichtigste: sich selbst nicht zu vergessen. In all unseren Rollen noch einen Platz für uns selbst als Individuum zu finden.

Anna:

Anwältin (Teamleitende Partnerin) und alleinerziehende Mama

Anna, Rechtsanwältin (Teamleitende Partnerin), alleinerziehend, 1 Kind (2 Jahre)

Erzähle bitte kurz über deinen bisherigen Werdegang.

Nach der Matura habe ich mein Jus-Studium an der Universität Wien absolviert. Neben dem Studium hatte ich viele Nebenjobs, was zwar anstrengend war, aber mir immer Spaß gemacht und viel Erfahrung gebracht hat. Außerdem habe ich dadurch eine gewisse finanzielle Unabhängigkeit erlangt, was mir immer schon wichtig war. Nach dem Studium habe ich die Gerichtspraxis gemacht und dann in jener Kanzlei, in der ich jetzt Partnerin bin, meine Ausbildung als Rechtsanwaltsanwärterin begonnen. Parallel dazu habe ich mein Doktorat geschrieben.

2009 habe ich die Rechtsanwaltsprüfung hinter mich gebracht und entschieden, dass ich gerne auch einmal in einer Rechtsabteilung eines Unternehmens arbeiten würde. Ich habe schnell einen Job in einer Rechtsabteilung eines sehr coolen Unternehmens gefunden und war dort ca. 3 Jahre lang.

Danach tat sich die Möglichkeit auf, in meiner „alten" Kanzlei jenen Rechtsbereich aus- und aufzubauen, der mir immer schon am meisten Spaß gemacht hat. Nach langen Überlegungen habe ich mich dafür entschieden und bin nun dort seit 2013 als Rechtsanwältin tätig. Zwischenzeitig bin ich Partnerin geworden, leite ein siebenköpfiges Team und betreue viele spannende nationale und internationale Mandantinnen und Mandanten.

Mein Sohn ist im November 2019 geboren. Sein Vater hat sich während der Schwangerschaft leider entschieden, uns zu verlassen, sodass die Schwangerschaft – zum Glück körperlich weitgehend problemlos – seelisch eine harte Zeit war.

Du bist Partnerin in einer renommierten Rechtsanwaltskanzlei. Vermutlich kein einfacher Weg. Generell hat diese Branche noch den Ruf, eine Männerdomäne mit familienfeindlichen Arbeitsbedingungen zu sein (insbesondere, was Arbeitspensum und Arbeitszeiten betrifft). Wie kam es dazu bzw. was half dir rückblickend, um deine heutige Position zu erlangen?

Kein einfacher Weg: richtig. Ruf einer Männerdomäne: auch richtig, und noch dazu mit zahlreichen sehr konservativ denkenden Männern.

Familienfeindliche Arbeitsbedingungen: nicht ganz richtig – oder, wie wir Juristinnen und Juristen so schön sagen: Es kommt darauf an! Arbeitspensum und Arbeitszeiten sind natürlich in unserer Branche und in der Position, in der ich mich befinde, ziemlich heftig, zumindest bestätigen mir das auch Freundinnen und Freunde immer wieder, die etwas normalere Arbeitszeiten haben. ABER: Der Beruf bietet, wenn das Umfeld (Kolleginnen und Kollegen, Familie) mitmacht, sehr viel Flexibilität in zeitlicher und örtlicher Hinsicht.

Wie es dazu kam? Das ist eine gute Frage. Um ehrlich zu sein, war es nicht „immer schon mein Kindheitswunsch", einmal Rechtsanwältin zu werden. Irgendwie hat es sich dann aber so ergeben und die Arbeit macht mir großen Spaß. Wäre dies nicht der Fall, könnte ich diesen Beruf inklusive Arbeitspensum und Arbeitszeiten nicht machen.

Zur Partnerin wurde ich, denke ich, durch gute Umsatzzahlen, meinen Einsatz und weil mich meine Partner-Kolleginnen und -Kollegen offenbar auch für sozial gut verträglich halten.

Hast du berufliche Nachteile erfahren oder gab es besondere berufliche Herausforderungen durch die Geburt deines Kindes? Wenn ja, welche?

Berufliche Nachteile merke ich noch keine, berufliche Herausforderungen aber definitiv. Es war und ist schwierig, eine Balance zu finden und alles zu organisieren. Ich würde sagen, es ist ein ständiger „Eiertanz". Alleinerziehend mit Kind und diesem Job ist nicht gerade ein Spaziergang.

Der Anwaltsjob erfordert – zumindest meinem Anspruch nach – Verfügbarkeit, rasche Reaktion und für die Klientinnen und Klienten da zu sein. Zudem ist meine Arbeit inhaltlich nichts, was man schnell mal zwischendurch machen kann. Auch ein Team zu führen, geht bekanntermaßen nicht ohne zeitlichen Input. Um Zeit zu gewinnen, habe ich vorerst Nebentätigkeiten wie Vortragstätigkeiten, Publikationen, Marketingmaßnahmen und Business Development reduziert und im ersten Lebensjahr meines Sohnes fast keine Gerichtstermine und auch sonst kaum Auswärtstermine persönlich wahrgenommen. Ich habe primär im Home-Office gearbeitet, um trotz Fremdbetreuung viel bei und mit meinem Sohn sein zu können, Wegzeiten zu sparen etc. Das hat sich super bewährt und war auch weder für meine Mandantinnen und Mandanten noch für die Kanzlei ein Problem.

Wie viele Stunden arbeitest du durchschnittlich pro Woche? Bist du mit diesem Ausmaß zufrieden oder würdest du es gerne ändern (mehr/weniger)?

Puh, ehrlicherweise kann ich es gar nicht genau sagen. Während der Corona-Krise hatte ich mit meinen Rechtsgebieten zum Glück extrem viele Anfragen und konnte mein Team und mich gut mit Arbeit versorgen. Ich würde sagen, im Durchschnitt habe ich in den ersten Lebensmonaten meines Sohnes rund 4 bis 6 Stunden pro Tag (das allerdings auch am Wochenende) gearbeitet. Danach stetig mehr, derzeit rund 8 bis 10 Stunden pro Tag, wobei ich mich bemühe, nachts und am Wochenende weniger zu machen.

Es gibt Tage, an denen mir alles zu viel ist und ich überfordert bin. An Tagen, wo es gut geht, gut eingeteilt ist und es keine „Zwischenfälle“ wie Krankheit etc. gibt, habe ich alles besser im Griff. Die Zeit, die ich mit meinem Sohn habe, bin ich voll für ihn da und genieße das sehr. Klar würde ich gerne mehr Zeit mit meinem Sohn verbringen, aber mit dem Job, den ich habe, geht das nicht so einfach. Ich habe oft Diskussionen mit Freundinnen, die – aus ihrer Sicht völlig berechtigt – fragen, warum ich so viel arbeite, anstatt mehr Zeit mit meinem Sohn zu verbringen. Ich habe auf diese Frage auch keine eindeutige Antwort, aber ich bin alleine für meinen Sohn verantwortlich, auch finanziell, und zudem ist mir mein Job nun einmal auch wichtig.

Was schätzt oder liebst du an deinem Job besonders? Kannst du dir vorstellen, deinen Job bis zur Pension zu machen?

Ich schätze die Vielseitigkeit, die Abwechslung, die Spannung, den Kontakt zu Menschen, ein Team führen zu dürfen und die Flexibilität. Ja, ich kann mir vorstellen, diesen Job bis zur Pension zu machen. Ich schließe aber auch nicht aus, dass ich einmal etwas Anderes mache.

Was bedeutet Karriere für dich persönlich?

Karriere bedeutet für mich, einen Job machen zu können, der mir (mit den üblichen Ups and Downs) Freude bereitet, Sinn gibt, in dem stetige Weiterentwicklung möglich ist, in dem ich Einfluss in Bereiche habe, die mir am Herzen liegen, und der abwechslungsreich ist. Weiters: Mitarbeiterinnen und Mitarbeiter führen dürfen, Ideen umsetzen und etwas bewegen zu können. Karriere bedeutet für mich auch, dass ich in meinem Bereich einen guten Ruf habe. Und dass ich Freiheit in der Gestaltung meiner Arbeit habe und nicht von einer bestimmten Person abhängig bin.

War deine/eure Familienplanung ein bewusster, geplanter Schritt oder hat dich/euch das Leben überrascht? Bist du bzw. seid ihr rückblickend glücklich darüber, wie es gekommen ist? Oder würdest du die Familienplanung heute anders angehen?

Die Familienplanung war ein bewusster und geplanter Schritt. Es ging dann wider Erwarten sehr schnell. Ich bin sehr glücklich, dass es meinen Sohn gibt. Darüber, dass sich sein Vater dann „am Weg" anders entschieden hat, bin ich natürlich traurig, und es hat die Situation nicht einfacher gemacht.

Wie sieht ein ganz normaler Wochentag bzw. eine ganz normale Woche bei dir aus?

Ein ganz normaler Wochentag? Eine ganz normale Woche? Gibt es kaum! (lacht) Aber ich versuche es mal: Ich bringe meinen Sohn kurz vor 9 Uhr in den Kindergarten, der zum Glück nur 100 Meter von unserer Wohnung entfernt ist. Ab 9 Uhr wartet ein voller Terminkalender mit Telefonaten, E-Mails und/oder Gerichtsverhandlungen. Um 12 oder um 14 Uhr (je nach Tagesplan) hole ich meinen Sohn wieder und spiele ein wenig mit ihm.

Nachmittags kommt 2 bis 3 Stunden eine Babysitterin oder meine Mutter. Währenddessen arbeite ich wieder. Die Zeiten mit der Babysitterin mache ich mir in der Vorwoche aus, je nach meinen beruflichen Terminen und ihren Terminen. Von ca. 17:30 Uhr bis zum Schlafenlegen habe ich dann „Quality Time" mit meinem Sohn.

Nachdem er schläft (was derzeit ca. zwischen 20 und 21 Uhr passiert), setze ich mich an die Arbeit und versuche, gegen Mitternacht Schluss zu machen und etwas Schlaf zu bekommen.

Wenn es keine Zwischenfälle wie Krankheit, Terminänderungen, Absage der Babysitterin oder ähnliches gibt, dann klappt das alles halbwegs. Die Wochenenden versuche ich tagsüber von Arbeit freizuhalten und die Zeit mit meinem Sohn und meinem neuen Partner zu verbringen.

Wie schaffst du es, trotz alleiniger Verantwortung für die Erziehung deines Kindes doch noch Zeit für dich zu finden?

Ehrlich gesagt – kaum! Mir ist Sport und Bewegung sehr wichtig, und so habe ich versucht, mir als Tageshighlight 20 bis 30 Minuten für Sport zuhause zu nehmen. Ich arbeite aber daran, etwas mehr Zeit für mich zu finden.

Erfährt man in Österreich als Alleinerziehende deiner Meinung nach genug Unterstützung (z. B. finanziell oder in Hinblick auf Kinderbetreuung)?

Ich denke, es gäbe sehr viel, um die Situation von Alleinerziehenden zu verbessern. Der Kampf um Kindesunterhalt schwächt und zermürbt, wie ich erleben musste – was mit ein Grund für meine Entscheidung war, voll weiterzuarbeiten. Und seelisch ist es oft alles andere als einfach, alleinerziehend zu sein. Ich persönlich hatte das Glück, gerade im ersten Jahr unheimlich viel Unterstützung von meinem Freundeskreis zu erhalten, was mich sehr gestärkt hat.

Was sind aktuell Herausforderungen in deinem Alltag (beruflich und/ oder privat)?

Ich habe das Gefühl, mein Alltag ist eine ständige Herausforderung. Einerseits liebe ich Herausforderungen, andererseits sehne ich mich auch manchmal danach, dass mein Leben kein ständiger „Eiertanz" ist. Ich möchte versuchen, etwas mehr Zeit für mich zu finden, damit ich auch wieder mehr Kraft habe, die ich meinem Sohn geben kann.

Was ist dir bei der Erziehung deines Kindes besonders wichtig?

Besonders wichtig ist mir, dass mein Sohn mit dem Wissen aufwächst, dass er geliebt, geschätzt und gesehen wird. Da denken sich jetzt vielleicht einige: Wie soll das denn gehen, wenn die Mutter ständig am Arbeiten ist? Dieser Gedanke ist sicherlich berechtigt und quält mich oft, aber ich bin mir sicher, es kommt nicht auf die Quantität, sondern auf die Qualität der Zeit an, die man mit seinem Kind verbringt.

Die Vermittlung von Werten ist mir auch sehr wichtig. Natürlich möchte ich meinem Sohn später, wenn er möchte, auch eine gute Ausbildung ermöglichen. Und Lebensfreude und Resilienz – das möchte ich ihm auch gerne vermitteln.

Was genießt du besonders bzw. wie holst du dir im Alltag Kraft? Was bereitet dir Freude?

Mein Sohn ist meine größte Freude. Wenn er mich nach einer mühsamen Nacht mit wenig Schlaf in der Früh voll Lebensfreude anlacht, gibt mir das unheimlich viel Kraft. Freude bereitet mir auch, Sport zu machen, zu reisen und mit Freundinnen und Freunden Zeit zu verbringen. Das alles ist in letzter Zeit (auch Corona-bedingt) allerdings zu kurz gekommen.

Was sind wesentliche Unterstützungsfaktoren für dich, um Beruf und Privatleben gut zu vereinbaren? Welche Aufgaben delegierst du an andere Personen?

Ich versuche im Wesentlichen, viel den Haushalt betreffend „outzusourcen", außer natürlich das Alltägliche wie Wäsche, Geschirr etc. Ich bin auch keine große Köchin (lacht). Wie schon oben beschrieben, nehme ich eigentlich schon von Geburt an externe Kinderbetreuung in Anspruch. Ohne würde es nicht gehen.

Das Leben ist manchmal hart zu uns. Was war rückblickend (oder ist aktuell) eine schwierige Zeit für dich – seit der Schwangerschaft/ Familiengründung?

Wie oben erwähnt: die Trennung vom Kindesvater während der Schwangerschaft.

Was hat dir damals Kraft gegeben bzw. gibt dir generell Kraft, wenn du ein Problem oder eine schwierige Situation meistern musst?

Der Gedanke, dass aufgeben keine Option ist und dass nach Regen irgendwann immer wieder die Sonne kommt, auch wenn es manchmal lange regnet. Auch Freundinnen haben mir immer Kraft gegeben. Oder in die Natur zu gehen und dann zu versuchen, das Beste aus der Situation zu machen. Jammern ist wichtig, löst das Problem aber nicht.

Was war ein besonders schönes Erlebnis aus deinem Privat- oder Berufsleben, das dir spontan einfällt und du gerne mit uns teilen möchtest?

Meine beste Freundin war bei der Geburt meines Sohnes dabei, was sehr wichtig und schön für mich war. Die beiden haben auch eine ganz besondere Beziehung.

Was gibt dir laufend die nötige Energie, um deine Lebensbereiche bzw. Rollen gesund zu verbinden? Was tust du (regelmäßig) für dein Wohlbefinden?

Derzeit zu wenig, aber ich bin gerade dabei, das zu ändern – mehr raus in die Natur, gesünderes Essen und mehr Schlaf wäre der Plan.

Was möchtest du anderen Frauen, die ebenso BEIDES – Kind und Karriere – möchten, mit auf den Weg geben?

Mut haben und nicht aufgeben! Kind und Karriere ist kein gemütlicher Spaziergang. Kind und Karriere, besonders alleinerziehend, ist eine herausfordernde, lange Wanderung mit sonnigen Almen, schroffen, steinigen Wegen, Regen, Sonne und Gewitter. Man kann unterwegs zwar rasten (daran arbeite ich zumindest), aber nicht umkehren. Wer Kind und Karriere verbinden will, sollte sich das vorher gut überlegen. Es ist ja kein Muss, Kind und Karriere zu verbinden! Ich denke, jede Frau, jeder Mann und jedes Paar muss hier für sich entscheiden. Ich empfehle auch, ausreichend und ernsthaft vorher darüber zu reden. Es gibt aber kein richtig und kein falsch. Und: Halte dich fern von Menschen, die dir (unaufgefordert) sagen, was du falsch machst und wie es richtig wäre!

Daniela & Christian:

Mehr Familienzeit zu viert! Ein skandinavisches Arbeitsmodell mit 2 Kindern

Daniela, Trainerin für Erwachsenenbildung und Projektmanagement in einer Unternehmensberatung

Christian, Senior Sales Manager in einem Bankeninstitut

verheiratet, 2 Kinder (2 und 5 Jahre)

Liebe Daniela, erzähle uns bitte kurz über deinen bisherigen Werdegang.

Ich habe eigentlich etwas ganz anderes studiert, schon neben der Vollzeit-FH gearbeitet und das Tun in der Praxis genossen. Dann war meine Last-Minute-Diplomarbeit so gut, dass ich ein wissenschaftliches Stellenangebot angenommen habe (lacht). Das habe ich nur ein paar Monate „ausgehalten". Ich brauche Menschen um mich und interaktiven Austausch im Hier und Jetzt.

Da hat sich ein Quereinstieg in die Personalentwicklung super ergeben. Ich war in einem großen Handelsunternehmen, zuerst als Assistentin und dann sehr schnell als Projekt- und Eventmanagerin – und auch bereits Trainerin mit einigen Weiterbildungen.

Dann kam der Wunsch, mich vor der Familiengründung noch weiterzuentwickeln. Ich habe mir eine Bildungskarenz erkämpft und mich im Trainingsbereich spezialisiert, hatte den Mut, zu kündigen, war alleine in Australien und hab eine internationale Yogalehrer-Ausbildung in Nicaragua gemacht. Das alles schon mit dem Plan, mich als Trainerin und

Yogalehrerin selbständig zu machen. Dazu habe ich das Unternehmensgründungsprogramm genutzt, viele Seminare dort besucht und mich gut vernetzt. Es haben sich ein paar spannende Projekte ergeben und ich habe mit vielen ehemaligen beruflichen Kontakten zusammengearbeitet.

Und dann wurde ich auch schon schwanger – schneller als erhofft. Gegen Ende meiner Karenz (10 Monate) hat's mich ganz schön gezwirbelt und ich wusste nicht recht, wie sich das alles ausgehen soll mit meinen diversen Standbeinen und der regelmäßigen Reisetätigkeit. Da habe ich mir a) ein paar Termine psychologische Unterstützung geholt und b) einen geringfügigen Job als Assistentin eines Unternehmensberaters angetreten.

Klingt nach Rückschritt, war aber genau das Richtige zum wieder „Reinkommen" und ein kleines, beruhigendes und berechenbares Einkommen. Außerdem war es ein spannender Bereich und ich bin dort auch nicht versauert: nach meiner zweiten Karenz (8 Monate) habe ich auf 25 Stunden aufstocken können, arbeite jetzt stark inhaltlich mit und eben auch wieder im Trainingsbereich. Perfekt für den Moment! Auch wenn es schon Überlegungen gibt, ob ich später selbständige Partnerin werde – derzeit brauch ich noch den „bequemen" 25-Stunden-Rahmen und will bewusst für meine Kinder da sein.

Was schätzt oder liebst du an deinem Job besonders? Kannst du dir vorstellen, deinen Job bis zur Pension zu machen?

Ich brauche einen Job, in dem es menschelt und wo ich mich kreativ einbringen kann. Ich erkläre gerne und liebe den Austausch. Das passt derzeit sehr gut. Wir sind ein Kleinstunternehmen mit flachen Hierarchien und ich kann viel beitragen. Das wird auch geschätzt: die Rahmenbedingungen sind mehr als fair und die Chefs und Kolleginnen und Kollegen sind auch wunderbar.

Bis zur Pension dauert es noch lange und ich bin so furchtbar vielseitig (lacht). Also wenn ich jetzt „vielleicht" sage, bedeutet das schon sehr viel!

Was hat dir rückblickend am meisten geholfen, um in deinem Wunschberuf zu landen?

Glückliche Fügungen wäre die elegant bescheidene (typisch weibliche?) Antwort. Klar war ich zur richtigen Zeit am richtigen Ort mit den richtigen Menschen. Vor allem aber hatte ich immer den Mut, abzuspringen und etwas Neues zu wagen – durchaus mit dem großen Wunsch nach mehr Lebensqualität. Das haben wir uns alle verdient! Bildungstechnisch bin ich meinen Lehrerinnen und Lehrern dankbar, die meine Talente erkannt und gefördert haben. Ich bin nämlich so eine statistische Ausnahme als Akademikerin ohne jegliche akademische Verwandte.

Du und dein Mann, ihr lebt ein sehr modernes Familienmodell, in dem ihr euch die „Care-Arbeit" aufteilt. Daher bin ich besonders dankbar, dass auch dein Mann an diesem Interview teilnimmt und ihr uns nun gemeinsam Einblicke in euer Berufs- und Familienleben gebt. Wie viele Stunden arbeitet ihr jeweils durchschnittlich pro Woche? Seid ihr mit diesem Ausmaß zufrieden oder würdet ihr es gerne ändern?

Daniela: 25 intensive Stunden – und mein Chef weiß und sagt, dass ich in dieser Zeit mehr schaffe als andere in einem Vollzeitjob. Rein zeittechnisch würden sich fünf Stunden mehr ausgehen, aber das wäre nicht gesund für mich und somit schlecht für uns alle.

Christian: 30 Wochenstunden. Zufrieden bin ich im Wesentlichen mit dem Verhältnis Gehalt zu geleisteten Stunden. Aber ich halte es da mit den Skandinaviern. Ein schwedischer Kunde hat mal zu mir gesagt: „Don't be surprised if I don't pick up the phone after 4 pm – I am very leisure-oriented!". Das bin ich auch, also wenn's nach mir geht, müsste ich überhaupt nicht arbeiten (lacht).

Was bedeutet Karriere für euch persönlich?

Daniela: Das, was ich tu, gut und – an den meisten Tagen – gerne machen. Wenn ich dabei Menschen inspirieren kann, umso besser. Eine Führungspersönlichkeit war ich schon früh, als ältestes von vier Kindern mit strauchelnder Mutter, mit 16 dann als Jugendleiterin bei den Pfadfinderinnen, und irgendwie coache ich immer schon den Freundeskreis. Das muss man ja nicht beruflich auch noch machen – und in den meisten Unternehmen sind Führungspersönlichkeiten wie ich überhaupt nicht gefragt, weil hinterfragen unerwünscht ist und Ergebnisse über die Menschen gestellt werden. Dazu noch die Erwartungen, stets erreichbar zu sein und das Private unterzuordnen. Sicher nicht! Dann kommen meine Leadership Skills eben „nur" meiner Familie und meinen Freundinnen zugute (lacht).

Christian: Früher habe ich immer gedacht, ich möchte eine Führungsposition, wo ich etwas gestalten und bewegen – Menschen zu großartigen Dingen motivieren – kann. Seit ich Vater bin, vielleicht auch schon vorher, reicht mir der Respekt meiner Kolleginnen und Kollegen sowie Kundinnen und Kunden für meine Karriere. Ich habe durch meine zwei Karenzen und jetzige Elternteilzeit auch gemerkt, dass für mich bei meinem großen, traditionellen Arbeitgeber kein Karrierepfad vorgesehen bzw. erwünscht ist. Deshalb habe ich etwaige Pläne und Ideen zu meiner Karriere auf „in ein paar Jahren" verschoben. Wenn überhaupt.

War eure Familienplanung ein bewusster, geplanter Schritt oder hat euch das Leben überrascht? Seid ihr rückblickend glücklich darüber, wie es gekommen ist? Oder würdet ihr die Familienplanung heute anders angehen?

Christian: Ja, wir waren uns recht einig, mehr beim Zeitpunkt als bei der Anzahl. Daniela wollte 2, ich damals noch 3 Kinder. Das hat sich aber gelegt, 2 Kinder sind ganz praktisch, weil man auch nur 2 Hände hat.

Wie sieht ein ganz normaler Wochentag bzw. eine ganz normale Woche bei euch aus?

Daniela: Unsere Kinder stehen fast immer um 6 Uhr früh auf. Bevor wir bei der Tür rausmüssen, ist also genug Zeit, und meistens schaukeln wir das zu viert. Beim Bringen in den Kindergarten wechseln wir uns ab und haben eine fixe Tagesaufteilung. Ich bin etwas öfter dran als Christian. Er hat zwei lange Arbeitstage und dafür Freitag frei. Ich betreue an den langen Tagen die Kinder am Nachmittag ab 15 Uhr. Bis dahin sind die Kinder im Kindergarten. Christian macht das dann am Freitag. Einen Nachmittag ist meist die Oma da, und an einem versuchen wir beide, mit je einem der Kinder Zeit zu zweit zu verbringen.

Wie viel Zeit habt ihr – du und dein Partner – durchschnittlich pro Woche für Zeit zu zweit? Bei nahezu allen berufstätigen Paaren mit Kindern mangelt es an gemeinsamer Zeit. Wie geht ihr mit der oft sehr knappen Zeit um? Was ist eurer Meinung nach wichtig für eine gelungene Beziehung?

Daniela: Wir haben dank Oma meist ein Wochenende pro Monat und auch wöchentlich einen kinderfreien Nachmittag. Wir treffen uns auch manchmal zu Mittag in der Stadt und genießen gutes Essen und ungestörte Gespräche. Außerdem stehen unsere Kinder zwar früh auf, gehen dafür aber auch beizeiten ins Bett. Wir haben also an fast allen Abenden Zeit zu zweit – und manchmal sogar die Energie übrig, das zu nutzen. In unserer Beziehung sind wir stolz darauf, viel und wertschätzend miteinander zu kommunizieren, körperliche und emotionale Nähe zu suchen und auch mal Zeit für uns selbst zu haben.

Was ist euch bei der Erziehung eurer Kinder besonders wichtig?

Christian: Sie respektvoll zu behandeln und für voll zu nehmen. Ihre Bedürfnisse verstehen und auf diese eingehen, solange es allen in der Familie gut geht. Ein Gespür füreinander entwickeln. Uns Zeit nehmen, auf ihre Fragen ehrlich und vernünftig zu antworten. Ihnen Perspektiven aufzuzeigen – Daniela nennt es gerne „Chancenblick“. Ein grundsätzlich positives Menschenbild mitgeben. Und wenn's mal was zu klären gibt und wir Grenzen setzen, dann immer mit der Haltung: Wie groß der Blödsinn auch sein mag, den du angestellt hast, wir lieben dich und du kannst damit zu uns kommen.

Was genießt ihr besonders? Worüber freut ihr euch im Alltag?

Beide: Wenn die beiden so miteinander spielen, dass wir uns nicht einmischen müssen. Wenn ein Kind kuscheln kommt. Wenn wir merken, dass sie schon Schmäh führen, also sich necken und Scherze machen können.

Was sind wesentliche Unterstützungsfaktoren für euch, um Beruf und Privatleben gut zu vereinbaren? Wie teilt ihr euch die Aufgaben konkret auf?

Beide: Wir gönnen uns eine Putzhilfe. Die Oma unterstützt uns auch, wie erwähnt. Wir haben darüber hinaus zwei verlässliche Babysitterinnen, wenn's mal nötig ist. Das ist aber schon eher Luxus als Normalität. Essen bestellen wir sehr selten, denn gesundes Essen ist uns wichtig und wir kochen auch manchmal miteinander. Was klar ist: ohne Kindergarten ginge nix. Zum Glück gehen beide gerne – und endlich auch in den gleichen Kindergarten.

Ihr lebt ein sehr modernes Rollen- bzw. Familienmodell (aktive Vaterschaft, Aufteilung der Karenz usw.). Habt ihr das Gefühl, dass diese gleichberechtigte Rollenverteilung schon in Gesellschaft und Arbeitswelt angekommen ist? Welche Vor- und Nachteile habt ihr konkret erlebt? Was sollte sich eurer Meinung nach konkret ändern oder verbessern?

Christian: Haha! (lacht) In unserer "Blase" gibt's schon ein paar, aber die Nachbarn mit Kindern im gleichen Alter arbeiten beispielsweise in Riesenunternehmen und sind überzeugt, dass man es sich nicht erlauben kann, dort als Mann in Karenz zu gehen. Meine Erfahrungen als Mann in einem Riesenunternehmen bestätigen das eigentlich: Ich habe von unabsichtlicher Diskriminierung bis hin zu Mobbing durch meine Vorgesetzen sehr deutlich zu verstehen bekommen, dass das wirklich nicht erwünscht, gefördert oder ok ist. Da braucht man schon eine ziemlich dicke Haut!

Was sich ändern soll? Die gesetzlichen Rahmenbedingungen sind da, was sich ändern muss, ist das Mindset der Führungskräfte – da sind die Frauen übrigens genauso „schlimm" wie die Männer. Was uns gleich zum Thema bringt: Echte Frauen- bzw. Familienförderung wäre es, die Erwartungen an Führungskräfte zu ändern – in Punkto Überstunden, Reisebereitschaft, Flexibilität. Dann hätte man nämlich auch mehr Chefinnen und Chefs, die selbst wissen, was es heißt, Familie und Beruf unter einen Hut zu bringen.

Das Leben ist manchmal hart zu uns. Was war rückblickend (oder ist aktuell) eine schwierige Zeit für dich – seit der (ersten) Schwangerschaft/ Familiengründung?

Daniela: Die ersten Wochen mit zwei Kindern waren „eher" fordernd. Christian hat es in Woche drei ausgesprochen: „Denkst du dir auch manchmal: Was haben wir uns dabei gedacht?" Mit der Großen war es schon so einfach, und dann haben wir quasi von vorne begonnen, diesmal plus heftige Neurodermitis – auf die ich unterwegs auch ständig von Wildfremden angesprochen wurde.

Was hat dir damals Kraft gegeben?

Daniela: Vor allem Christians Einfühlungsvermögen und Verständnis. Und dass er mich einerseits hat machen lassen, in entscheidenden Momenten aber klare Worte gefunden hat und mich auch überzeugt hat, mir ein paar Einheiten Psychotherapie zu gönnen. Dann war der Wendepunkt rasch da und es ging wieder bergauf in unserer neuen Normalität. Und die Kinder werden ja so schnell größer (lacht).

Was gibt euch laufend die nötige Energie, um eure Lebensbereiche bzw. Rollen als Mutter bzw. Vater, in der Partnerschaft, im Beruf etc. gesund zu verbinden?

Beide: Wir spielen uns gut gegenseitig frei und nehmen uns einen freien Vormittag pro Woche (außer es ist gerade echt stressig im Job) – bewusst nicht gleichzeitig, sondern als Zeit für uns als Einzelpersonen.

Christian: Ich bin gut im Nichtstun und Stöbern nach alten Traumautos.

Daniela: Ich erledige gerne Liegengebliebenes und mache Yoga oder Kreatives.

Hat die durch Corona bedingte besondere Familien- und Berufssituation Wünsche oder Ziele in euch geweckt? Wenn ja, welche?

Daniela: Was mir im ersten Lockdown echt gefehlt hat: Der entspannte Heimweg zwischen Arbeit und Kindern als sanfter Übergang. Ich war aber vorher schon nach Bedarf im Home-Office ohne Einschränkungen. Das fand ich auch vor Corona schon sehr familienfreundlich und hocheffizient. Schade, dass so viele Führungskräfte Kontrolle über alles stellen. Das haben andere Länder einfach familien- und kinderfreundlicher gelöst.

Christian: Ich hätte gerne daheim Platz für ein Squat-Rack.

Was möchtest du anderen Frauen bzw. als Mann auch anderen Männern, die ebenso BEIDES – Kind und Karriere – möchten, mit auf den Weg geben?

Daniela: Dass es diese besondere Zeit mit den Kindern nur einmal gibt, wissen eigentlich eh alle. Dass wir im Job alle ersetzbar sind, wissen wir eigentlich auch. Trotzdem glauben wir zu oft, dass wir ja ewig Zeit haben. Ich wünsche mehr Eltern – und vor allem Vätern – den Mut, sich mehr Familienzeit zu nehmen. Und dass die Mütter dann auch wirklich loslassen und zulassen können, dass Papa es halt anders macht mit den Kindern. Ich merke nämlich oft, dass der Perfektionismus der eigenen Frau noch abschreckender ist als Karrieresorgen, à la „Da hab ich lieber meine Ruhe im Büro als ein anstrengendes Kind daheim und auch noch eine Frau, die mir ständig erzählt, wie *man* das eigentlich macht.“ (lacht)

Ich hab ein paar Bekannte, die mich um meinen modernen Mann beneiden, aber ihrem eigenen jegliche Fähigkeiten absprechen. Das ist a) schade für alle in der Familie und bringt mich b) zu einem meiner größten Aha-Erlebnisse als Jungmama: Perfekte Eltern sind schreckliche Vorbilder! Zeigen wir unseren Kindern doch lieber echte Gefühle und entschuldigen wir uns ab und zu ehrlich beieinander. Das bringt uns einander näher und nimmt ihnen viel Druck, wenn sie selbst mal gute Eltern sein wollen.

Christian: Natürlich ist es wichtig, im richtigen Unternehmen zu arbeiten, wo das auch tatsächlich gelebt wird und nicht nur *Whitewashing* betrieben wird. Natürlich muss man bereit sein, das Firmenhandy zu ignorieren und sich auf die Kinder zu konzentrieren. Natürlich braucht man eine gewisse Resilienz, wenn jemand, der 50 Stunden im Büro sitzt, statt einem selbst befördert wird oder spannendere Aufgaben bekommt.

Aber ich liebe meine Kinder und will sie nicht nur aufwachsen sehen, sondern ihnen aktiv helfen, zu guten, glücklichen Menschen zu werden. Und ich will, dass meine Frau auch arbeiten geht, und zwar in einem Job, der ihre vielen Talente auch nutzt und an dem sie wachsen kann. Nicht nur, damit sie ein Leben außerhalb der Mutterrolle hat, sondern auch, damit wir uns am Abend was zu erzählen haben, das nichts mit den Kindern zu tun hat. Die sind nämlich irgendwann erwachsen und wir zwei haben hoffentlich noch viele Jahre zu zweit. Über was reden wir dann bitte, wenn sie außer den Kindern und dem Haushalt nichts „gemacht“ hat?

Birgit:

Geschäftsführerin und Vierfach-Mama

Birgit, Geschäftsführerin und Aufsichtsrätin, verheiratet, 4 Kinder (1 bis 4 Jahre)

Erzähle bitte kurz über deinen bisherigen Werdegang.

Ich habe 2006 bis 2009 BWL an der WHU studiert, denn aufgewachsen mit einem Familienunternehmen hatte ich das unbedingte Bedürfnis, mehr von Unternehmen und deren Führung zu verstehen. Nach meinem Bachelor bin ich zum Grameen Creative Lab gegangen, ein Start-up unter Friedensnobelpreisträger Muhammad Yunus, um mich dort mit Social Business zu befassen. Das heißt, wie kann ich Unternehmen so aufstellen, dass sie eine soziale Herausforderung lösen und gleichzeitig finanziell nachhaltig wirtschaften? Das war damals ziemlich neu, das Wort Social Entrepreneurship war noch nicht in aller Munde.

Anschließend habe ich (sehr jung) mit 23 Jahren an der Columbia Business School in New York einen MBA gemacht. Dafür bin ich rückblickend sehr dankbar. Mein Vater hatte mir damals den wertvollen Rat gegeben: „Versuch deine Ausbildungen schnell fertig zu machen. Denn als Frau wirst du es sonst irgendwann vielleicht nicht mehr tun!“ Die vier Semester in New York waren die prägendste Zeit, die ich je hatte. Die Stadt und auch die Uni boten mir viele Möglichkeiten und ich hatte – wie bei jedem langen Auslandsaufenthalt – das Gefühl, ich kann alles nochmal neu gestalten in einem anderen Umfeld, bin dort ein unbeschriebenes Blatt und kann neue Thesen über mich aufstellen und mich ausprobieren. Allerdings war eine Rückkehr nach Deutschland für mich von vornherein klar, da ich einfach ein Familienmensch bin.

Nach dem MBA wusste ich noch nicht genau, was ich wollte, und habe mich daher auf Anraten eines Freundes bei 25 Unternehmen beworben, um in diesem Prozess herauszufinden, welche Kultur zu mir passt, welche Themen mich interessieren und mit welchen Menschen ich „klicke". Am Ende habe ich mich für ein Inhabergeführtes Unternehmen entschieden, mit viel Gestaltungsfreiraum und jeder Menge Arbeit. Dort habe ich die Marktentwicklung in Afrika übernommen mit Fokus auf Wasser- und Abwasserinfrastruktur. Es war ein von mir unterschätzter Kulturschock, von Manhattan in den Schwarzwald zu ziehen. In dem Unternehmen – vornehmlich Männer mit technischer Ausbildung – wurde man als Frau und Wirtschaftswissenschaftlerin fast belächelt. Mit einem MBA von der Columbia University konnte keiner etwas anfangen. Das erste Jahr musste ich mich ziemlich durchbeißen und habe zwischendurch immer wieder weinend auf dem Klo gesessen.

Aber ich habe mich durchgeboxt und hatte das Gefühl, in vielen Männerrunden beweisen zu müssen, dass Frauen durchaus ernstgenommen werden sollten – selbst auch dann noch, wenn sie schwanger sind oder bereits Kinder haben! Insgesamt war ich sechs Jahre dort und habe in dieser Zeit zwei Kinder bekommen. Die ersten 3,5 Jahre von 2012 bis 2016 habe ich von Freiburg aus gearbeitet. In dieser Zeit habe ich auch meinen heutigen Mann (wieder) kennengelernt. Er war ein alter Freund, mit dem mich viel verband. Er hat zu dieser Zeit in Barcelona gelebt und wir sind drei Jahre lang gependelt. Als ich im 8. Monat schwanger war, bin ich zu ihm nach Spanien gezogen.

Nach viermonatiger Auszeit (unter spanischem Arbeitsvertrag gibt es nicht mehr), musste ich mich bei meinem damaligen deutschen Chef ziemlich durchsetzen, damit ich schnell wieder Verantwortung bekam. Das konnte sich zu Beginn keiner vorstellen. „Können Sie als Mutter überhaupt eine Deadline einhalten?", war die erste Frage, die ich nach meiner Rückkehr bekam (lacht). Ich glaube, mit einem spanischen Chef wäre es mir da vielleicht anders ergangen.

Durch die Geburt meiner ersten beiden Kinder habe ich mir mehr denn je die Sinnfrage gestellt. Irgendwann merkte ich, dass ich jede freie Minute mit den Themen Bildung und Erziehung verbrachte, unglaublich viel dazu las und mich in meinem Freundeskreis als „Ressource" entpuppte. Das bewog mich schließlich dazu, nach Geburt des zweiten Kindes meinen Job zu wechseln und in Barcelona bei Learnlife zu beginnen. Die

„Schule“ Learnlife bietet hochmoderne Bildungskonzepte nach dem Motto: „Was wäre, wenn wir Bildung nochmal ganz neu denken?“ Dort habe ich ein Jahr lang gearbeitet. Über meine dortige Position wurde ich für meine derzeitige Position bei LIFE HAMBURG geworben. Das Jobangebot stimmte sehr gut mit unserem Wunsch nach einer Rückkehr nach Deutschland überein.

Vor deiner Rückkehr nach Deutschland hast du viereinhalb Jahre in Barcelona gelebt und gearbeitet. Viele zögern, wenn es darum geht, samt Familie ein neues Leben im Ausland zu beginnen. Wie kam es dazu bzw. wie gelang es euch, dort einen neuen Lebensmittelpunkt zu schaffen?

Mein Mann lebte schon in Barcelona, er hatte dort nach dem MBA gegründet. Ich war allerdings zögerlich, umzuziehen, und so pendelten wir drei Jahre, bis ich im achten Monat schwanger war und keine Wahl mehr hatte (lacht).

Diese Entscheidung zu treffen, war für mich nicht einfach. Ich hatte nie geplant, nach Spanien zu ziehen, geschweige denn einen Neustart als Eltern in einer mir fremden Umgebung und Sprache zu machen. In solchen entscheidenden Momenten bediene ich mich immer der Methode „Die 8 Optionen“. Lass uns 8 Optionen finden, so wahnwitzig sie sind, und dann schließen wir sie nach und nach aus! So erkennt man seinen Handlungsspielraum und fühlt sich nicht ohnmächtig. Wir hatten also von „Mein Mann schmeißt alles hin und zieht nach Deutschland“ bis „Wir pendeln und Montag bis Donnerstag arbeitet er in Barcelona“ alle Varianten auf dem Tisch.

Wir haben uns dann für ein Leben in Barcelona entschieden und ich war überzeugt, dass es das Beste für die Familie ist. Ich habe sehr bewusst formuliert, dass ich mich aus freien Stücken und aus Überzeugung entschieden habe und es nie meinem Mann oder gar dem Kind vorwerfen würde, sollte ich in Spanien nicht glücklich sein. Meinen Job konnte ich damals nach erfolgreicher Verhandlung remote weitermachen, was zu dieser Zeit eine absolute Ausnahme war. Heute ist das zum Glück kein Problem mehr.

Was waren zu Beginn die größten Herausforderungen?

Hochschwanger nach Spanien! Ich kannte niemanden in der Stadt, mein Mann arbeitete viel und ich sprach kein Spanisch. Vor allem die Sprache und sich überhaupt zu Hause zu fühlen, war eine Herausforderung. Ich lernte immer das, was gerade wichtig war. Mein erster Satz auf Spanisch war: „Ich glaube, meine Fruchtblase ist geplatzt!"

Die Geburt in Spanien war wunderschön, aber die Zeit danach anstrengend, da mein Kind fast eine Woche lang auf der Intensivstation lag, ich mit den Ärzten nur im Beisein meines Mannes reden konnte und wir das erste Mal erlebten, wie Schlafentzug wirkt.

Dann rappelten wir uns zurecht und mein Mann ging nach zwei Wochen wieder arbeiten. Nach dem Motto „When in Rome, do as the Romans do" beschloss ich, nach 4 Monaten wieder anzufangen zu arbeiten. Für 22 Stunden pro Woche kam eine Nanny – in Spanien glücklicherweise zu sehr passablen Stundensätzen. Zeitgleich expandierte mein Mann mit seinem Unternehmen nach Südamerika und war im ersten Lebensjahr rund acht Mal für 2 bis 3 Wochen in Chile, Mexiko oder Kolumbien.

Das schlecht schlafende Kind, gepaart mit meinem Job und meinem reisenden Mann, war extrem anstrengend. Ich verlor viel Gewicht und war unendlich müde.

Das erste Jahr verging im Flug, es war kaum Zeit für irgendetwas. Ich arbeitete, sah Freunde, ging zum Babyschwimmen, dann noch zum Babyturnen, ließ keine Networking-Möglichkeit aus und belegte einen Intensivkurs in Spanisch. Zeit für Selbstfürsorge blieb nicht wirklich.

Im April 2017 geschah dann ein einschneidendes Erlebnis: Kurz nach dem ersten Geburtstag meines Sohnes hatte ich eine Fehlgeburt, ganz früh in Woche 6.

Meine große Erkenntnis daraus war: „Ich brauche das alles gar nicht. Weder mir noch meinem Kind tut es gut, wenn ich uns so durchplane!" Durch die Fehlgeburt arbeitete ich aber auch eine andere, für mich schmerzliche Wahrheit heraus: „Hoppla, vielleicht hätte ich das nicht geschafft. Das Kind ist vielleicht nicht gekommen, weil ich dafür zurzeit einfach keine Kraft habe!" Ich beschloss also, innezuhalten, zu reflektieren und meine Unternehmungen so zu priorisieren, dass ich künftig genug Kraft für mich und meinen Traum einer großen Familie haben würde.

Dazu zählte auch, dass mein Mann und ich uns unsere Aufgaben anders aufteilen wollten. Die zeitintensive Expansionsphase seines Unternehmens hatte ein wahnsinniges Ungleichgewicht in unsere Ehe und auch unsere Rolle als Eltern gebracht. Wir stellten uns also gemeinsam Fragen wie: Was macht das mit uns? Unserer Ehe? Unseren Wünschen und Träumen? Wie innig soll unser jeweiliges Verhältnis zu den Kindern sein? Die zweite große Erkenntnis war also, dass wir uns partnerschaftlich aufstellen wollten.

Somit haben wir beim zweiten Kind vieles anders gemacht. Ich habe in der Schwangerschaft nicht mehr den Drang verspürt, allen beweisen zu müssen, dass ich auch spätabends noch arbeiten kann und belastungsfähig bin. Wir hatten ein sehr bewusstes Gespräch zur Aufteilung unserer Arbeit. Nach dem zweiten Kind habe ich auf 80 % aufgestockt und mein Mann hat dementsprechend Stunden reduziert. Mittlerweile kann sich mein Mann gar nicht mehr vorstellen, Vollzeit oder als Angestellter zu arbeiten (lacht).

Was hat euch dazu bewogen, wieder nach Deutschland zurückzukehren?

Die Rückkehr war für uns immer das erklärte Ziel, da wir Familienmenschen sind und wir unsere jeweiligen Großfamilien immer vermisst haben. Wir finden das Ausland toll, aber wenn man zu lange weg ist, verliert man den Draht nach Hause. Mit dem Unternehmensverkauf meines Mannes waren wir „frei“.

Zurück in Deutschland bist du sowohl Aufsichtsrätin im Familienunternehmen als auch Geschäftsführerin eines innovativen Bildungs- und Lebensprojektes in Hamburg. Du gestaltest damit ein wegweisendes Projekt für die Zukunft der Bildung. Was hat dich zur Leitung dieses „Mega-Projektes“ bewogen?

Tatsächlich war es Zufall oder – wie ich es gerne nenne – Fügung. Ich war durch meine Stelle bei Learnlife bereits beim Aufbau des Bildungscampus involviert, doch hatte ich mir nie erträumt, die Geschäftsführung angeboten zu bekommen.

Ich war ziemlich überrumpelt von dem Anruf, zumal ich just zu dem Zeitpunkt einen positiven Schwangerschaftstest in der Hand hielt und wir ja noch in Spanien wohnten.

Ich habe die Frage mitgenommen in meine damalige LEAN IN-Gruppe in Barcelona. Das war mein absoluter Anker! Eine Gruppe toller Frauen bzw. berufstätiger Mütter, die mir unendlich viel Halt gegeben haben. Sie sagten: „Davon hast du immer geträumt, mach es! Irgendwie wirst du es schaffen!" Das hat mich angespornt. Gleichzeitig sagten sie aber auch: „Und wenn du es nicht schaffst, dann ist das auch ok. Dann hast du es zumindest versucht."

Ich habe dann bis zum letzten Interview nichts gesagt und erst, als ich das Angebot hatte, offenbart, dass ich schwanger bin. Ich habe offen gesagt, dass ich verstehe, wenn sie mich aufgrund der Schwangerschaft nicht anstellen möchten, doch gleichzeitig zum Ausdruck gebracht, dass ich diesen Job wirklich will. Dass wir dann zusammenfanden, war mein Highlight!

Zu dem Zeitpunkt wusste ich allerdings noch nicht, dass Corona uns den Umzug verhageln würde und in meinem Bauch nicht nur ein Baby, sondern Zwillinge heranwuchsen (lacht).

Was sind deiner Meinung nach die wichtigsten Skills, die unsere Kinder in Zukunft brauchen?

Ich denke, die wichtigsten Skills, die unsere Kinder brauchen, haben sie bereits! Das Schwierige ist eher, ihnen nichts abzugewöhnen.

- Neugier und Gestaltungswillen, also das Gegenteil von Konsum von Bildungsinhalten
- Seine eigenen Stärken kennenlernen und diese in die Gemeinschaft einbringen
- Reflexionsvermögen, vor allem in Bezug auf sich selbst
- Lernen als lebenslangen Prozess verstehen und die Wichtigkeit von Fehlern darin erkennen. Das ganze Leben ist ein Ausprobieren, Hinfallen, Aufstehen und Weitermachen. Das fängt bei Laufen lernen an.

Und damit das funktioniert, müssen wir Eltern ihnen gute Rahmenbedingungen geben. Kinder brauchen Freiheit, sich zu entfalten, Vertrauen und Begegnungen auf Augenhöhe. Dafür brauchen wir mutige Eltern. Wir tun uns oft zu schwer und kleben an alten Modellen wie z. B. Schulnoten, obwohl wir als Führungskraft vielleicht längst wissen, dass man die Vielschichtigkeit einer Leistung wahnsinnig schlecht in einer einzigen Zahl zusammenfassen kann.

Du bist vierfache Mutter und gleichzeitig beruflich erfolgreich. Was sind deiner Meinung nach die größten Herausforderungen in der Vereinbarkeit von Familie und Karriere?

Die wohl größte Herausforderung ist, immer wieder innezuhalten und sich zu fragen, ob man noch das Leben lebt, für das man angetreten ist. Wenn nein, sollte man nachjustieren. Bei so vielen verschiedenen Themen ergibt sich oft eine eigene Dynamik, die man aber keinesfalls sich selbst überlassen darf. Im Einzelnen denke ich an diese Herausforderungen:

Komplexität: Es gibt bei vier Kindern und verantwortungsvollen Jobs niemals einen stabilen Zustand. Es gibt kein *normal*. Jede Woche ist anders. Probleme im Büro, Krankheiten oder emotionale Stimmungen müssen berücksichtigt werden, und dafür ist Aufmerksamkeit und in letzter Konsequenz auch schnelle Reaktionsfähigkeit zwingend. So habe ich mich z. B. für ein Supportsystem mit doppeltem Boden (neben KITA noch Nanny/Haushaltshilfe) entschieden sowie viel Flexibilität in meinen Arbeitsvertrag verhandelt (z. B. in Form von einigen unbezahlten Urlaubstagen).

Innere Zerrissenheit: Ich dachte immer, ich würde zu Hause bei den Kindern sein und fühle mich manchmal schlecht, weil ich zu wenig Zeit für die Kinder habe. Mein Mann dachte immer, er würde Vollzeit arbeiten, und fühlt sich oft „so gut", weil er so viel Zeit für die Kinder hat.

Die Partnerwahl: Wir sind uns vermutlich bei der Partnerwahl nicht bewusst, wie entscheidend sie für das Thema Vereinbarkeit ist. Stichwort „partner as a glass ceiling", also der Partner als gläserne Decke. Ich glaube, dass (meistens) wir Frauen uns für den Partner entscheiden, mit dem wir gar nicht Karriere machen können, weil er dafür keinen Raum lässt. Letztlich gibt uns die Familiendynamik Möglichkeiten zum Weitermachen – oder auch nicht! Wir alle sind geprägt, haben ein Weltbild und Träume, und es ist wichtig, darüber offen zu reden: Wie sehen wir uns als Eltern und Partner? Was machen gewisse Entscheidungen mit uns und unserer Beziehung? Wie teilt man Mental Load und wie kann jeder seinen Raum in der Familie behalten?

Umgang mit gesellschaftlichen bzw. kulturellen Stereotypen: Hier in Deutschland ist die Mutter immer noch das Zentrum der Familie. Wieso sind z. B. in der KITA-WhatsApp-Gruppe nur Mütter? Und wieso finden Playdates zu einer Uhrzeit statt, die vermuten lässt, dass der Großteil der Mütter nicht länger als bis 13:00 Uhr arbeitet?

Wie viele Stunden arbeitest du durchschnittlich pro Woche? Bist du mit diesem Ausmaß zufrieden oder würdest du es gerne ändern (mehr/weniger)?

Theoretisch 25 Stunden pro Woche, aber das schwankt sehr, da ich versuche, dann viel zu arbeiten, wenn es gerade geht und sein muss, und mir im Gegenzug auch Freiheiten herausnehme, wenn es gerade passt.

Zufrieden bin ich dann, wenn ich achtsam durch den Tag gehe. Abgesagte Termine bringen nichts, wenn man sich dann nicht auch auf das Hier und Jetzt konzentriert.

Aktuell merken wir als Paar allerdings, dass wir in unserer sogenannten „Gesamtarbeitszeit" an unsere Grenzen stoßen und die Pläne fürs nächste Jahr noch mal übereinanderlegen müssen. Nachdem mein Mann mir in den letzten Jahren den Rücken freigehalten hat, ist er jetzt wieder dran (lacht).

Was schätzt oder liebst du an deinen beruflichen Rollen besonders? Kannst du dir vorstellen, diese Rollen bis zur Pension zu übernehmen?

Ich schätze daran ganz besonders die Beschäftigung mit der Zukunft und der damit verbundenen Fragen: „Wie soll unsere Welt aussehen? Und wie kann ich mitgestalten?"

Das zweite Schöne ist, in einer Umgebung zu arbeiten, die mich beflügelt. Das gibt mir sehr viel Mut, stärkt mein Selbstbewusstsein und damit auch meine Haltung zu gesellschaftskritischen Themen.

Betreffend Pension: Ich bin jemand, der sich sehr schwertut, das Leben so lange im Voraus zu planen. Wer weiß schon, wann unsere Pension mal beginnt? Inhaltlich kann ich mir vorstellen, den Themen treu zu bleiben, aber höchstwahrscheinlich nicht in genau diesem Job. Ich vertraue dem Fluss des Lebens und ich bin noch längst nicht am Ende.

Was bedeutet Karriere für dich persönlich?

Ich habe damit lange gehadert. Die WHU ist eine wahnsinnig kompetitive BWL-Uni. Nahezu alle Absolventen werden Partner bei einem Unternehmen oder gründen ein Start-up. Doch ich war nach ein paar Jahren an einem Punkt – auch durch die Geburt meiner Kinder –, wo ich sagte: „Ich werde meinen Weg gehen."

Für mich bedeutet Karriere, am Ende des Lebens auf einen erfüllenden Weg zurückzuschauen und etwas bewegt zu haben. Ich denke da immer an meinen ersten Chef. Er hatte mir erzählt, dass er seine Mutter gefragt hatte: „Wieso hast du nichts gegen Hitler unternommen?" Ihre Antwort war nicht befriedigend gewesen. Und da hat er sich geschworen, eine Antwort zu haben, wenn seine Kinder einmal fragen werden: „Was hast du damals in der Klimakrise getan? Wie hast du dich in deiner Zeit engagiert?" Deshalb ist es mir sehr wichtig, mich bei Themen einzubringen, die entscheidend sind für das Wohlergehen unseres Planeten und unserer Gesellschaft.

Viele karriereorientierte Frauen zögern heute vor der Familiengründung oder bekommen nur ein Kind. War für dich von Anfang an klar, dass du viele Kinder möchtest, oder war eure Familienplanung von längeren Entscheidungsprozessen begleitet?

Wir wollten immer vier Kinder und haben uns davon auch nicht abbringen lassen.

Im Gegenteil, wir hatten uns vorgenommen, an der Kinderzahl festzuhalten, egal, was kommt, ausgenommen gesundheitliche Gründe. Wir wollten bewusst nicht, dass „zu viel Arbeit" oder „Vereinbarkeit" oder „ein zu kleines Auto" uns von der erträumten Großfamilie abhält, denn Ausreden gibt es immer.

Mein Fazit: Es gibt keinen richtigen Moment fürs Kinderbekommen. Wir haben das Kinderthema als Gesellschaft viel zu sehr verkopft. Die Realität ist: Kinder passen nie in die Lebensumstände, sondern die Lebensumstände müssen sich immer den Kindern anpassen.

Bist du rückblickend glücklich darüber, wie es gekommen ist? Oder würdest du die Familienplanung heute anders angehen?

Ich würde mir rückblickend zwischen den Kindern etwas mehr Zeit geben, vier Kinder in viereinhalb Jahren sind extrem anstrengend. Aber Zwillinge sind halt auch eine Überraschung! Auf der anderen Seite bin ich froh, dass ich noch so jung bin, daher wenig Schlaf gut wegstecken kann. Und mit 51 Jahren sind meine Kinder alle volljährig! Da ist also noch ziemlich viel Zeit und Raum für meine eigenen Träume!

Wie sieht ein ganz normaler Wochentag bzw. eine ganz normale Woche bei dir aus?

Unsere großen Kinder werden um 7:45 Uhr in die KITA gebracht und bleiben dort montags und dienstags bis 16 Uhr. Mittwochs, donnerstags, freitags holen wir sie schon um 14 Uhr ab. Die Zwillinge sind in der Krippe und werden nach dem Mittagschlaf um 14:30 Uhr abgeholt.

Für uns ist Folgendes wichtig:

- Es gibt fest eingeteilte Arbeitsslots zwischen 9 und 18 Uhr. Ich habe die Kinder Montag-, Dienstag- und Donnerstagnachmittag, mein Mann mittwochs und freitags.
- Alle Termine außerhalb dieser Zeiten müssen abgesprochen und in den gemeinsamen Kalender eingetragen werden.

Die Kinder sind ca. um 20 Uhr im Bett und abends arbeiten wir (mein Mann und ich) „*time-boxed*“: 30 Minuten – so viel wie geht. Um 21 Uhr ist spätestens Schluss. Das machen wir zwei- bis dreimal pro Woche. Wichtig ist, dass wir aber auch diesen Plan flexibel halten. Wenn die Kinder schlecht schlafen, dann gehen wir eben alle (!) um 20 Uhr ins Bett, denn ohne einigermaßen viel Schlaf läuft gar nichts!

Unser Wochenplan, inklusive Ausnahmen, steht rund 10 Tage im Voraus fest. Am Sonntagabend besprechen wir dann nochmal kurz die kommende Woche und schauen, ob wir irgendetwas adjustieren müssen.

Unsere Devise ist: Wir investieren gerne in Freiheiten. Unsere Nanny kommt von 9 bis 17 Uhr, und an drei Tagen pro Woche haben wir optional abendliche Hilfe von 17 bis 19 Uhr. Das bringt große mentale Entlastung und verschafft Freiheiten für Kinder und Beruf. Ich kann die Zeit mit den

Kindern genießen, weil ich z. B. nicht kochen muss. Die Kinder können zu Hause bleiben, wenn sie mal knatschig sind, ohne dass ich dann nicht arbeiten kann.

Wie viel Zeit habt ihr durchschnittlich pro Woche für Zeit zu zweit? Bei nahezu allen berufstätigen Paaren mit Kindern mangelt es an gemeinsamer Zeit. Wie geht ihr mit der oft sehr knappen Zeit um? Was ist deiner Meinung nach wichtig für eine gelungene Beziehung?

Aktuell haben wir zu wenig Zeit zu zweit, aber da wir beide auch viel von zuhause arbeiten, sehen wir uns zumindest zum Mittagessen und trinken morgens mal einen Kaffee in der Sonne.

Ansonsten versuchen wir, die Feste zu feiern, wie sie fallen: Lieber mal einen Wein trinken, anstatt noch die Küche aufzuräumen (lacht). Abends gemeinsam Zeitung lesen und quatschen, anstatt an einer Netflix-Serie kleben zu bleiben. Auch Sex ist bei so wenig Zeit ein Thema. Dazu habe ich letztens einen sehr lustigen Artikel gelesen: Wenn kurz vor dem Ausflug alle Kinder schon im Auto sitzen und man nochmal kurz „die Gummistiefel holt" (lacht).

Für eine gelungene Beziehung ist in meinen Augen wichtig, dass man sich Freiraum gibt und respektiert, dass jeder die Dinge anders macht (z. B. Kinder anziehen, Kochen, Aufräumen etc.). Außerdem finde ich es wertvoll, dass man sich Gesprächspartner bzw. -partnerinnen neben dem Partner aufbaut, um Themen zu besprechen, die einen beschäftigen. Ich habe beispielsweise für Berufliches die LEAN IN-Gruppe und einen Coach, sodass ich einigermaßen „aufgeräumt" bin und nicht alle Themen mit dem Partner bequatschen muss. Wir haben also Zeit, über das zu reden, was uns wichtig ist! Doch am wichtigsten ist, dass wir uns in regelmäßigen Abständen die Fragen stellen: Sind wir glücklich? Leben wir das Leben, das wir uns vorgestellt haben? Und wenn nicht, dann lass uns etwas ändern.

Was sind aktuell Herausforderungen in deinem Alltag (beruflich und/ oder privat)?

Es ist einfach viel. Ich fühle mich oft wie ein Jongleur mit 10 Bällen. Mit so vielen kleinen Kindern hoffst du einfach nur, dass alle vier abends gesund im Bett liegen (lacht).

Ich hätte auch nie gedacht, dass ich mit so viel Unsicherheit und Unordnung leben kann. Bei uns entwickelt fast jeder Tag seine eigene Dynamik. Das ist einerseits genial, aber andererseits emotional extrem fordernd.

Allgemein gesehen ist die Verbindung von Beruf und Privatleben eine Herausforderung, doch was mir hier in die Karten spielt, ist, dass ich ein mir wichtiges Thema zu meinem Beruf gemacht habe. Somit kann ich Synergien schaffen. Wenn ich mich privat mit dem Thema Bildung beschäftige und etwas dazu lese, weil es mich brennend interessiert, zahlt das gleichzeitig auf meinen Beruf ein.

Was sind wesentliche Unterstützungsfaktoren für dich, um Beruf und Privatleben gut zu vereinbaren? Welche Aufgaben delegierst du beispielsweise an andere Personen?

Eine Person, die die Funktion Babysitterin und Köchin (vorkochen und auch mal etwas einfrieren) übernimmt. Eine Putzfrau, die vor allem auch Wäscheberge bändigt. Darüber hinaus: KITA, enge Nachbarschaft und die ehrliche Teilung der Mental Load mit meinem Mann.

Zusätzlich können wir auch ein gewisses Maß an Chaos und Unordnung zulassen. Das ist mindestens so wichtig wie gut organisiert zu sein!

Was das Delegieren betrifft, sehe ich das so: Sobald ich etwas habe, was mir keinen Spaß macht und ich delegieren kann, würde ich immer versuchen, es zu delegieren. Aktuell suche ich z. B. eine Hilfe auf Minijob-Basis, die sich um Krankenkasse, Kindergeld & Co kümmert. Die freie Zeit kann ich in Arbeit oder Kinder stecken.

Das Leben ist manchmal hart zu uns. Was war rückblickend (oder ist aktuell) eine schwierige Zeit für dich – seit der (ersten) Schwangerschaft/Familiengründung?

Wir wollten ursprünglich im Mai 2020 umziehen. Doch dann kam Corona, und als wir den ersten Lockdown kommen sahen, haben wir ad hoc entschieden, Spanien zu verlassen. Binnen 24 Stunden sind wir mit Sack und Pack und unseren 2 Kindern ausgereist.

Wir haben im Anschluss sieben Wochen bei meiner Mutter gewohnt – mein Mann und ich berufstätig (ich mit neuem Job als Geschäftsführerin), unsere zwei Kinder ohne KITA und ich schwanger mit Zwillingen. Das war eine herausfordernde Zeit, vor allem durch die fehlende Abgrenzung zur eigenen Mutter: Sie war damals in einer Art „Glucken-Modus", wollte mich beschützen. Es hat mich wahnsinnig gemacht, selbst wieder in die Kinderrolle gesteckt zu werden. Ich habe in dieser Zeit eine Frau gehabt, die mich durch die Schwangerschaft begleitet hat und den Satz gelernt: „Mami, du hast mich kompetent erzogen und jetzt musst du mir vertrauen!"

Rückblickend bin ich sehr stolz, dass wir diese Zeit so gut gemeistert haben.

Außerdem eine tagtägliche Herausforderung: Zwillingsmama zu sein, das ist einfach sehr viel Arbeit und Extra-Chaos (lacht). Da komme ich schon manchmal an meine Grenzen.

Was hat dir damals Kraft gegeben bzw. gibt dir generell Kraft, deine Lebensbereiche gut zu verbinden und regelmäßig auf dein Wohlbefinden zu achten?

Mehrere Dinge:

Ein Netzwerk an Ressourcen (Coach, Psychologin): Sie hören mir zu und fangen mich auf. Meine Gefühle abzuladen, hat so gutgetan, z. B. in der Zeit, als wir bei meiner Mutter gewohnt haben. Ich kann mich so selbst ordnen und Konflikte vermeiden.

Die Headspace-Meditations-App unterstützt mich, zwischendurch immer wieder 5 bis 10 Minuten Entspannungsübungen zu machen.

Bei mir zu bleiben und gut zu mir selbst zu sein, indem ich mir kleine Freiräume lasse. Beispielsweise 30 Minuten früher aufzubrechen und noch gemütlich einen Kaffee trinken, oder auf dem Rückweg vom Büro einfach ein Glas Wein auf einer Terrasse genießen. In Spanien ist es üblich, sich zwischendurch Ruhe oder etwas Schönes zu gönnen. Das habe ich versucht mir beizubehalten.

Was war ein besonders schönes Erlebnis aus deinem Privat- oder Berufsleben, das dir spontan einfällt und du gerne mit uns teilen möchtest?

Meine natürliche Geburt der Zwillinge. Hier haben mich viele Leute nervös gemacht, insbesondere die Ärzte im Krankenhaus. Doch durch ein tolles Netzwerk an Unterstützern von Hebamme, Arzt, Psychologen und meinem Mann konnte ich bei mir bleiben und meiner Intuition vertrauen. So habe ich es bis zur Woche 38 geschafft und zwei Kinder à 3.380 g zur Welt gebracht.

Hat die durch Corona bedingte „besondere Situation" Wünsche oder Ziele in dir geweckt? Wenn ja, welche?

Oh ja!

Zum Beispiel die Vorzüge des Urlaubs „um die Ecke", das ist so herrlich unkompliziert.

Flexiblere Lebensmodelle: Wir träumen davon, vielleicht irgendwann ein halbes Jahr in Deutschland und ein halbes Jahr in Spanien zu leben. Es ist wahnsinnig viel remote möglich. Diesen Umbruch hätte es ohne Corona in der Unternehmenswelt wohl nicht so massiv gegeben. Vielleicht können unsere Kinder bald Schule teils auch remote machen.

Und ... wir müssen das Menschenbild, das unserer Gesellschaft und Unternehmenswelt zugrunde liegt, dringend überholen. Corona hat gezeigt, dass remote arbeiten möglich ist, viele Führungskräfte aber einem Kontrollwahn unterliegen, da sie ihren Mitarbeiterinnen und Mitarbeitern nicht vertrauen. Ich bin gespannt, ob tradierte Unternehmen den kulturellen Wandel schaffen oder ob es sie eines Tages einfach nicht mehr gibt, weil ihnen andere den Rang ablaufen.

Was möchtest du anderen Frauen, die ebenso BEIDES – Kind und Karriere – möchten, mit auf den Weg geben?

Nicht zu viel denken, machen! Wie alles im Leben ist auch das ein Lernprozess: probieren, hinfallen, aufstehen, nochmal (oder anders) machen. Es gibt keine Blaupause, Vereinbarkeit ist etwas sehr Individuelles.

Außerdem Grundsätze formulieren, z. B.: Keine Erziehung nach 18 Uhr, das bringt sowieso nichts. Wer müde ist, darf schlafen, egal ob Kind oder Erwachsener! Keine Meetings zwischen 17 und 20 Uhr.

Und zu guter Letzt: *aprovechar*. Das ist Spanisch für „den Moment nutzen"! Wenn die Zeichen gut stehen, z. B. die Sonne scheint, dann nimm dir die Freiheit, das zu genießen.

Elly:

Jobsharer, Sidepreneur und Mama – Ja, das geht!

Elly, EMEA Diversity Managerin bei einem internationalen Tech-Konzern, Sidepreneurin, Ehrenamtliche, in einer Partnerschaft lebend, 1 Kind (6 Jahre), plus 2 Patchwork-Kinder ab und zu

Erzähle bitte kurz über deinen bisherigen Werdegang.

Ich bin geboren in Athen, aufgewachsen in München und habe dort mein Abi gemacht, mich allerdings eher durch die Schule gequält (lacht). Danach habe ich berufsbegleitend bzw. dual BWL studiert. Parallel dazu bin ich als Trainee ins Marketing eingestiegen und habe in diesen Jahren in Deutschland, Großbritannien und Singapur gearbeitet. Der Liebe wegen habe ich nach meinem ersten Job nach dem Studium in Liechtenstein ein halbes Jahr Pause gemacht und ein Straßenkinder-Projekt in Peru betreut. Danach bin ich 3 Jahre nach Frankfurt gegangen und habe bei einem Kreditkarten-Unternehmen im Marketing gearbeitet. Vor 10 Jahren bin ich dann von dort zu Google, vorerst 2 Jahre ins Marketing, dann 2 Jahre in den Sales-Bereich.

Danach habe ich mir 2 Jahre Elternzeit genommen. Diese war geprägt von vielen gesundheitlichen Rückschlägen. Ich habe mich in dieser Zeit ganz mir und meiner Genesung gewidmet, körperlich wie emotional – woraus unter anderem auch meine Selbständigkeit als Coach und Salongastgeberin entstanden ist. Zudem habe ich begonnen, mich ehrenamtlich in meiner Community zu engagieren. Alle diese Erlebnisse haben dazu geführt, dass ich das Leben, die Art und Weise, wie wir arbeiten und welche Rolle ich darin spiele, stärker hinterfragt habe. Ein Ergebnis aus diesem inneren Gespräch war, dass ich meinem Corporate

Job, der "Unternehmens-Elly", nur noch 3 Tage Raum in meinem Leben geben wollte.

Du bist eine begeisterte New Work-Vertreterin, arbeitest im Job- bzw. Topsharing bei einem der weltweit größten Tech-Unternehmen und bist Sidepreneurin (nebenberuflich selbstständig)? Wie kam es dazu und was half dir rückblickend, um deine heutigen Positionen zu erlangen?

Zu diesem ungewöhnlichen, non-linearen Weg kam es, weil ich mir erlaubt habe, anderen Themen und Interessen außerhalb meiner Erwerbstätigkeit und der üblichen Blase mehr Raum zu geben. Darin spielte die Entscheidung, nur 3 Tage im Unternehmensjob zu arbeiten, natürlich eine große Rolle. In den Verhandlungen mit meinem Arbeitgeber dazu ist dann außerdem die Idee des Jobsharings entstanden.

So blieb mehr Zeit für Fragen wie: Welchen Beitrag möchte ich in meinem Leben leisten? Und *wie* möchte ich den vor allem leisten, nicht nur *was*! Ich wollte mich nicht mehr nur am *Was*, an meinem Output (Leistung, Position, Karriere, Macht) messen, sondern auch am *Wie* bzw. an der qualitativen Komponente. *Wie* bin ich zu jemandem? *Wie* trete ich meiner Familie gegenüber? Müde, aufgeregt, gestresst? Oder *wie* führe ich ein Meeting?

Durch dieses für mich deutlich weiter gefasste Verständnis von Selbstwirksamkeit konnte ich über die letzten Jahre auch ganz andere Kompetenzen in mir und meinen (Arbeits-)Beziehungen kultivieren. Skills wie Agilität, Kollaboration, Empathie, Resilienz, aber auch immer wieder das Sehen und kritische Hinterfragen von Zusammenhängen und Kontexten. Ich würde also sagen, dass meine Fähigkeiten und Talente gewachsen sind, nicht obwohl, sondern weil ich verschiedene Rollen kraftvoll besetze und öfter die „Hüte wechsle". Und davon profitieren sowohl mein berufliches als auch mein privates Umfeld.

Hast du berufliche Nachteile erfahren oder gab es besondere berufliche Herausforderungen durch die Geburt deines Kindes? Wenn ja, welche?

Ich glaube, dass alle Menschen, die andere Wege gehen, von unserer aktuellen Arbeitsnorm in irgendeiner Form abweichen, benachteiligt werden. Ich will da gar nicht Eltern dediziert herausgreifen, denn wir sind doch alles Menschen mit unseren Höhen und Tiefen. Wir haben

Rückschläge zu erleben, wir haben Krankheiten zu bewältigen, wir haben Eltern zu pflegen, wir haben gesund zu sein usw. So zu tun, als wäre das vorrangig nur ein Thema für Eltern, finde ich vermessen und hochmütig. Ein gesunder Mensch, der gesund zu einer Gesellschaft beiträgt, der nachhaltig vorgehen kann, der sozial verträglich sein kann, der nicht nur auf Basis von Convenience, Outsourcing, schlechten Beziehungen und schlechter Ernährung lebt, der kann dem aktuellen Karriere-Ideal gar nicht gerecht werden!

Diese Normen und Paradigmen von Zeit, Arbeit und Leben sind „menschengemacht", die sind nicht vom Himmel gefallen! Das ist mir wichtig, in den Herausforderungen der Arbeitswelt der Zukunft und Gegenwart deutlich zu machen. Um diesen neuen Weg möglich zu machen (anstatt nur über die Zukunft der Arbeit zu sprechen), brauchen wir aber mehr Offenheit und Flexibilität von Unternehmen, mehr (steuerliche) Anreize von der Politik und natürlich auch mehr Mut von Einzelnen.

Job- und Topsharing sind – trotz ihrer Vorteile für alle Beteiligten – nach wie vor die Ausnahme. Viele Unternehmen wagen den Schritt nicht, scheuen sich vor neuen Arbeitsmodellen. Was ist deine persönliche Erfahrung mit diesem Arbeitsmodell? Was möchtest du sowohl Job-/Topsharerinnen als auch Unternehmen mitgeben?

Ich finde, dass Jobsharing noch in der „Exoten-Ecke" hängt, ist ein wunderbares Beispiel und Abbild des engen, festgefahrenen Mindsets, in dem wir in Bezug auf Arbeit und flexible Arbeitsmodelle noch stecken. Ein Großteil der Unternehmen, die ich bis jetzt davon hab sprechen hören, sagen: *„Nein – unsere Prozesse sind nicht darauf ausgelegt. Das passt nicht in unser System hinein."*

Das sind alles vorgeschobene, strukturelle Mechanismen, die es möglich machen, dass man sich noch auf „Warum sollen wir das tun?" ausruhen kann, anstatt zu sagen: „Warum nicht?!"

Von *Why* zu *Why Not?!* Sich auf den Weg machen zu einem Arbeits- und Wirtschaftsmodell, das vor allem dem Planeten, dem Mensch, der sozialen Verträglichkeit, der Integration im Sinne der Antidiskriminierung gerecht wird, das also marginalisierte Gruppen mit einbezieht. Zu solch einem Modell gehört selbstverständlich eine andere Norm!

Hier bilden für mich flexible Arbeitszeiten, also sich die Variable der Zeit anzusehen, einen ganz zentralen Bestandteil. Für uns gilt immer: „Time is money!" Das ist die größte Gleichung, die es in unserem globalisierten Kapitalismus gibt! Und wir schauen immer nur auf den Money-Teil, niemand schaut auf den Time-Teil. Weil uns immer gesagt wird, dass Zeit-Input gleich Output ist und nur investierte Zeit auch Leistung bringt.

Du sprichst offen die Missstände unserer heutigen Arbeitswelt an (moderne Arbeitsmodelle oft nur für privilegierte Berufsgruppen, Gehaltsscheren, wenig Anerkennung für unbezahlte Care-Arbeit etc.) und gehst mit anderen in den Diskurs über den „Wert" von Arbeit. Wie sieht die künftige Arbeitswelt deiner Meinung nach im Idealfall aus?

Die Qualitäten, die eine Arbeitswelt der Zukunft braucht, Skills wie Kollaboration, Lernfähigkeit und damit auch Agilität und Empathie, sind essenziell. Das steht in allen Reports wie beispielsweise jenen des World Economic Forums, Ernst & Young usw. Außerdem: Innovation, Kreativität, Resilienz, Critical Thinking und Emotional Intelligence.

Als Beispiel: Im Jobsharing lernst du all das hautnah in der Praxis. Das ist Kollaboration auf die Spitze getrieben. Da lernst du, mit Resilienz in einer emotional intelligenten Form umzugehen, weil du andauernd einen Coach an deiner Seite hast. Du erlernst eine liquide Kommunikation, weil du Critical Thinking eben nicht nur „in der eigenen Sauce" lernst, sondern ein erweitertes Gehirn, eine „externe Festplatte" hast (lacht). Das Ergebnis daraus ist auch deutlich innovativer und kreativer. Es ist das Rücken vom ICH zum WIR.

Meine Vision: Stellen wir uns vor, wie viel weniger ego-besessen unsere Wirtschaftswelt und Gesellschaft wären, wenn alle Posten, vor allem die „Frozen Middle", die Vorstands- und auch Politikerposten, im Jobsharing besetzt wären. Mit Menschen verschiedenen Alters, verschiedener Herkunft, verschiedenen Geschlechts, verschiedener Religionen, verschiedener sexueller Orientierungen. Stellen wir uns vor, wie ausgeschlafen all diese Entscheidungen getroffen werden würden, wenn wir diese Diversität leben würden?! Also eine Politik und Unternehmenswelt nach einem wahrhaftigen Abbild der Gesellschaft. Einer Gesellschaft, für die ja Produkte und Dienstleistungen produziert werden sollen.

Ich will Jobsharing gar nicht als DAS Allheilmittel für alles sehen. Ich bin vielleicht auch einfach müde geworden, dieses Modell aus der Exoten-Ecke zu verteidigen! Es sollte genauso wie jede andere Teilzeit-Option im Raum stehen! Und vielleicht sogar als Utopie die Frage stellt werden: Was würde das an Problemen lösen, vor allem in einer Zukunft, in der 30 bis 40 % der Jobs oder mehr durch Digitalisierung verloren gehen? Mein Gott, ist dann nicht Jobsharing die Lösung Nr. 1, damit du nicht die Hälfte aller Menschen in der Arbeitslosigkeit sitzen hast?

Für mich sind Jobsharing und auch New Work ganz wichtige Ansatzpunkte, um über größere Themen nachzudenken.

Angestelltenverhältnis und Selbstständigkeit: Wie gehst du mit dieser Doppelrolle um bzw. wie bringst du beide Tätigkeiten zeitlich unter einen Hut?

Indem ich nur 3 Tage angestellt bin. Die Frage mit dem Unter-einen-Hut bringen wird ja meistens nur Frauen gestellt. Als würde nicht ein Vollzeit- bzw. 40- bis 80-Stunden-Job auch viele Hüte mit sich bringen?! Da hat man ja in der Regel auch viele Projekte, viele Themen. Das ist für mich nicht anders.

Bloß, es ist für mich eine große Präferenz-Sache, meinem Typ und meiner Lebensphase gerecht zu werden. Stichwort „Rushhour“. Das mag in 5 Jahren vielleicht wieder ganz anders aussehen.

Ich bin ein viel kohärenteres Wesen, seitdem ich mich so aufgestellt habe. Ich bin dadurch im Innen stimmiger geworden. Es ist auch nicht so, als wäre ich Wissenschaftlerin an 3 Tagen und Tänzerin an den anderen, sondern es sind ja ähnliche Teilbereiche. Diese greifen ineinander über und befruchten sich dadurch immens. Ich komme mit einem großen Horizont am Montag wieder in meine Rolle des Corporate-Jobs zurück.

Früher konnten meine ganzen anderen Seiten nicht zum Ausdruck kommen und ich verspürte Stress darin, „nur“ eine berufliche Rolle zu leben.

Wie viele Stunden arbeitest du durchschnittlich pro Woche? Bist du mit diesem Ausmaß zufrieden oder würdest du es gerne ändern?

Schwierig zu sagen, das ist wellenartig bei mir – wie in Sprints. Aber ich kann mich darauf einstellen. Ich plane meinen Tag, meine Wochen und Monate. Ich wusste beispielsweise: Februar, März, April 2020 werden absoluter Schweinsgalopp. Dann bereite ich mich darauf vor und meckere auch kein einziges Mal. Ich konzentriere mich einfach auf das, was zu tun ist. Dafür hat sich die Lage im Mai für mich entspannt, das wusste ich. Damit habe ich einen Energiehaushalt, den ich wieder aufwiegen kann.

Unter dem dicken Strich ist meine Rechnung: Ich arbeite mich nicht kaputt. Ich arbeite viel, konzentriert und vielfältig, aber ich arbeite mich nicht kaputt. Ich wirke und gestalte, sodass es sich für mich als lebendig anfühlt und ich eine Selbstwirksamkeit spüre. So habe ich das Gefühl, einen Beitrag zu leisten und den Tag besser zu hinterlassen, als er vorher war.

Das hört sich vielleicht sehr idealistisch an. Doch natürlich gibt es Tage, die nicht so sind. Aber der dicke Strich, der ist mir wichtig, nicht einzelne mühsame Tätigkeiten. Darüber ärgere ich mich nicht mehr, dafür hab ich keine Zeit (lacht).

Was schätzt oder liebst du an deinen Jobs besonders? Kannst du dir vorstellen, deine Jobs bis zur Pension zu machen?

Ich schätze die Vielseitigkeit, passend zu meiner Lebensphase. Ich weiß nicht, ob ich mir das Konstrukt bis zur Pension so vorstellen kann. Ich möchte jedenfalls immer einen Beitrag leisten und interessante Gespräche führen. Das wünsche ich mir mein Leben lang. Arbeit ist für mich gleichbedeutend mit Beitrag leisten. Diese Kausalität möchte ich immer haben.

Was bedeutet Karriere für dich persönlich?

Ich hab den Begriff aus meinem Vokabular gestrichen. Meine Ego-Elly noch nicht, für die gibt es das natürlich noch, dieses nach oben orientieren. Aber: Mein Motor ist eher, nicht den Status quo der Karrieren-Definition zu bedienen, sondern ihn viel stärker zu hinterfragen. Und dabei mir selbst ein Vorbild zu sein sowie unserem Sohn gegenüber.

Was hat dir rückblickend am meisten geholfen, um in deinem Wunschberuf zu landen? Gibt es DEN Wunschberuf für dich überhaupt? Oder bleibst du gerne flexibel und hast ein paar fixe Anhaltspunkte, die dir beruflich wichtig sind?

Ich habe keinen Wunschberuf, sondern ich gestalte mir Facetten von dem, was mir wichtig ist und ich mir wünsche in den Berufen bzw. Berufungen, die ich ausfülle.

Ich bin ein großer Freund der Sinnhaftigkeit, neudeutsch Purpose. Den eigenen Sinnzusammenhang und die eigene Mission zu finden und mein Leben danach zu gestalten. Ich bin allerdings ein noch größerer Freund davon, mich nicht in der Sinnhaftigkeit zu verlieren, sondern im Leben und der Bewegung selbst (lacht).

Der Weg entsteht durch das Gehen. Das verbinde ich auch mit Wunschberuf. Aber, wenn es nur um mich geht, vergesse ich ja die wichtigsten 50 % meiner Wirkung. Nicht nur Selbstverwirklichung zählt, sondern auch "Weltverwirklichung".

War deine/eure Familienplanung ein bewusster, geplanter Schritt oder hat dich/euch das Leben überrascht? Bist du/seid ihr rückblickend glücklich darüber, wie es gekommen ist oder würdest du die Familienplanung heute anders angehen?

Ein geplanter, bewusster, liebevoller Schritt.

Wie sieht ein ganz normaler Wochentag bzw. eine ganz normale Woche bei dir aus?

Montag bis Mittwoch bin ich in meinem Corporate-Job. Unser Sohn geht an den Tagen einmal mit einer anderen Familie mit und zweimal wird er von einer Verwandten abgeholt. Da arbeiten wir beide voll, mein Mann und ich. Abends essen wir gemeinsam und einer von uns geht mit ihm ins Bett. Donnerstag und Freitag holt entweder mein Mann oder ich ihn ab. Donnerstag und Freitag, während seiner Schulzeit, arbeite ich ehrenamtlich oder in meiner Selbstständigkeit (Vorträge, Beratungen, Interviews, Salons) oder mache auch mal entspannt Sport oder den Haushalt. Das ist es eigentlich. Dafür sitze ich manchmal auch sonntags mit meinem Co-Autor und arbeite an einem Buch. Alles ganz liquide und kein Hexenwerk.

Wie viel Zeit habt ihr – du und dein Partner – durchschnittlich pro Woche für Zeit zu zweit? Bei nahezu allen berufstätigen Paaren mit Kindern mangelt es an gemeinsamer Zeit. Wie geht ihr mit der oft sehr knappen Zeit um? Was ist deiner Meinung nach wichtig für eine gelungene Beziehung?

Für eine gelungene Beziehung ist dieses wohlwollende „Jeder darf sich entwickeln" wichtig – und dass der andere ein wahrhaftiges Interesse für diese Entwicklung zeigt. Das bezieht Werte als Konstante und Beweglichkeit, als Liquides, mit ein. Und natürlich, wenn diese Entwicklungen nicht diametral auseinander gehen, sich das Werte-Fundament also deckt, funktioniert es.

In der Regel nehmen wir uns auch einmal pro Woche abends oder nachmittags einen Babysitter und haben schon relativ früh damit begonnen, uns immer wieder Zeit als Paar zu sichern.

Mein Credo ist außerdem: "It takes a village to raise a child!" Sich selbst bzw. die Elternschaft nicht zu wichtig zu nehmen. Mein Kind ist auch woanders super aufgehoben. Die Qualität der Zeit ist, glaube ich, wichtiger als die Quantität.

Außerdem halte ich es für wichtig, dass die Beziehung zum Partner denselben Stellenwert hat wie die Beziehung zum Kind.

Was sind aktuell Herausforderungen in deinem Alltag (beruflich und/oder privat)?

Ich krieg zu viele Anfragen für Interviews, Vorträge etc. (lacht). Andererseits ist es ein schönes Gefühl, viele Menschen immer wieder zu Veränderungen zu inspirieren. Am allermeisten verzweifle ich aber an unseren Systemen, dass individuelle Lösungen eben nicht reichen werden, um die vielen strukturellen Probleme zu lösen.

Was ist dir bei der Kindererziehung besonders wichtig?

Beziehung vor Erziehung. „Mindful parenting is a myth!" Für mich ehrlicherweise wahnsinnig schwierig! Mir ist wichtig (und das gelingt mir in

50 % der Zeit, also viel zu wenig), mein Kind nicht in seiner Lebendigkeit und Neugierde, seinem Interesse und vor allem seiner Vielseitigkeit zu hemmen bzw. wegzurationalisieren im immer enger werdenden Korsett von Schule, Ausbildung usw. Mit dem Ziel, ihn damit zu einem weitblickenden, weitherzigen Menschen zu erziehen, der wahrhaftig die Welt in seiner Schönheit sieht und sehen kann und nicht nur im Grauen. Der das Gespür hat, das Richtige zu tun, eine Art inneren Kompass.

Und wir ernähren uns auch vegan seit meiner Schwangerschaft – aus Respekt und Demut für unseren Planeten. Das also nicht nur für sich zu tun, sondern einen Respekt aufzubringen für alle Lebewesen und eine Demut für diesen Planeten, für die „Minizeit", die wir hier haben.

Andererseits trotzdem auch manchmal durchzudrehen und den ideellen Anspruch nicht zu hoch zu halten, sondern "It's good to be alive just sometimes, nothing else!"

Was genießt du besonders bzw. wie holst du dir im Alltag Kraft? Was bereitet dir Freude?

Tanzen, gute Musik, Wein, Lachen, gute Gespräche – ich ziehe ganz viel Energie aus gehaltvollem Austausch, doch manchmal genauso auch aus dem Nichtreden und Zuhören. Außerdem: Wenn ich die Haare meiner beiden Männer (Partner und Sohn) im Bett rieche und wir einfach kuscheln.

Manchmal gibt es mir auch Kraft, ganz alleine zu sein. Darüber hinaus genieße ich vieles, was mit Achtsamkeit zu tun hat, wie eine gute Yogastunde oder Meditieren – mich zu verknüpfen mit mir und meiner Seele. Genauso aber auch mal irgendwelche leichte Kost zu schauen und dazu Wein zu trinken.

Was sind wesentliche Unterstützungsfaktoren für dich, um Beruf und Privat gut zu meistern? Welche Aufgaben delegierst du an andere Personen?

Mein Freund und ich, wir haben beide unsere Familie gegründet und sind beide für unsere Familie zuständig. Ich würde sagen wir schaffen das ungefähr 60/40 oder 55/45. Es gibt bei uns eine wellenförmige Aufteilung, was Kind und Haushalt betrifft, je nach Arbeitspensum. Darüber hinaus haben wir ein Netzwerk an Verwandten und anderen Familien. Da habe ich mich bewusst von meinem schlechten Gewissen verabschiedet. Wir haben auch eine Reinigungsfee und eine Babysitterin.

Das Leben ist manchmal hart zu uns. Was war rückblickend (oder ist aktuell) eine schwierige Zeit für dich – seit der Schwangerschaft/ Familiengründung?

Gab es viele: Der plötzliche Tod meines leiblichen Vaters. Die manchmal sehr schwierige Patchwork-Situation. Eine traumatische Geburt mit OPs danach. Ein von vielen Krankheiten geprägtes Jahr nach der Geburt.

Was hat dir damals Kraft gegeben?

Weinen, viel Weinen und gar nicht so viel sprechen. Ich hatte zwar schon Coachings und Therapien, aber manchmal war es auch die Stille. Versuchen zu spüren (je älter und reflektierter ich werde, umso besser geht das), dass der Moment des tiefen Schmerzes oder Schocks auch okay ist! Punkt. Mir nicht einzureden: Nach Sonne kommt Regen. Ich brauche jetzt auch keine gute Lösung, keine guten Worte. Ich muss nichts sagen. Es ist okay.

Was hilft dir generell bzw. gibt dir Kraft, wenn du ein Problem oder eine schwierige Situation meistern musst?

Mein Default ist, ins Gespräch zu gehen. Mein Autopilot sagt mir: „Mit wem kann ich sprechen?“ Ich geh dann ins Gespräch und frag viele andere um Rat. Ich bin gut darin, Menschen zu fragen: „Wie würdest du das machen?“ Meine Komfortzone ist also handeln, tun, sprechen, machen.

Aber: “The magic happens outside the comfort zone!” Das ist bei mir die berühmte Käseglocke: Rückzug, Stille, nicht handeln, nicht sprechen. Dinge sein zu lassen. Auch nicht in den „Lösungs-Mode“ zu fallen. Mich nicht zu melden. In mich gehen. Das gibt mir mittlerweile auch sehr oft Kraft.

Dann spüre ich die Balance zwischen „making it happen“ und „letting it happen“.

Und trotzdem gibt mir auch Kraft, was ich vorher angesprochen habe: gutes Essen, ein Glas Wein, meinen Körper in Bewegung bringen – in welcher Form auch immer. Etwas zu tun, was mich in einen anderen Wesenszustand begibt – das ermöglicht mir Abstand oder Abschütteln.

Was war ein besonders schönes Erlebnis aus deinem Privat- oder Berufsleben, das dir spontan einfällt und du gerne mit uns teilen möchtest?

Oh Gott, da fallen mir natürlich viele ein: Natürlich letztendlich die Geburt unseres Sohnes, „against all odds". Auch eine gewisse Zeit in meinem Geburtsland zu leben und mich Griechenland hinzugeben. Die Liebe und Freundschaft zu meinem Freund und viele meiner wunderbaren Wegbegleiter. Der Morgensalon. Viele tolle Menschen, die ich auf ihrem Weg begleiten und inspirieren durfte und von denen ich ganz viel Feedback bekomme. Das kommt manchmal aus ganz ungewöhnlichen Ecken, von ganz hohen Ämtern bis zu ganz leisen Stimmen. Da freue ich mich sehr darüber.

Hat die durch Corona bedingte „besondere Familiensituation" Wünsche oder Ziele in dir geweckt? Falls ja, welche?

Ein Arbeitszimmer! (lacht) Ich brauche einen Rückzugsort! Aber Spaß beiseite – wir jammern ja auf hohem Niveau!

In Wahrheit wünsche ich mir dadurch noch viel stärker eine besonders familienfreundliche Politik, Unternehmerinnen und Unternehmer sowie Anreizsysteme. Come on! Wir schreiben das Jahr 2021. Eltern bzw. von der Norm abweichende Menschen sind immer noch benachteiligt. Ehegattensplitting in Deutschland ist immer noch ein Nachteil. Pausen in Lebensläufen sind immer noch ein Nachteil bzw. machen nicht die richtigen Positionen auf. Deshalb sind Frauen immer noch im Nachteil. Es gibt immer noch ein Gender Care und Gender Pay Gap. Sorry! Weil wir uns um Familie und andere Dinge im Leben kümmern?! Dieses Augenrollen ist hundert Mal größer geworden bei mir. Wenn wir es jetzt noch nicht verstanden haben, dann weiß ich es auch nicht mehr! Diese besondere Situation braucht auch besondere Lösungen. Wenn wir es in der westlichen Welt nicht machen – mit *diesem* Niveau und *diesen* Mitteln, die wir haben –, wer soll es dann sonst machen? Viele Länder, wohin wir quasi die Sklaverei-Jobs outgesourct haben, werden es wohl nicht tun!

Was möchtest du anderen Frauen, die ebenso BEIDES – Kind und Karriere – möchten, mit auf den Weg geben?

Ich möchte anderen Menschen mitgeben, dass wir das Leitbild und die Norm, an der wir uns orientieren, in Frage stellen und uns ein eigenes Idealbild schaffen, an dem wir uns orientieren. Und damit auch die Idee, dass das Maximum immer das Optimum ist, in Frage stellen. Weder in der Natur noch in der Beziehung noch in einem anderen Organismus ist es gut, immer nur auf Maximum und auf Output zu laufen. Wenn ich das tue, ist das kein nachhaltiger Zustand und auch kein freudiger Zustand – weder für einem selbst noch für andere um mich herum noch für die Arbeitswelt der Zukunft noch für die Kompetenzen und Skills, die wir in Zukunft brauchen. Und hier mehr Weitblick zuzulassen, dass es nicht um maximale Erfüllung, maximales Unterbringen, Outsourcen, perfekt sein etc. geht, sondern um ein gutes Leben. Und in dieser Bewegung, in diesem Tanz, das eigene Idealbild oder Zielbild zu finden.

Es scheint gerade für Frauen in der Gleichberechtigungs-Debatte immer noch *das* Mittel der Wahl zu sein, alles in Vollzeit zu gleichen Bedingungen zu leisten bzw. zu schaffen, wie *Mann* die Norm gesetzt hat. Beispielsweise wenn mir viele Frauen sagen: „Super, ich kann mir jetzt 2 Nachmittage pro Woche frei nehmen und hole die Stunden dann flexibel nach, meistens abends, wenn mein Kind schläft.“ Ich möchte dazu anregen, dass wir uns fragen: „Und für wen funktioniert das?“

Das funktioniert doch nur unter ökonomischen Gesichtspunkten, denn du bist trotzdem am nächsten Tag viel unausgeschlafener! Deine Beziehung wird dadurch in der Regel nicht besser! Du ernährst dich nicht besser dadurch! Die Idee, dass Vereinbarkeit rein dadurch besser funktioniert, liegt aktuell nur bei Unternehmen. In keiner anderen qualitativen Dimension, weder der eigenen noch der Paarbeziehung noch der Kinder oder anderen Sorgetätigkeiten.

Ich möchte dazu anregen, dass wir eben NICHT sagen: Wir müssen der Norm gerecht werden, um dann das System von innen heraus zu verändern, wenn wir es schaffen, irgendwann endlich (!) in die dafür erforderlichen Positionen zu kommen. Sondern zu sagen: Nein, umgekehrt! Ich möchte zu einem kulturellen, gesellschaftlichen Wandel beitragen und eben nicht dieses Spiel spielen!

Don’t lean in. It’s enough. You are enough. Punkt.

KAPITEL 2

Workbook: Wie du eine liebevolle Mama bleibst und berufliche Erfüllung findest – in 6 Schritten zu mehr innerer Zufriedenheit

Finde mit den folgenden sechs Schritten *deinen persönlichen Weg* auf die Frage: Wie kann ich eine liebevolle Mutter sein und Erfüllung im Beruf finden? Die Schritt für Schritt angeleitete Kind-und-Karriere-Roadmap am Ende dieses Teils bildet dabei *deine* persönliche Quintessenz und Wegbegleitung.

Während dir der Interviewteil *New Working Mom Insights* Einblicke in verschiedene Berufs- und Lebenswelten gegeben hat, bildet dieser Teil den *Workbook-Part* des Buches. Er ist in sechs Schritte gegliedert und begleitet dich auf deinem persönlichen Weg zu (mehr) beruflicher und privater Erfüllung.

Jeder der sechs Schritte bietet dir inhaltliche Inputs sowie gezielte Übungen zur Bearbeitung des jeweiligen Kapitelthemas und schließt mit einer Zusammenfassung und deinem persönlichen Eintrag in der Roadmap ab.

Es bleibt dir selbst überlassen, wie schnell oder langsam du die sechs Kapitel liest. Eines ist jedenfalls empfehlenswert, wenn du sie zum Anlass nehmen möchtest, um eine berufliche oder private Veränderung in Gang zu bringen: Betrachte dieses Buch nicht als „Eintagsfliege", sondern als *deine* Begleitung im Alltag. Teile dir für die Umsetzung der Schritte bestimmte Zeiten als Me-Time ein. Zusätzlich ist es hilfreich, wenn du dir beim Lesen ein Notizbuch oder einen Notizblock bereithältst, damit du dir Notizen zu den Übungen machen kannst.

Wenn dein Kind noch klein ist und du dieses Buch nur in vielen kleinen Häppchen lesen kannst, empfehle ich dir folgendes: Nimm dir jede Woche maximal ein Kapitel und die zugehörigen Übungen vor. Befülle am Ende der Woche das dafür vorgesehene Feld in der *Roadmap* auf Seite 274.

Die *Kind-und-Karriere-Roadmap* bildet deine persönliche Zusammenfassung zu jedem der 6 Schritte und hilft dir – auch Monate nach Lesen dieses Buches –, schnell wieder zu erkennen, wie du Schritt für Schritt zu mehr Erfüllung und Zufriedenheit im Alltag finden kannst.

SCHRITT 1

Gesundheit als Fundament

Dieser erste Schritt beschäftigt sich mit dem Stellenwert unserer Gesundheit sowie zugehörigen Erkenntnissen aus der Wissenschaft.

„Das Leben ist kurz, weniger wegen der kurzen Zeit, die es dauert, sondern weil uns von dieser kurzen Zeit fast keine bleibt, es zu genießen.“
Jean-Jacques Rousseau

Stimmst du diesem Zitat zu? Muss es so sein?

Ich denke, es geht auch anders. Doch manchmal fühlen wir uns gefangen im Hamsterrad des Alltags. Daher begleitet dich dieses Buch dabei, Schritt für Schritt mehr Lebensqualität und Gelassenheit in deinem Alltag zu empfinden.

Ein schneller Selbsttest

Beantworte die folgenden zwei Fragen ehrlich:
- Fühlst du dich morgens ausgeschlafen und erholt, wenn du aufstehst?
- Hast du tagsüber genug Energie?

Wenn du eine dieser Fragen mit NEIN beantwortet hast, dann nimm dir – bevor du dir neue berufliche Ziele setzt oder eine (weitere) Schwangerschaft planst – bewusst Zeit, deine Gesundheit zu stärken. Laufend müde oder ausgelaugt zu sein, ist weder eine gute Basis für eine Schwangerschaft noch für den nächsten beruflichen Schritt.

„Der Mensch opfert seine Gesundheit, um Geld zu machen. Dann opfert er sein Geld, um seine Gesundheit wieder zu erlangen. Und dann ist er so ängstlich wegen der Zukunft, dass er die Gegenwart nicht genießt; das Resultat ist, dass er nicht in der Gegenwart lebt; er lebt, als würde er nie sterben, und dann stirbt er und hat nie wirklich gelebt."
Dalai Lama

Auch wenn dieses Zitat etwas hart klingt: Es steckt viel Wahrheit in diesen Worten. Wir sind heute weitestgehend in einer Leistungsgesellschaft angekommen, in der wir viel zu selten hinterfragen, wie wir leben. Laufend hetzen wir von einer Aktivität zur nächsten, um abends völlig erledigt ins Bett zu fallen (oder noch im Kinderzimmer beim Zubettbringen der Kinder einzunicken.) Und ja: Auch mir geht es manchmal noch so. Doch was zählt, ist die Häufigkeit. Sind solche Tage selten oder eher die Regel?

Denn wir vergessen dabei eine ganz entscheidende Sache: Wir sind nicht allmächtig. Wir können zwar noch so viele To-dos (egal ob berufliche oder private) in unseren Tag packen und wir können noch so sehr glauben, dass unser Körper das alles verkraftet und mitmacht. Aber wir sind nicht unverwundbar. Wenn wir glauben, mit unserem Körper (und genauso auch mit Geist und Seele) ständig über unsere Grenzen gehen zu können, indem wir zu wenig schlafen, zu viel Ungesundes essen, zu wenig Bewegung machen oder uns nicht darum kümmern, dass es uns psychisch gut geht, dann bekommen wir früher oder später die Rechnung dafür präsentiert und unser Organismus schlägt zurück.

Ich selbst war vor rund 12 Jahren dem Burnout nahe. Ich weiß, wovon ich spreche. Und ich kenne mittlerweile viele Menschen, die bereits in ihren 30ern oder 40ern Burnout oder andere chronische, mitunter schwere Erkrankungen bekommen haben.

Zu Beginn dieses Kapitels gibt es daher eine kurze Einführung in die Begriffe Burnout, Parental Burnout und Stress. Denn wenn wir sie verstehen, können wir im Alltag bewusster die Warnsignale dafür erkennen.

Beyond Buzzwords – Was versteht man tatsächlich unter Burnout und Stress?

Was bedeutet und kennzeichnet Burnout?

Burnout beschreibt einen Zustand, in dem wir uns ausgebrannt, also total erschöpft fühlen.

Seit der erstmaligen Verwendung des Begriffs in den 1970er Jahren werden drei Kernsymptome als maßgeblich erachtet:[iii]

1. *Emotionale und körperliche Erschöpfung:* Du fühlst dich ausgelaugt, kannst dich an nichts mehr freuen und bist auch körperlich müde und erschöpft.
2. *Zunehmende Leistungseinbußen und Ineffizienz:* Du hast das Gefühl, weniger leisten zu können. Dazu kommen häufig Selbstzweifel.
3. *Negative Einstellung:* Du hast eine negative Einstellung gegenüber deinen Tätigkeiten (beruflich und privat) sowie gegenüber deinen Mitmenschen. Es geht dir zunehmend alles auf die Nerven und überfordert dich.

Was ist Parental Burnout und wie erkenne ich es?

Wenn man an Burnout denkt, denkt man spontan an Job-Burnout. Die Bilder, die einem in den Sinn kommen, sind oft die überlastete Krankenschwester oder Ärztin oder die überlastete Managerin. Seltener denken wir an überlastete Eltern. Doch man muss nicht berufstätig sein, um an Burnout zu erkranken. Eltern sind zunehmend betroffen – unabhängig von ihrer Berufstätigkeit.[iv]

Obwohl der Begriff des elterlichen Burnouts bereits in den achtziger Jahren aufkam, begann die systematische Erforschung des elterlichen Burnouts erst vor einem Jahrzehnt. Und man kann wohl mit Recht behaupten, dass Parental Burnout ziemlich im Verborgenen blieb, bis die COVID-Krise und die Lockdowns (in Familien verbunden mit Home Schooling, Home Kindergardening usw.) dieses Phänomen zum Vorschein brachten.[v]

Plötzlich hatten viele Eltern eine Vorstellung davon, wie es ist, am Rande des Burnouts zu sein. Bei den meisten von ihnen hielten die Symptome nicht lange genug an, um sie in ein Burnout zu stürzen, aber viele bekamen eine Vorstellung davon, wie Parental Burnout aussehen könnte: dieser Zustand intensiver Erschöpfung bei dem bloßen Gedanken daran, was man noch alles für oder mit den Kindern tun soll, dieses Gefühl, das Elternsein satt zu haben, sowie die daraus resultierende emotionale Trennung von den Kindern und die Schuldgefühle, nicht mehr jener Elternteil zu sein, der man war oder sein wollte.[vi]

Stress als Antreiber in Richtung Burnout

Wir alle wissen, wie es sich anfühlt, gestresst zu sein. Dennoch lohnt es sich, ein paar Fakten über Stress zu erfahren.

Die körperlichen Abläufe bei Stress bestehen aus einem abgestimmten Wechselspiel zwischen Nerven- und Hormonsystem, um unseren Körper in alarmierenden Situationen reaktionsfähig zu machen.[vii]

Man unterscheidet zwischen akuter und chronischer Stressreaktion:[viii]

Bei **akutem, kurzzeitigem Stress** wird eine Reaktion über das Zwischenhirn, die Hypophyse und die Botenstoffe Adrenalin und Noradrenalin vermittelt. Dies hat evolutionsbiologisch betrachtet den Sinn, uns zu ermöglichen, entweder zu kämpfen oder zu flüchten (fight or flight). Diese Aktivierung unseres Körpers war früher – zur Zeit der Jäger und Sammler – lebensnotwendig und ist uns bis heute erhalten geblieben. Ein gewisses Ausmaß an „Aktivierung“ empfinden wir manchmal sogar als angenehm. Wir sprechen in diesem Fall von **Eustress**, also einer positiven Art von Stress, die uns anspornt und herausfordert und es uns ermöglicht, zusätzliche Kräfte zu aktivieren. Wir sind somit kurzfristig leistungsfähiger und fühlen uns häufig dabei auch optimistisch, glücklich und stark.[ix]

Wenn unser Körper jedoch für einen längeren Zeitraum ohne ausreichende Entspannung „alarmiert“ wird, kommt es (durch Cortisol vermittelt) zu einer Mobilisierung von Körperreserven und bei andauernder Anspannung letztlich zur Erschöpfung. Man spricht deshalb bei länger andauerndem Stress von **chronischem Stress**. Wir fühlen uns wiederkehrend überlastet und überfordert. Diese Art von Stress ist ein permanenter Energieaufwand für uns, der schädlich ist und letztlich zu einer Vielzahl an Syndromen und Erkrankungen führen kann wie beispielsweise Depressionen, Burnout oder Silent Inflammation.[x]

Phänomen *Silent Inflammation* – warum wir Stress nicht unterschätzen dürfen

Diese häufig symptomlos ablaufenden und daher als „Silent Inflammation" bezeichneten Entzündungsprozesse basieren auf einer niedriggradigen, aber permanenten Aktivierung des Immunsystems. In den letzten Jahren haben die Erkenntnisse über die zentrale Bedeutung dieser subklinischen Entzündungsverläufe für die Entwicklung chronischer Krankheiten immer mehr an Bedeutung gewonnen.[xi]

Zu den **möglichen Ursachen** der Silent Inflammation zählen chronischer Stress, starkes Übergewicht, Darm-Dysbiose, immunologische Fehlfunktionen (Allergien, Autoimmunität) sowie chronische Infektionen (beispielsweise Parodontitis, Zahnherde, Borreliose etc.).[xii]

Studien zufolge kann sich bei dauerhafter Belastung des Organismus durch diese „stummen" Entzündungsprozesse das Risiko für die folgenden schweren Erkrankungen signifikant erhöhen: Herz-Kreislauf-Erkrankungen (Herzinfarkt, Schlaganfall, Arteriosklerose etc.), Typ-2-Diabetes, neurodegenerative Erkrankungen (Alzheimer, Parkinson etc.), neuropsychologische Erkrankungen (z. B. Depressionen) sowie die Entstehung bestimmter Krebsarten.[xiii]

Da die zwei häufigsten Todesursachen in Österreich im Jahr 2021 Herz-Kreislauf-Erkrankungen (36,1 %) und Krebserkrankungen (22,5 %) waren, könnte man sich fragen, inwieweit chronischer Stress und Silent Inflammation dabei eine Rolle spielten.[xiv]

Die hier genannten Krankheiten entstehen nicht von heute auf morgen. Es handelt sich meist um längere Krankheitsprozesse oder eine sukzessive Entstehung von Krankheiten.

Warum erwähnte ich das hier derart im Detail?

Wir können einen wesentlichen Beitrag dazu leisten, gesund zu bleiben, wenn wir auf einen gesunden Lebensstil achten. Beispielsweise indem wir:

- Stress reduzieren durch genügend Pausen, Erholung und Schlaf
- unser Gewicht managen durch gesunde Ernährung im Alltag

- unsere Darmflora und unser Mikrobiom stärken durch gesunde Ernährung und Stressreduktion
- regelmäßig Bewegung und/oder Sport machen, um unser Immunsystem anzukurbeln und Stress abzubauen
- auf gute Zahnpflege achten und zahnärztliche Untersuchungen wahrnehmen
- chronische Infektionen abklären (beispielsweise bei einer früheren Borreliose-Erkrankung in wiederkehrenden Abständen diese Werte bei Blutuntersuchung mitbestimmen lassen)

Dieses Buch kann dir dabei helfen, im Alltag Schritt für Schritt gesundheitsfördernde Veränderungen vorzunehmen und damit Lebensqualität zu gewinnen.

Zwischen Gesundheit und Krankheit liegt ein schmaler Grat

Im Hamsterrad des Alltags vergessen wir das oft. Vielleicht kommt dir das bekannt vor: Wenn einer unserer Verwandten oder Bekannten krebskrank wird oder einen Herzinfarkt bekommt, dann fühlen wir uns selbst mit Krankheit und Tod konfrontiert. Wir beginnen nachzudenken, versuchen Gewohnheiten zu ändern. Doch nicht immer gelingt es uns. Oft fallen wir wieder zurück in unsere „alten" ungesunden Gewohnheiten.

Es ist menschlich, dass wir meist erst dann etwas in unserem Handeln und an unseren Gewohnheiten ändern, wenn a) der Leidensdruck hoch genug ist oder b) eine bessere Alternative zur Verfügung steht. Ein Beispiel dafür ist die Ernährung: Wer sich an eine sehr süße, zuckerreiche Ernährung gewöhnt hat, dem fällt es enorm schwer, das zu ändern. Denn die Alternative ist meistens nicht *besser* – zwar ist sie gesünder, aber es braucht dazu viel Wissen und man muss erst einmal verschiedene Rezepte finden und probieren, die auf natürliche Art süß sind und geschmacklich ebenso begeistern. Deshalb reduzieren viele erst den Zucker in ihrer Ernährung, wenn sie chronische Erkrankungen wie Diabetes entwickelt haben.

TIPP: Frage dich selbst ehrlich: Wo hast du eine ungesunde Gewohnheit? Möchtest du bewusst warten, bis dich diese Gewohnheit in Richtung Krankheit bringt? Oder möchtest du dich jetzt auf die Suche machen nach einer gesünderen Alternative?

Hier ist Platz für eine ungesunde Gewohnheit, die du nun ändern möchtest:

Mach dir selbst klar: Burnout oder andere chronischen Erkrankungen kommen in der Regel nicht von heute auf morgen. Sie entstehen, nachdem man monate- oder jahrelang über die eigenen Grenzen geht und sich auspowert.

Der größte Hebel und Einflussfaktor für deine Gesundheit ist dein Lebensstil. Dazu zählen insbesondere die Bereiche Bewegung, Ernährung, Entspannung und Schlaf.

Damit wir uns diese 4 Bereiche gut merken können, habe ich die folgende „Eselsbrücke" gebaut: BEES, gleichsam dem englischen Wort für Bienen. Wir Mütter sind ja auch fleißige Bienen! Und gerade fleißige Bienen brauchen Bewegung, Ernährung, Entspannung und Schlaf, um gesund zu bleiben.

Es würde den Rahmen dieses Buches sprengen, auf diese vier Bereiche im Detail einzugehen. Daher beschränke ich mich auf einige Forschungserkenntnisse und Umsetzungsmöglichkeiten, die uns helfen können, den jeweiligen Bereich zu fördern.

Allen voran geht es allerdings um die Frage, ob du es schaffst, deinen Alltag weitestgehend positiv zu bewerten. Zu lernen, das Hier und Jetzt, also die Gegenwart, so anzunehmen und zu genießen, wie sie ist, ist für unsere Gesundheit unglaublich wertvoll (dazu später noch mehr). Deshalb sind auch Maßnahmen in all den genannten Bereichen immer nur dann sinnvoll, wenn du sie positiv bewerten kannst.

Du solltest dich dementsprechend nicht damit stressen oder dir Druck machen, denn so werden sie kontraproduktiv. Um beim Ernährungsbeispiel zu bleiben: Besser, du isst ein Stück Kuchen oder eine andere Süßigkeit pro Tag mit Genuss, als du bist ohne Zucker genervt und den ganzen Tag schlecht gelaunt. Berücksichtige das bei dem, was du ändern möchtest.

Bewegung

Zugegeben: Ich bin mehr Couchpotato als Sportskanone. Während es mir leicht fällt, mich (größtenteils) gesund zu ernähren, muss ich mich betreffend Bewegung viel mehr pushen. Während der ersten Lebensjahre meines Kindes und der Covid-Lockdowns fiel es mir besonders schwer, mich regelmäßig zu bewegen. Der Tag schien so voll mit Arbeit und Kinderbetreuung, dass ich mir schlichtweg selten Zeit für Bewegung nahm. Abends schnappte die „Müdigkeitsfalle“ zu und ich hatte schlichtweg keine Lust mehr, mich aufzuraffen und zu bewegen.

Heute schaffe ich es einigermaßen. Was mir enorm dabei geholfen hat, ist folgendes: Ich mach mir Bewegung so einfach wie möglich und setze mich nicht unter Druck. So habe ich in meinem Home-Office einen Crosstrainer stehen, auf dem ich schnell mal in freien Zeitfenstern „zwischendurch“ Bewegung machen kann. Ich genieße es, dabei spontan sein zu können und nirgendwo extra hinfahren zu müssen.

Wenn ich abschalten will, drehe ich mir dazu meine Musikplaylist auf oder höre entspannende Online-Radiosender wie Lounge FM oder Radio Swiss Jazz. Und wenn ich beruflich gerade sehr viel zu tun habe und jede freie Minute brauchen kann, nutze ich die Zeit am Crosstrainer, um inhaltliche Brainstormings für Vorträge und Workshops zu machen oder währenddessen Unterlagen und Bücher zu lesen.

Mitten in der Bewegung merke ich, wie sehr es mir körperlich guttut. Auch Forschungserkenntnisse belegen, dass Sport den Stressabbau unterstützt und unser Immunsystem stärkt.[xv]

An den Wochenenden, wenn ich mehr Zeit habe, mache ich am liebsten Bewegung in der Natur. Es geht für mich nichts über eine Wanderung mit der Familie!

Wusstest du, dass der Wald gesundheitsfördernde Effekte hat?

Die positive Wirkung des Waldes auf unsere Gesundheit nennt man *Biophilia-Effekt.*[2] Die Waldluft ist ein Cocktail aus sekundären Pflanzenstoffen, unter ihnen die sogenannten *Terpene*. Der Aufenthalt im Wald führt dank ihnen dazu, dass unser Immunsystem danach deutlich gestärkt ist. Das zeigten Blutproben von Studienteilnehmerinnen und -teilnehmern: Die natürlichen Killerzellen werden im Wald vermehrt produziert. Ein Tag im Wald oder ein ausgedehnter Spaziergang durch den Wald erhöhen die Anzahl unserer natürlichen Killerzellen im Blut um durchschnittlich 40 % im Vergleich zum Stadtleben. Diese Wirkung hält rund 7 Tage an. Nach zweitägigen Kurzurlauben in einem Waldgebiet stellte man bei Stadtbewohnern sogar einen Anstieg der Killerzellen von mehr als 50 % fest, wobei die Wirkung dann 30 Tage lang anhielt. [xvi]

Auch die Vitamin-D-Bildung bei Sonnenlicht spricht für ein Wechselspiel aus Indoor- und Outdoor-Bewegung.

Doch es gibt in meinen Augen kein richtig oder falsch!

Eine Freundin von mir nutzt beispielsweise Sport-Apps und ist begeistert von den darin angebotenen kurzen und gleichzeitig sehr intensiven Intervalltrainings. Einige Coaching-Kundinnen von mir lieben wöchentliche Yoga-Sessions in der Gruppe. Andere wiederum gehen jeden zweiten Tag laufen, um den Kopf freizukriegen.

Finde jene Form der Bewegung, die dir guttut und Spaß macht!

Und letztlich gilt: Jede Bewegung ist besser als keine Bewegung.

Ernährung

Ernährungstrends gibt es mittlerweile wie Sand am Meer und viele handhaben ihre Ernährung wie eine Art Ersatzreligion. Doch wo liegt das gesunde Mittelmaß? Und welche Ernährungsweise ist aus wissenschaftlicher Perspektive überhaupt gesund?

---

2 Quelle und Buchtipp: Der Biophilia-Effekt von Clemens G. Arvay

Eine Annäherung bildet die mediterrane Ernährungsweise, auch bekannt als die Mittelmeerkost.

Sie wurde 2021 auf Platz 1 des „Best Diets Overall"-Rankings des U.S. News and World Report gewählt. Jährlich bewerten anerkannte Gesundheitsexpertinnen und experten im Auftrag dieses Reports rund 40 Ernährungskonzepte. Als gut bewertet werden Ernährungsweisen, die einfach umzusetzen sind, langfristig das Abnehmen fördern sowie positive Effekte auf die Gesundheit mit sich bringen.[xvii]

Die mediterrane Ernährungsweise trägt laut Expertinnen und Experten zur Prävention von Herz-Kreislauf-Erkrankungen und Krebserkrankungen bei (den zwei häufigsten Todesursachen in Österreich, wie auf den vorherigen Seiten erwähnt).[xviii]

Zu bedenken ist allerdings die mögliche Schwermetallbelastung von Fisch und die dementsprechenden Empfehlungen zur maximalen Konsumation. Gerade bei sensiblen Personengruppen wie Schwangeren und Kleinkindern gibt es hier einiges zu beachten[3] (nähere Infos dazu findest du in der Fußnote).

Stiefkind Darmgesundheit?

Auch wenn wir in der Regel selten über unsere Darmgesundheit nachdenken: Sie steht und fällt mit unserer Ernährung. Die Wissenschaft ist sich heute einig, dass unser Darm eine Schlüsselrolle für unsere Gesundheit im Allgemeinen spielt.

---

3 Schwermetallbelastung und Empfehlungen zum Fischkonsum des Gesundheitsministeriums und der AGES (Agentur für Gesundheit und Ernährungssicherheit): wöchentlich 1 Portion heimischen Fisch (wie Saibling, Forelle, Karpfen) und 1 Portion fetten Seefisch (wie Lachs, Makrele, Hering, Thunfisch) verzehren (1 Portion = 1 handtellergroßes, fingerdickes Stück). Bei der Einhaltung der Empfehlungen für den Fischverzehr sollte darauf geachtet werden, dass Kinder nicht jede Woche Raubfische wie Thunfisch, Schwertfisch, Heilbutt, Hecht, Butterfisch, Schnapper, Hai, Marlin, Schwertfisch, Königsmakrele, Ziegelfisch sowie Butter-/Schlangenmakrele essen. Babys, Kleinkinder, Schwangere, Stillende und Frauen mit Kinderwunsch sollten auf diese Raubfische ganz verzichten. So können die positiven ernährungsphysiologischen Effekte des regelmäßigen Fischverzehrs ohne die Aufnahme bedenklicher Mengen organischer Quecksilberverbindungen wie Methylquecksilber, erreicht werden. Wer auf Meeresfisch gänzlich verzichtet, dem wird empfohlen, zusätzlich 1 Esslöffel Rapsöl pro Tag zu essen.

Quelle: https://www.ages.at/themen/rueckstaende-kontaminanten/quecksilber/ abgerufen 09/2021

Wie können wir mit der Ernährung unsere Darmgesundheit fördern?

Dazu ein Zitat von Tim Spector, Professor für Genetische Epidemiologie am King's College, London: „Wir haben dazu eine große Studie gemacht. Mit 11.000 Leuten und der Frage, was unsere Darmbakterien gesund hält. Das Resultat war eindeutig: Mehr Früchte und Gemüse zu essen, hält sie gesund. Nicht immer nur Ihren Lieblingsspinat, sondern eben viele verschiedene Sachen. Sie sollten 20 bis 30 verschiedene Pflanzen pro Woche essen." [xix]

Wenn dir das nun im ersten Moment Stress macht, halte dir vor Augen: Auch Nüsse und Kräuter sind Pflanzen! Indem du sie in deinen Speiseplan integrierst sowie unterschiedliches Gemüse und verschiedene Obstsorten isst, sind 20 bis 30 verschiedene Pflanzen pro Woche durchaus machbar – auch ohne großen Aufwand. Wenn du beispielsweise die Apfelsorten variierst (z. B. Topaz, Gala, Arlet), zählen diese schon als drei verschiedene Pflanzenarten! Auch indem du verschiedene Salate verwendest, erhöhst du deine Ernährungsvielfalt.

Mir persönlich hilft es, jedes Wochenende einen Speiseplan für die kommende Woche zu erstellen. Ich überlege mir konkret (meist gemeinsam mit Partner und Kind): Was möchten wir an welchem Tag zu Mittag essen? An welchen Tagen koche ich und an welchen kocht mein Mann? An welchen holen oder bestellen wir uns was? Was brauchen wir sonst noch an Lebensmitteln in Kühlschrank, Vorratskammer oder Tiefkühler, um gut durch die Woche zu kommen (für Frühstück, Abendessen und zwischendurch)?

Schnell ist mit diesen Gedanken eine Einkaufsliste erstellt, die entweder gleich mit einem Einkauf am Wochenende erledigt oder mit maximal zwei Einkäufen (einer am Wochenende, einer am Mittwoch oder Donnerstag) abgehakt wird. Ich finde das unglaublich praktisch, denn ich erspare mir das dauernde Überlegen: „Was soll ich bloß kochen?" Und durch den Überblick in der Speiseplanung fällt es mir leichter, auf Ausgewogenheit zu achten (z. B. betreffend Fleisch und Fisch, genügend verschiedenes Gemüse usw.).

Entspannung

Entspannung und Stress verstehen bedeutet: unser autonomes Nervensystem verstehen. Daher hier eine kurze Einführung in unser fantastisches autonomes Nervensystem:

Unser „vegetatives" bzw. „autonomes Nervensystem" (kurz: ANS) steuert und reguliert alle automatisch ablaufenden, lebensnotwendigen Vorgänge unseres Organismus wie beispielsweise Herzschlag, Blutdruck, Atmung, Verdauung, Wasserhaushalt, Stoffwechsel, Fortpflanzung. Seine Hauptaufgabe: unser inneres Milieu an die unentwegt wechselnden Bedingungen und Erfordernisse unseres alltäglichen Lebens anzupassen, also das innere Gleichgewicht und die Anpassungsfähigkeit aufrechtzuerhalten. Ein permanentes Anpassen und Koordinieren erlauben ein Höchstmaß an bedarfsgerechtem Pendeln zwischen Leistung (Sympathikusanteil des ANS) und Erholung (Parasympathikusanteil des ANS).[xx]

Die Schlussfolgerung daraus: Ermöglichen wir unserem Organismus dieses Pendeln nicht oder verhindern wir dies laufend, indem wir uns keine oder zu wenig Erholung und Schlaf gönnen, so hat das auf Dauer weitreichende Folgen. Wir triggern damit unter Umständen schlummernde Entzündungen (siehe dazu „Silent Inflammation" auf den vorhergehenden Seiten) und bringen unser Immunsystem aus dem Gleichgewicht. Der ideale Nährboden für chronische Erkrankungen!

Wie kannst du nun damit beginnen, mehr Erholung in den Alltag zu bringen?

Vom Funktionieren wieder ins Spüren kommen

In erster Linie geht es darum, *deine* Bedürfnisse gut wahrzunehmen. Hier ein paar Beispiele, wie du das schrittweise üben kannst:

- Bist du hungrig? Dann nimm dir Zeit zum Essen. Achte nach dem Essen darauf, wie es dir geht. In der Regel führt uns dieses Hinspüren zu jenen Lebensmitteln, die uns guttun (und lehrt uns, welche wir besser lassen sollten, z. B. wenn wir uns danach sehr müde fühlen oder Bauchschmerzen bekommen).
- Bist du durstig? Achte darauf, regelmäßig Wasser zu trinken – am besten, bevor du richtig durstig wirst. Während intensiver Arbeitsphasen vergessen wir oft zu trinken. Es kann dir beispielsweise

helfen, eine Karaffe Wasser direkt an den Arbeitsplatz zu stellen und alle 30 Minuten (oder zumindest 60 Minuten) einen Wecker auf deinem Smartphone einzustellen, der dich an das Trinken erinnert.
- Fühlst du dich müde? Dann geh früh ins Bett und arbeite nicht bis in die Nachtstunden hinein.
- Fällt es dir abends schwer, abzuschalten? Dann versuche am nächsten Tag nicht mit Vollgas zu beginnen, sondern stehe zeitgerecht auf, um gar nicht erst in Zeitdruck zu kommen. Plan dir genügend Zeit ein, um langsam in den Tag zu starten, und mache tagsüber mehrmals Pausen.

Entspannung braucht also vor allem ein Bewusstsein für deine individuellen Bedürfnisse. Denn so kannst du *fühlen* lernen, was dir jetzt gerade guttut und was du jetzt gerade brauchst. Vielleicht ist es nach einem langen Tag im Büro mit wenig bis gar keiner Bewegung ein Abendspaziergang und nach einem Wochenende voller Familientreffen und -feiern das ungestörte Entspannungsbad mit deiner Lieblingsmusik. Oder Meditation, oder vielleicht auch etwas ganz anderes. Es gibt unzählige Achtsamkeits- und Entspannungstechniken, die du nach Lust und Laune ausprobieren kannst. Auf YouTube findest du beispielsweise unzählige Übungs-Videos (von Yoga über angeleitete Meditationen noch vieles mehr), falls du verschiedenes ausprobieren möchtest. Online- oder Vor-ort-Kurse helfen dir im Anschluss, die Technik zu vertiefen und mit professioneller Unterstützung zu üben.

Schlaf

Wusstest du, dass das Schlafen lebenswichtig für unsere Herz- und Hirngesundheit ist sowie für die Ausbildung von Nervenzellverbindungen, das Wachstum der Röhrenknochen und vieles mehr?! Deshalb schlafen Babys bis zu 16 Stunden pro Tag. Während wir schlafen, laufen Reparaturvorgänge in unserem Körper auf Hochtouren. Es starten Verdauungs- und Entgiftungsprozesse, während gleichzeitig Verarbeitungsprozesse betreffend Erlebnisse, Gedanken und Emotionen einsetzen. Leber und Niere arbeiten mit voller Kraft. Als Metapher formuliert: Im Schlaf wird unser Motor wieder gereinigt, geölt und geschmiert.[xxi]

Daher ist die Gretchenfrage: Wie oft sparst du bei deinem Schlaf?

Wenn Kinder noch sehr klein sind, wird dein Schlaf ohnehin von ihnen unterbrochen. Dann ist es umso wichtiger, dass du dir in den Zeiten, in denen sie schlafen, selbst Entspannung und Schlaf gönnst. Es kann dir längerfristig massiv schaden, wenn du abends noch bis knapp vor Mitternacht Haushalt, Arbeit o. ä. erledigst, und morgens infolgedessen völlig k.o. bist. Abgesehen davon, dass sich Schlafmangel negativ auf deine Gesundheit auswirkt, schwächt er deine Konzentration, macht dich fehleranfälliger (die Folge können z. B. Unfälle im Straßenverkehr und Haushalt sein) und führt dazu, dass du schneller die Nerven verlierst. Das wiederum bekommen deine Kinder und dein Partner oder deine Partnerin zu spüren, was sich negativ auf deine Beziehungen auswirken kann.

Weitere Tipps bei Schlafmangel und um abends ein „Abschalten“ zu erleichtern, findest du auf meiner Website unter https://www.kindundkarriere.at/schlafmangel/

Wie fördern wir einen guten Schlaf?

Eines der Erfolgsgeheimnisse ist die Bewegung untertags. Wer tagsüber körperlich aktiv war und genügend Pausen hatte, kommt abends leichter in einen entspannten Zustand. Wer darüber hinaus noch gesundheitsbewusst gegessen hat, braucht weniger Energie für die notwendige Entgiftung. *Wertvolles* Essen kann besser verarbeitet und in Energie umgewandelt werden. Darüber hinaus ist wichtig, nicht unmittelbar vor dem Schlafengehen zu essen, sondern bereits eine gewisse Zeit davor.[xxii]

Auch Bildschirmzeit vor dem Schlafengehen durch gute Gespräche, bewusste Entspannung oder Musik zu ersetzen, kann einen guten Schlaf unterstützen.

Tägliches Lüften des Schlafraumes, Reduktion von Elektrosmog (Ausschalten von WLAN, Aktivieren des Offline-Modus beim Smartphone etc.) und Zimmerpflanzen, welche die Raumluft reinigen, können zu einem erholsamen Schlafambiente beitragen.

Wenn du (so wie ich) eine „Nachteule“ bist, die sich schwertut, abends rechtzeitig ins Bett zu gehen, kann es dir helfen, einen täglichen Wecker auf deinem Smartphone einzustellen, der dich z. B. um 22 Uhr daran erinnert, schlafen zu gehen. So bekommst du die nötige Quantität an Schlaf. Für den Schlaf gilt nämlich: im besten Fall hast du beides – Qualität und Quantität!

Kapitelzusammenfassung:

- Wenn du Karriere und Familie langfristig erfolgreich vereinbaren möchtest, bildet deine Gesundheit das stabile Fundament dafür.

- Es ist menschlich, dass es uns schwerfällt, Gewohnheiten zu ändern.

- **Eine** Veränderung unserer Gewohnheiten ist nur dann erfolgreich, wenn wir es schaffen, sie regelmäßig und langfristig in unseren Alltag zu integrieren. Nimm dir daher nie mehrere Veränderungen gleichzeitig vor, sondern konzentriere dich auf eine Sache. Erst wenn du es schaffst, diese zu automatisieren, nimm dir die nächste vor.

- Vergisst oder vernachlässigst du deine Gesundheit, wird dir dein Körper früher oder später die Rechnung dafür präsentieren.

- Dein Wohlbefinden (und damit deine Gesundheit) ist der Dreh- und Angelpunkt für berufliche wie private Erfüllung.

Befülle abschießend **Punkt 1 deiner Roadmap** auf Seite 274 mit *einer* Sache (z. B. zu einem der 4 BEES-Bereiche – wir erinnern uns: Bewegung, Ernährung, Entspannung und Schlaf), die du regelmäßig umsetzen möchtest, um dein stabiles, gesundheitliches Fundament aufzubauen. Verlass dich dabei auf deine Spontanität und Intuition. Der erste Impuls ist meist der beste!

Bleib vorerst bei nur *einer* Sache! Denn andernfalls steigt die Gefahr, dass du dich damit überforderst, es somit nicht schaffst, die Aktivitäten konsequent umzusetzen, und in letzter Konsequenz wieder aufgibst. Erst wenn dir mindestens 3 Wochen lang die Umsetzung gut gelungen ist, solltest du nach Lust und Laune die nächste Sache angehen.

„Take care of your body, it's the only place you have to live." Jim Rohn

SCHRITT 2

Werte als Wegweiser

Entdecke nun im nächsten Schritt deine eigenen Werte und finde Möglichkeiten, sie im Alltag umsetzen. Fragestellungen zur Selbstreflexion und praktische Übungen unterstützen dich dabei.

Beruf und Selbstwert

„Was machst du beruflich?" Das ist in der Regel eine der ersten Fragen in jedem Kennenlerngespräch. Allzu oft verbinden wir mit der Antwort völlig automatisiert und unbewusst (Be-)Wertungen. Diese können von Bewunderung und Anerkennung bis hin zu Vorurteilen reichen. Meist knüpfen sich die Wertungen an das Einkommen oder das gesellschaftliche Ansehen eines Berufes. Machen wir uns also bewusst, dass wir anderen Menschen aufgrund ihrer Berufe gewisse Wertungen zuweisen. Denn erst wenn wir uns das bewusst machen, können wir es ändern.

Und was, wenn es plötzlich um uns selbst geht? Was, wenn wir selbst aktuell auf Jobsuche sind und merken, wie sich die Gesichtszüge unseres Gegenübers nicht zum Positiven verändern, als wir antworten: „Ich suche gerade!"

Wir sollten uns daher ab und zu die folgenden Fragen stellen:

1. Wie sehr definieren wir uns selbst und damit unseren eigenen Wert über unsere Arbeit?

Wenn wir es schaffen, uns selbst zu lieben und unabhängig von unserem beruflichen Erfolg zu akzeptieren, ändert sich unser Handeln. Wir machen uns damit unabhängiger von den Meinungen und Wertungen anderer. Wir fühlen uns freier. Wir treffen gute Entscheidungen.

2. Hat Care-Arbeit (Kindererziehung, Unterstützung der Familie, Pflege von Angehörigen etc.) für uns persönlich denselben Wert wie Erwerbsarbeit? Welchen Wert sprechen wir Care-Arbeit zu?

Viele Mütter haben das Gefühl, keiner „wertvollen" oder von anderen wertgeschätzten Tätigkeit nachzugehen, wenn sie „nur" in Karenz/Elternzeit sind oder sich entschieden haben, ihr Kind über die gesetzliche Karenzdauer/Dauer der Elternzeit hinaus zu betreuen und dafür ihren Job zurückstellen oder aufgeben.

Mein Appell: Lösen wir uns von den gesellschaftlichen Wertvorstellungen und vermittelten Rollenbildern und finden wir jenen Weg, der für uns persönlich passt.

Dieser Weg ist für jede Frau anders. Warum soll es schlecht sein, wenn sich jemand entscheidet, ein paar Jahre Vollzeit-Mama zu sein? Und auch jemand, der schnell in Teil- oder Vollzeit wieder einsteigt, ist keine „Rabenmutter", sondern kann genauso eine liebevolle Beziehung zum eigenen Kind haben. Gehen wir also in uns und finden wir jenen Weg, der für uns selbst passt.

3. Können wir uns selbst weiter wertschätzen, wenn wir auf Jobsuche sind? Oder fühlen wir uns nur geliebt, wenn wir (bezahlte) Leistung erbringen?

Ich habe beruflich laufend sowohl mit Managerinnen als auch mit arbeitssuchenden Frauen zu tun. Aus meiner Sicht ist die größte Schwierigkeit in Phasen der Arbeitslosigkeit, dass man nicht verzweifelt. Darunter verstehe ich in diesem Kontext: um jeden Preis einen Job zu wollen, oft aufgrund von ersten Absagen und darauffolgenden Selbstzweifeln.

Dieses „verzweifelte Wollen" ist zwar völlig verständlich, doch absolut kontraproduktiv. Denn wenn wir vermitteln, dass wir unbedingt und zu jeder Bedingung diesen Job wollen, werten wir uns selbst ab. Wir vermitteln unserem Gegenüber, in diesem Fall der Recruiterin oder dem Recruiter: „Ich brauche diesen Job so dringend, denn ich habe kein anderes Angebot!" Was leider implizit und weitestgehend unbewusst beim Gegenüber ankommt, ist: „Sie hat Probleme, einen Job zu finden. Sie ist vermutlich nicht so fähig wie andere Bewerberinnen und Bewerber."

Ich habe das selbst einmal erlebt, als ich nach wenigen Monaten in einem nicht zufriedenstellenden Job verzweifelt versucht habe, mich woanders zu bewerben. Ich wurde zwar oft zu Gesprächen eingeladen, doch letztlich erhielt ich immer eine Absage. Rückblickend wollte ich den Jobwechsel eben zu verzweifelt. Und Verzweiflung ist kein gutes Gefühl. Die Gefühle, die wir in Gesprächen vermitteln, bleiben stets in Erinnerung! Für unser berufliches Vorankommen ist es daher wichtig, unsere Gefühle miteinzubeziehen und ausdauernd zu sein.

Als ich meinen damals wenig zufriedenstellenden Job dann akzeptierte und erkannte, dass ich darin viel über mich persönlich lernen konnte, wurde mir firmenintern eine andere, bessere Stelle angeboten. Drei Monate später fand ich mich in einer Tätigkeit wieder, die mir weit mehr Spaß machte.

Wir können daher als Learning mitnehmen: In der aktuellen Situation das Gute zu sehen, kann uns Gelassenheit und Geduld bringen. Dadurch können sich neue Türen öffnen. Gleichzeitig können wir, wenn wir unseren Selbstwert unabhängig von unserem Job bewahren, in Bewerbungsgesprächen oder Gehaltsverhandlungen viel lockerer bleiben. Denn immerhin ist unser Job nur ein Teil von uns und wir *sind* nicht unser Job. Wie wir das empfinden, hängt meiner Meinung nach von der nachfolgenden Thematik ab.

Über die Verknüpfung von Liebe und Leistung

Von Schulantritt an wird uns durch Noten vermittelt, ob wir gut oder schlecht *sind*. Damit kann meiner Meinung nach etwas sehr Kritisches passieren: Wir verbinden (Selbst-)Liebe mit Leistung! Oftmals trägt das Elternhaus auch zu dieser Verknüpfung bei, indem uns vermittelt wird, wie wichtig schulische Leistungen seien, um später beruflich voranzukommen. Ganz schlimm wird es, wenn schlechte Noten mit Liebesentzug oder gar verbalen Verletzungen bestraft werden.

Eltern wollen zwar im Grunde stets das Beste, doch solche Vorgehensweisen sind natürlich äußerst fragwürdig. Sie bewirken im schlimmsten Fall, dass wir uns selbst nur lieben können, wenn wir entsprechend Leistung erbringen, und auch, dass wir davon überzeugt werden, dass andere uns nur lieben oder Anerkennung schenken, wenn wir Leistungen erbringen.

Solche Überzeugungen können ein enormer Stressfaktor sein und einen ständigen Druck aufbauen, den Erwartungen anderer gerecht zu werden. Gleichzeitig schwächt es unseren Selbstwert, wenn wir uns überwiegend durch unsere Arbeit und die Anerkennung anderer definieren.

Umso wichtiger ist es, uns bewusst zu machen, was unsere eigenen Werte und Prioritäten sind. Sie geben uns Orientierung für unser Handeln und prägen somit unsere Verhaltensweisen. Das führt mich zum nächsten Punkt.

Eine weitere Verknüpfung, die in der Praxis oft passiert, ist jene von Person und Verhalten.

Allzu oft kritisieren wir uns selbst sehr stark, wenn wir etwas machen, also ein Verhalten setzen, dass wir bereuen. Beispiele sind: „Ich habe versagt!“, „Ich hätte das nie sagen oder tun dürfen!“ Doch wir *sind* nicht (nur) unser Verhalten. Umgekehrt kritisieren wir vielleicht auch andere scharf für ihr Verhalten. Z. B. schimpfst du mit deinem Kind und sagst zu ihm: „Du bist sehr schlimm! Ich nehme dir das jetzt weg!“

Viel besser wäre es, sowohl bei uns selbst als auch bei anderen Menschen in unserem Umfeld Person und Verhalten zu trennen. Zur Veranschaulichung bleiben wir bei den eben genannten Beispielen. Wir könnten zu uns selbst also sagen: „In dieser Situation habe ich einen Fehler gemacht. Ich werde mich dafür entschuldigen und versuchen mich beim nächsten Mal höflicher oder liebevoller zu verhalten“, anstatt uns gleich als „Versagerin“ oder schlechten Menschen zu titulieren und uns selbst runterzuziehen.

Genauso könnten wir zu unserem Kind sagen: „Das war nicht in Ordnung! Wir werfen kein Spielzeugauto durch den Raum oder auf andere Menschen. Damit machst du den Boden kaputt oder tust anderen Menschen weh.“ Damit fühlt sich dein Kind auch nicht in seiner Persönlichkeit angegriffen oder gekränkt, sondern du hast ihm zu verstehen gegeben, dass du ein spezifisches Verhalten kritisiert hast, und ihm gleichzeitig erklärt, warum, indem du die möglichen Konsequenzen aufgezählt hast (Boden kaputt, Verletzung anderer). Es kann dein Feedback so viel besser aufnehmen, als mit einer „Du bist + [Eigenschaftswort]!“-Beschimpfung.

„Behandle andere so, wie du selbst von ihnen behandelt werden willst!“ Die Goldene Regel

Self-Care und Selbstwert

Wir selbst schreiben uns unseren Selbstwert zu. Niemand anderes. Daher ist es unschätzbar wichtig, dass wir uns selbst lieben lernen und uns im Alltag Zeit nehmen für Self-Care und Selbstfürsorge.

Nach einem Zitat von *Georg Christoph Lichtenberg* heißt es:

„Man sollte nie so viel zu tun haben, dass man zum Nachdenken keine Zeit mehr hat.“

In der Realität ist das manchmal nicht leicht. Denn unser mit beruflichen und privaten Aufgaben vollgepackter Alltag lässt uns abends oft müde ins Bett fallen. Da bleibt viel zu selten Zeit, um uns gezielt mit uns selbst und der Ausrichtung unseres Lebens zu beschäftigen.

Doch Tatsache ist: Die Zeit bleibt nicht stehen. Wenn wir uns nicht gezielt darüber Gedanken machen, in welche Richtung sich unser Berufs- wie Privatleben entwickeln soll, dann wird unser Leben (und damit andere) darüber entscheiden – also Chef oder Chefin, Partner oder Partnerin, unsere Kinder, das Schicksal usw.

Wenn du die Regisseurin im Film deines Lebens sein und darin die Hauptrolle spielen willst und nicht eine Nebenrolle, solltest du ausreichend Zeit für Self-Care einplanen. Dazu gehört nicht nur deine alltägliche Investition in deine Gesundheit – wie in Schritt 1 beschrieben –, sondern auch, dass du dir in regelmäßigen Abständen (zumindest einmal pro Quartal) ein Minimum von 2 Stunden Zeit nimmst, um dich mit deinen Werten und Rollenvorstellungen auseinanderzusetzen.

Warum? Die meisten Umwege und Fehlentscheidungen entstehen aus einem einfachen Grund: Weil wir unsere Werte nicht (ausreichend) kennen und uns über unsere Lebensziele nicht im Klaren sind. Wir lassen uns dann von anderen beeinflussen – „fremdbestimmtes“ Handeln – oder von „Scheinzielen“ wie Anerkennung, Prestige, gutem Ruf oder Ähnlichem leiten.

Ziele und Vorsätze allein helfen uns nicht weiter.

Wir alle haben die folgende Spirale schon einmal erlebt: Wir sind mit etwas unzufrieden und nehmen uns fest vor, es zu ändern (z. B. „Ich will abnehmen", „Ich möchte einen besseren Job", „Ich möchte mindestens zweimal in der Woche Sport machen"). Wir setzen uns dementsprechend ambitionierte Ziele und bemühen uns, die dafür nötigen Veränderungen im Alltag umzusetzen. Wir versuchen das einige Wochen oder Monate. Und letztlich schaffen wir es nicht und haken das Projekt als „gescheitert" ab. Als Draufgabe machen wir uns vielleicht auch noch selbst fertig, indem wir uns als „Versagerin" titulieren oder ständig ein „schlechtes Gewissen" als destruktive mentale Begleiterscheinung zulassen.

Warum geht es uns hier allen gleich?

James Clear bringt es in seinem Buch „Die 1 % Methode" auf den Punkt: Wenn wir eine Gewohnheit ändern möchten, konzentrieren sich die meisten von uns auf das, *was* wir erreichen wollen. Die tiefste Ebene für Veränderung ist jedoch unsere Identität. Wir können daher identitätsbasierte Gewohnheiten aufbauen, indem wir uns darauf konzentrieren, *wer* wir werden möchten.[xxx]

Es geht also im Kern um die Frage *„Wer möchte ich sein?"* – in jedem meiner Lebensbereiche.[xxxi]

Ich veranschauliche das gerne mit zwei Beispielen:

- „Ich möchte innerhalb der nächsten drei Jahre beruflich aufsteigen und eine Führungsrolle übernehmen." Das ist das *Was*, also ein Ziel. Stattdessen wäre die identitätsbasierte Herangehensweise beispielsweise: „Ich bin der Typ Mensch, der seinen Job liebt. Aufgrund meiner Erfahrung, meines Mindsets und meiner Sozialkompetenz bin ich eine ideale Führungskraft. Ich darf dabei auch Fehler machen. Ich kenne mich selbst gut und bin bereit, mich durch regelmäßige Selbstreflexion, Fortbildungen und Feedback kontinuierlich weiterzuentwickeln. So gelingt es mir, mich laufend den sich ändernden Bedingungen anzupassen und langfristig erfolgreich zu sein."
- „Ich möchte die Kilos, die ich in der Schwangerschaft zugenommen habe, innerhalb des nächsten Jahres wieder abnehmen." Auch in diesem Beispiel ist dies ein *Was*, ein Ziel. Eine identitätsbasierte

Herangehensweise wäre stattdessen: „Ich bin die Art von Frau, die gesund und fit den Alltag meistert und bis ins hohe Alter fit bleibt. Daher bewege ich mich regelmäßig an der frischen Luft und ernähre mich überwiegend mit Lebensmitteln, die meine Gesundheit fördern und mir Energie geben."

Die folgenden drei Übungen helfen dir dabei, Klarheit über deine persönlichen Rollen- und Wertevorstellungen zu gewinnen.

Übung 1: Deine Rollenvorstellungen

Nimm dir Zeit und beantworte nun für dich folgende Fragen:

- Welche Art von Mutter möchtest du sein?
- Welcher Typ Frau möchtest du sein? Was ist dir generell wichtig?
- Welche Art von Mitarbeiterin, Führungskraft oder Unternehmerin möchtest du sein?
- Welche Art Partnerin möchtest du sein?
- Welche Art Tochter / Freundin / ... möchtest du sein?

Notiere dir deine Antworten auf deinem Notizblock.

Falls dir diese Übung schwerfällt, kannst du sie vorerst auslassen und beispielsweise nach der folgenden Übung nochmals versuchen.

Beschäftige dich im nächsten Schritt mit deinen **Werten**.

Deine persönlichen Werte sind jene Bereiche, Themen, Überzeugungen oder Eigenschaften, die du als wichtig oder erstrebenswert erachtest. Wir richten unser Handeln und unser Verhalten danach aus, welche Werte wir als gut erachten. Sie bilden somit die Grundlage unseres Weltbildes. Das tun wir jeden Tag, ob bewusst oder unbewusst.

Also Grund genug, sich nun ganz bewusst damit auseinanderzusetzen, oder?

Was sind DEINE Werte? Wie kannst du sie auf einfache Art und Weise herausfinden?

Hier findest du eine konkrete Übung dazu sowie im Anschluss noch Fragestellungen, um dich damit auseinanderzusetzen:

Übung 2: Werte als Wegweiser

Finde deine Werte und priorisiere sie!

So funktioniert die ÜBUNG:

1. Überlege dir: Welche Werte sind dir persönlich besonders wichtig? Was zeichnet dich aus? Im Folgenden findest du Beispiele (zufällig gereiht). Selbstverständlich kannst du diese ergänzen, falls einer DEINER Werte hier fehlt. Unterstreiche jene Werte, die dir besonders wichtig sind.

   Bescheidenheit | Sparsamkeit | Pflichtbewusstsein | Verantwortung | Heimat | Beruf | Sicherheit | Gerechtigkeit | Solidarität | Toleranz | Kreativität | Freiheit | Selbstverwirklichung | Intellektualität | Individualität | Zugehörigkeit | Anerkennung | Harmonie | Fleiß | Leistung | Anstrengung | Anpassung | Besitz | Beziehung | Partnerschaft | Ehe | Freunde | Kinder | Familie | Effizienz | Erfolg | Professionalität | Mobilität | Ehrgeiz | Zielstrebigkeit | Optimismus | Internationalität | Spaß | Erlebnis | Vielfalt | Experimentierfreude | Flexibilität | Authentizität | Konsum | Lust | Momentbezogenheit | Unterhaltung | Risikofreude | Risikovermeidung | Gesundheit | Wohlbefinden | Karriere | Sexualität | Genuss | Ernährung | Bewegung | Entspannung | Sport | Erholung | Geld | Unabhängigkeit | Nachhaltigkeit | Gleichberechtigung | Weiterentwicklung | ...

2. Versuche nun aus den unterstrichenen Werten jene drei oder vier auszuwählen, die dir am wichtigsten sind. Diese kannst du beispielsweise einkreisen. Wenn du dir schwer tust, aus deinen unterstrichenen Werten die 3 oder 4 wichtigsten zu identifizieren, kann dir vielleicht folgende Fragestellung helfen: Auf welche Werte kannst und willst du keinesfalls verzichten, auch nicht zeitweise (z. B. für ein paar Wochen oder Monate)? Oft bringt diese Frage Klarheit über die Differenzierung zwischen „wichtig“ und „am wichtigsten“.

Bist du ein sehr visueller oder kreativer Mensch, der gerne mit Veranschaulichungen arbeitet, kannst du nun aus deinen Werten noch einen Wertebaum malen. Benutze dafür eine leere Seite in deinem Notizblock. In den Stamm oder in die Wurzeln kannst du deine wichtigsten 3 oder 4 Werte schreiben. Sie bilden sozusagen deine Basis. In den Ästen und Zweigen ist Platz für die anderen Werte, die du vorhin unterstrichen hast und die dir somit auch wichtig sind. Nun kannst du den Baum noch weiter verschönern. Dein Wertebaum ist fertig! Um deine Werte im Blick zu behalten, könntest du ihn beispielsweise bei dir zuhause aufhängen.

Anmerkung: Manche Leserin wird nun zu Recht bekritteln, dass es sich bei den angeführten Werten nicht um Werte im engeren Sinn handelt. Im Grunde handelt es sich hierbei um Werte, Bereiche und Prioritäten, die unserem Leben Richtung geben können. Für mich hat die Anwendbarkeit in der Praxis hier einen höheren Stellenwert als die „korrekte" theoretische Abgrenzung. Daher habe ich die Übung zur besseren Lesbarkeit „Werte als Wegweiser" genannt.

Nun konntest du dir mit Hilfe dieser Übung bewusst machen, welche Werte deinem Leben Richtung und Sinnstiftung geben.

Manchmal kann es uns in den ersten Wochen oder Monaten schwerfallen, unsere Rollenvorstellungen und Werte in unseren Alltag zu integrieren. Hierbei können dir die Fragen aus Übung 3 weiterhelfen.

Übung 3: Besinnung auf das Wesentliche

Beschäftige dich mit den folgenden fünf Fragestellungen:

- Sagst oder zeigst du den Menschen, die du liebst, oft genug, was du für sie empfindest? Verbringst du regelmäßig Qualitätszeit mit ihnen? Was möchtest du jetzt spontan tun oder verändern? Notiere die Antworten auf diese Fragestellungen auf deinem Notizblock.
- Unterstützt du dich selbst genug? Wer soll für dich sorgen, wenn du es selbst nicht tust?! Beginne jetzt dich bewusst damit auseinanderzusetzen, was du brauchst, damit es dir gut geht (von innen heraus, nicht auf Materielles bezogen).
- Besitzt du noch die Fähigkeit, im Hier und Jetzt zu leben und den Augenblick zu genießen? Oder „funktionierst" du nur noch im Sinne von täglichem Abhetzen und Gedanken an die Zukunft? Glücklich sein können wir immer nur im Jetzt. Wenn du mehr Genuss in deinem Leben willkommen heißen möchtest, notiere dir hier, welche Möglichkeiten dir spontan einfallen, mit denen du im Alltag glückliche Momente erleben kannst.
- Arbeitest du noch an der Verwirklichung deiner Wünsche (egal ob kleine oder große)? Oder hast du sie im Hamsterrad des Alltags aus den Augen verloren? Widme dich jetzt bewusst deinen Wünschen und Träumen und notiere sie hier. Welchen ersten, kleinen Schritt möchtest du umsetzen, um ihnen näherzukommen?
- Was ist dir für deine nachfolgenden Generationen wichtig? Welchen (kleinen) Beitrag möchtest du für eine bessere Welt leisten?

Lass diese Fragen auf dich wirken und nimm dir Zeit, um Antworten darauf zu finden. Es ist normal, wenn du auf so manche Frage keine schnelle Antwort parat hast. Und selbst wenn du Antworten findest, kann es sein, dass sie dich zweifeln lassen und in dir weitere Fragen aufkommen lassen wie: „Woher soll ich die Zeit dafür nehmen?" oder „Wie soll ich es schaffen, diesen Wunsch zu erreichen?" Auch das ist normal. Akzeptiere es in diesem ersten Schritt einfach.

Warum stelle ich dir diese Fragen?

Die Zeit vergeht schneller, als wir denken, und wir sind im Allgemeinen oft viel zu sehr damit beschäftigt, möglichst schnell vorwärtszukommen oder ein Maximum an Leistung zu erbringen. Viel zu oft geht bei der Geschwindigkeit der eigentliche Sinn oder das Ziel verloren. Wir sollten uns daher ab und zu fragen: Tun wir noch „das Richtige"? Also das, was unseren Werten und Lebenszielen entspricht oder deren Erreichung zumindest unterstützt?

„Nur wer sein Ziel kennt, findet den Weg",
heißt es nach Laotse.

Und auch wenn wir das „Richtige" tun, ist es wichtig, es im richtigen Tempo und mit einem adäquaten Einsatz von Leistung zu tun. Die Folgen von langfristiger Überanstrengung kannst du in Schritt 1 „Gesundheit als Fundament" nachlesen.

Die vorhin genannten 5 Fragen und auch die Übung „Werte als Wegweiser" können dir helfen, Klarheit über deine Werte und deine Prioritäten zu gewinnen.

Zum Abschluss dieses zweiten Schritts „Werte als Wegweiser" befülle den **Kick-Ass-Reminder** unter **Punkt 2 deiner Roadmap** auf Seite 274.

Lass dich dabei auf das folgende Gedankenexperiment ein: Stell dir vor, du befindest dich in der Zukunft und bist nun 80 Jahre alt. Du bist gesund und glücklich. Worauf blickst du zurück? Was hast du alles erlebt – beruflich und privat? Schließe die Augen und lass deiner Fantasie freien Lauf. Bringe nun unter Kick-Ass-Reminder deine Gedanken zu Papier und erzähle somit deinem jüngeren Ich, was du Schönes erlebt hast und worüber du dich in der Rückschau am meisten freust.

Schließe im zweiten Schritt nochmals die Augen und bleibe gedanklich in der Zukunft im Alter von 80 Jahren. Was möchtest du deinem jüngeren Ich an Schritten oder Tipps mit auf den Weg geben, damit es diesen schönen Weg zu deinem gesunden und glücklichen Dasein als 80-Jährige gehen kann – mit den von dir genannten Erlebnissen im Gepäck?

Wann immer du vor einer schwierigen Entscheidung stehst (egal ob beruflich oder privat), kannst du dich auf deine Werte besinnen und dich fragen, ob deine Entscheidungsmöglichkeiten mit deinen Werten vereinbar sind und dazu dienen, jenes Leben zu führen, das dir dein künftiges Ich wünscht. Das unterstützt dich dabei, die richtige Entscheidung zu treffen!

Kapitelzusammenfassung:

- Es ist wichtiger, herauszufinden, *wer* du sein willst, als *was* du konkret willst. Denn Letzteres wird sich ohnehin aus Ersterem ergeben.

- Mach dir deine Werte bewusst und nimm dir in regelmäßigen Abständen Zeit, um zu reflektieren: Entspricht der Weg, den ich gehe, noch meinen Werten und Lebenszielen?

- Lass dich nicht davon ablenken und/oder runterziehen, was andere tun. Du bist einzigartig und gut, so wie du bist!

- „Done is better than perfect!“ (nach Sheryl Sandberg): Komme ins Tun und halte dich nicht mit einer perfektionistischen Herangehensweise auf. Das kostet dich nur Zeit und Energie! Du darfst auch Fehler machen. Nur wer Dinge **tut**, kann Fehler machen und aus diesen lernen (und dadurch ganz automatisch besser werden).

- Lies dir den Kick-Ass-Reminder durch. Er wird dir – auch wenn du zwischendurch Rückschläge verkraften musst oder vielleicht mal etwas nicht erreichst, was du dir zum Ziel gesetzt hast – Kraft geben, weiter deinen Weg zu gehen.

SCHRITT 3

Die (Re-)Definition von Karriere

Ich könnte nun damit beginnen, die verschiedenen Arten von Karriere (Führungskarriere, Fach-Expertinnen-/Fach-Experten-Karriere, Projektkarriere, Profikarriere) zu erklären und Zahlen, Daten und Fakten bringen. Doch das hätte wenig Praxisnutzen für dich, ist einfach zu googeln und vermutlich eher langweilig.

Ich beginne dieses Kapitel stattdessen mit einem Beispiel aus meinem persönlichen Leben: Mein Kind war knapp 5 Monate alt, als ich tageweise wieder zu arbeiten begonnen habe. Ich konnte es kaum erwarten, wieder etwas zu tun. Vor allem, weil ich nun nicht mehr angestellt UND selbstständig sein wollte, sondern mich voll und ganz meiner Selbstständigkeit (und damit jenen Themen, die mich begeistern und erfüllen) widmen wollte.

Doch rückblickend war ich in Wahrheit noch gar nicht ganz in meiner Mutterrolle angekommen, hatte mein Kind noch gar nicht gut genug kennengelernt und war gedanklich schon sehr stark wieder im Beruf.

> *„Leben ist das, was uns passiert, wenn wir dabei sind, Pläne zu schmieden."* Verfasser*in unbekannt

Was folgte? Mein Kind war in dieser Zeit sehr infektanfällig. Das warf immer wieder meine beruflichen Termine über den Haufen. Ich hatte zwar ein Betreuungs-Back-up, aber wenn es meinem Kind schlecht ging, wollte ich natürlich bei ihm sein.

Warum erzähle ich dir das?

Krankheiten oder Unfälle holen uns immer in die Gegenwart. Sie sind es mitunter, die passieren, wenn wir zu eifrig dabei sind, Pläne zu schmieden. Und ganz oft wollen sie uns etwas sagen.

Sehen wir sie als Chance zur Veränderung, als Chance zum Wachsen.

Ich habe daraus in mehrfacher Hinsicht gelernt: Ich bin heute ganz in meiner Mamarolle angekommen. In den Stunden meiner Berufstätigkeit bin ich mit den Gedanken ganz im Beruf, doch danach ganz bewusst bei meiner Familie. Natürlich gibt es vereinzelt Tage, an denen es mir nicht so gut gelingt, doch überwiegend schaffe ich das heute ganz gut.

Ich versuche mein Kind und meinen Partner mit ganzer Aufmerksamkeit wahrzunehmen (ohne berufliche Gedanken nebenbei) und sauge die gemeinsamen Momente auf wie ein Schwamm. Ich habe weitestgehend aufgehört mit gedanklichem „Multitasking", wie wir es als berufstätige Mütter oft bewusst oder unbewusst praktizieren. Und nach der Arbeit bin ich „offline". E-Mails rufe ich nur in Arbeitszeiten ab, die automatische Benachrichtigung auf meinem Smartphone habe ich deaktiviert. Außerdem schalte ich mein Smartphone in arbeitsfreien Zeiten bewusst auf lautlos und habe es nach 17:30 Uhr selten direkt neben mir. Es gab rückblickend in all den Jahren meiner Berufstätigkeit kein einziges, wichtiges berufliches Ereignis, das ich verpasst hätte, nur weil ich erst einige Stunden später zurückgerufen habe.

„Im Zweifelsfall entscheiden wir uns für das Richtige."
nach Karl Kraus

Wenn ich gefragt werde, kann ich aus voller Überzeugung sagen: Ich sehe mich sowohl als Vollblut-Mama als auch als Karrierefrau. Denn ich liebe meinen Job und treibe meine Selbstständigkeit voller Elan voran. Doch gleichzeitig ist für mich klar: Familie hat Priorität. Wenn mein Kind mit 40 Grad fiebert, bin ich bei ihm zuhause und ganz für es da. Da kann beruflich kommen, was wolle. Gleichzeitig habe ich für „leichtere Wehwehchen" ein Back-up aufgebaut, um nicht bei jeder Kleinigkeit zuhause bleiben zu müssen.

Im Folgenden findest du drei Fragestellungen, die meiner Meinung nach sehr wichtig sind, um eine liebevolle Mutter UND beruflich erfolgreich zu sein. Ich nenne sie die *New Working Mom* Grundsatz-Fragen.

New Working Mom Grundsatz-Fragen:

Überlege für dich und mach dir Notizen:

1. Bist du gut in deiner Mutterrolle angekommen? Fühlst du dich gut als Mama oder haderst du noch mit der Verantwortung und/oder eingebüßten Freiheiten? Wenn du noch haderst: Versuche zu konkretisieren, woran das liegt. Was genau brauchst du, um JA zu dir selbst, deiner aktuellen Lebensphase und damit deinem Mamasein zu sagen? Notiere es dir im Folgenden.

   Wenn du bereits gut in deiner Mamarolle angekommen bist: Klopf dir nun selbst auf die Schulter und bedanke dich hier schriftlich bei dir selbst für alles, was du täglich meisterst!

   ----

2. Was liebst und schätzt du an deinem Kind/deinen Kindern? Hier ist Platz für deine Notizen:

   ----

3. Was tust du regelmäßig (oder möchtest du tun), um mit deinem Kind/deinen Kindern in Beziehung und in Verbindung zu bleiben?

Falls du bei Grundsatzfrage 1 noch haderst: Schäme dich keinesfalls dafür und mach dir keine Schuldgefühle – du bist nicht alleine! Es geht vielen Frauen ähnlich!

Versuche in diesem Fall dich darin zu üben, bewusst auf das hinzuschauen, was alles um dich herum da ist und was du brauchst, damit du diese Rolle annehmen kannst. Manchmal liegt es in unserer Natur, das zu sehen, was wir noch nicht haben (oder sind). Durch konsequentes Üben können wir lernen, viel mehr in unseren Blickpunkt zu rücken, was da ist und wofür wir unglaublich dankbar sein können. Die Schritte 3 und 4 in diesem Buch können dich dabei unterstützen.

Hab Geduld mit dir selbst! Gute Selbstfürsorge bedeutet (wie in Schritt 1 erwähnt) auch, die eigenen Grenzen zu erkennen und zu respektieren. Daher sei es dir auch wert – beispielsweise im Falle unüberwindbarer Ängste und Sorgen – professionelle Unterstützung in Anspruch zu nehmen.

Heute ist es längst kein Stigma mehr, sondern völlig normal, sich bei Herausforderungen, schwierigen Phasen oder Krisen externe Unterstützung zu holen. Viele Mütter gönnen sich in schwierigen Phasen (z. B. bei Schreibabys, in der Phase des Wiedereinstiegs oder in der Pubertät der Kinder) psychologische Unterstützung, um diese leichter zu meistern.

An dieser Stelle ist es mir auch wichtig, zu erwähnen, dass ich selbst – wenn ich das Gefühl habe, es zu brauchen – Coaching in Anspruch nehme. Es tut mir sehr gut, ab und zu bewusst eine externe, mentale Unterstützung zu haben. Ich würde sogar sagen: Es ist ein wichtiger Bestandteil meines (beruflichen und privaten) Fortschrittes.

Wir müssen endlich weg von dem Bild, alles allein schaffen zu müssen! Das ist nicht mehr zeitgemäß. Ein Großteil der Spitzensportlerinnen und -sportler sowie viele Managerinnen und Manager suchen regelmäßig Coaches oder PsychologInnen auf, um die nötige mentale Stärke für ihre Tätigkeit zu bewahren.

Mamasein – der ganz normale Wahnsinn?

Mutter zu sein, ist oft nicht einfach. Es gibt Phasen, da treiben uns unsere Kinder beinahe in den Wahnsinn oder fordern uns sehr stark, egal ob die nahezu schlaflosen Nächte im Babyalter, die Trotzphase im Kleinkindalter oder die beginnende Pubertät.

Gewisse Verhaltensweisen nerven uns Eltern oder machen uns ungeduldig. Im ersten Blick sehen wir unsere Kinder als Verursacher für unseren

Ärger. Doch häufig liegt eine Ursache für unsere „Verstimmung" auch daran, dass wir:

- unter Zeitdruck oder gestresst sind und uns nicht die Zeit nehmen, auf das aktuelle, individuelle Tempo unseres Kindes einzugehen.
- müde sind und in Wahrheit nicht mehr genügend Geduld oder Energie übrighaben, um uns mit unserem Kind auseinanderzusetzen.
- in diesem Moment keine emotionale Verbindung mit unserem Kind haben und gar nicht verstehen, was es gerade braucht. Anders gesagt: Wir erkennen im Moment nicht, welches grundlegende Bedürfnis hinter dem Verhalten unseres Kindes steckt.

Natürlich lässt sich nicht jede Situation damit erklären, keine Frage. Doch halte mal inne und sei ehrlich zu dir selbst. Manchmal führt der (Zeit-)Druck, den du vielleicht unbewusst deinem Kind vermittelst, zu einer Art Gegendruck. Es zieht sich beispielsweise noch langsamer an oder macht irgendeinen Unsinn, um dich zu ärgern.

Durch unser Leistungsdenken und unsere hohen Ansprüche an uns selbst projizieren wir diese (inklusive des zugehörigen Tempos) oft unbewusst auf unsere Kinder.

Wenn du dir die drei oben genannten Punkte ansiehst, kannst du erkennen, dass alle drei Punkte im Grunde nichts mit deinem Kind zu tun haben, sondern mit *dir*! Mit *deinem* Zeitmanagement, *deinem* Wohlbefinden und *deiner* Hingabe als Mutter.

Wenn du dich darin wiedererkennst und beginnst dich mulmig zu fühlen, sind drei Dinge ganz wichtig:

1. Überlege dir, ob es etwas gibt, das du ab heute anders machen möchtest. Wenn ja, konkretisiere es. Ein Beispiel: Ich werde ab jetzt 15 Minuten früher aufstehen, um meine Kinder in der Früh nicht stressen zu müssen und für zeitfressende Eventualitäten wie *Herumgezicke* beim Anziehen gerüstet zu sein.
2. Verschwende keine Zeit mit Selbstbestrafung, Reue, schlechtem Gewissen oder Ähnlichem. Niemand ist perfekt! Wir alle haben gute und schlechte Tage. Das ist menschlich. Negative Gedanken bringen weder dir noch deiner Familie etwas. Kehre zurück zu 1.) und beginne es zu TUN!
3. Wenn du anderer Meinung bist und Ablehnung in dir hochkommt, ist das auch in Ordnung. Es ist normal, dass du dich nicht mit allen

Inhalten dieses Buches identifizieren kannst. Das Ziel des Buches ist, dich dabei zu unterstützen, beide Lebensbereiche (Familie und Beruf) bewusst zu gestalten. Wie du es konkret angehst, bleibt dir überlassen. Es gibt kein *richtig* oder *falsch*!

TIPP: Nimm dir regelmäßig Zeit, um deine Kinder und deinen Partner/deine Partnerin wahrzunehmen und deren Gefühle und Handlungen zu verstehen – also kurz: eine gute Verbindung zu ihnen aufzubauen. Es zählt nicht primär deine physische Anwesenheit, sondern es geht darum, auch gedanklich im Hier und Jetzt zu sein (und nicht bei deinen beruflichen Projekten oder Agenden).

Bei gedanklicher Abwesenheit kannst du genauso gut auch physisch abwesend sein, denn es kommt zu keiner Qualitätszeit. Es entsteht eine nebeneinander verbrachte Zeit ohne Verbindung zueinander. Das sollten wir uns in unserer heutigen, von Digitalisierung geprägten Lebenswelt, in der Smartphone, Tablet-PC oder Notebook unsere ständigen Begleiter sind, ganz besonders bewusst machen.

So gelingt es dir darüber hinaus auch, nicht an den Bedürfnissen deines Kindes vorbeizunavigieren, wie es oft geschieht, wenn Kinder von ihren Eltern „gut gemeint“ in Musikschule, Kinderturnen, Sprachunterricht etc. geschickt werden und bereits als Kinder *fulltime* durchgetaktet sind. Bitte nicht falsch verstehen: Die genannten Aktivitäten sind per se nichts Schlechtes, doch gut sind sie auch nur dann, wenn sie deinem Kind Spaß machen und nicht zu einem Stressfaktor werden.

Wenn dein Kind noch im Babyalter ist, ist es auf den ersten Blick vielleicht etwas schwieriger, dessen persönliche Fähigkeiten und Bedürfnisse zu entdecken. Doch auch bei Babys kann man wunderbar mit Blickkontakt, Lächeln und Körperkontakt eine Verbindung aufbauen und durch genaue Wahrnehmung immer besser darin werden, ihre Bedürfnisse richtig zu deuten.

Beim Spielen können wir auch schon erste Vorlieben erkennen. Achte zum Beispiel darauf, mit welchem Spielzeug dein Kind gerne spielt. Mag es z. B. bunte Sachen oder weiche oder harte Sachen? Welche Sinne sind bei deinem Kind gerade besonders aktiv: das Sehen (etwas fixieren, mit den Augen verfolgen), das Hören (summen, plappern, singen), das Riechen (die Nase rümpfen), das Schmecken (kauen, Sachen in den Mund stecken) oder das Fühlen (greifen, tasten)?

Entdecke dein Kind/deine Kinder und ihre Sicht auf die Welt und versuche das jeden Tag aufs Neue (zumindest ein bisschen). Nicht nur dein Kind/deine Kinder werden es dir danken, *dein* Alltag gewinnt damit auch unglaublich an Bedeutung und erfährt eine enorme Bereicherung.

Buchtipps:

- „Die 5 Sprachen der Liebe für Kinder" sowie „Die 5 Sprachen der Liebe für Teenager" von Gary Chapman und Ross Campbell (je nach Alter deines Kindes/deiner Kinder)
- Buchreihe „Oje ich wachse!" von den Autoren Frans X. Plooij und Hetty van de Rijt

Wenn du es schaffst, eine gute emotionale oder seelische Verbindung (wie auch immer du es nennen möchtest) zu deiner Familie aufzubauen und zu halten UND gleichzeitig erfolgreich im Beruf zu sein, beherrscht du die große Kunst der Vereinbarkeit von Kind und Karriere!

Eines ist fix: Du gehörst damit nicht zu den zahlreichen sehr erfolgreichen Menschen, die am Ende dann sagen: „Ich habe viel zu wenig Zeit mit meinen Kindern verbracht. Ich habe viele wichtige Ereignisse in ihrem Leben verpasst. Unsere Beziehung könnte heute besser sein." Diese Äußerung habe ich schon oft gehört!

„Monde und Jahre vergehen, aber ein schöner Moment leuchtet das Leben hindurch." Franz Grillparzer

Die Macht des Mindsets

Vielleicht sagst du jetzt: „Ja, aber dann kann ich meine Karriere gleich an den Nagel hängen, denn in meiner Position erwartet man von mir eine Arbeitswoche mit mindestens 40 Wochenstunden. Danach bleibt mir gefühlt viel zu wenig Zeit für meine Familie. Dann muss ich meine Karriere für die Familie opfern?! Das kann es doch auch nicht sein!"

Und ich kann dir antworten: Mit dem letzten Satz hast du Recht. Das kann und soll es nicht sein.

Wenn es finanziell nicht anders geht oder es dein Wunsch ist, Vollzeit zu arbeiten, dann nimm die Situation bewusst an und mach Schluss mit dem schlechten Gewissen. Du kannst auch mit Vollzeitjob genügend Zeit für deine Familie haben, indem du nach getaner Arbeit bewusst Qualitätszeit mit ihr verbringst. Mit Delegation oder Outsourcing von Haushaltstätigkeiten wie Putzen und Kochen ist auch das möglich.

Gleichzeitig ist es meine tiefe Überzeugung, dass sich unsere Arbeitswelt nur wandelt, wenn *wir* beginnen, uns zu wandeln, und selbstbewusst und mit Überzeugung unsere Werte und Ziele vertreten – auch gegenüber unserem Arbeitgeber. Wenn wir selbst überzeugt sind und begründen können, warum Führung in Teilzeit oder Topsharing/Jobsharing nicht nur ein Vorteil für uns als Mütter, sondern auch für das Unternehmen ist, warum soll es dann nicht funktionieren?! Karriere ist heute nicht mehr zwangsläufig mit einer 40-Stunden-Woche verbunden.

In der Praxis erlebe ich vor allem eines: Dass wir uns selbst Steine in den Weg legen, indem wir

1. nicht den Mut haben, für uns selbst einzustehen und auf gewisse Dinge zu bestehen und
2. mit zu wenig Strategie an die Sache herangehen.

An Punkt 1 kannst du gut arbeiten, indem du dieses Buch zu Ende liest und dir bei Bedarf weitere Unterstützung holst. Möglichkeiten dazu findest du in Schritt 4 unter *Stark durch Support.*

Zu Punkt 2: Plane deine Vorschläge an deinen Arbeitgeber und gehe dabei strategisch vor:

- Worauf legen deine Entscheidungsträgerinnen und Entscheidungsträger wert?
- Wie kannst du sie am besten überzeugen?
  - Mit Zahlen, Daten, Fakten?
  - Mit genauen Überlegungen zu den Zuständigkeiten für die einzelnen Arbeitsprozesse? (Wie teilen wir die Arbeit künftig auf?)
  - Mit Vorteilen bezüglich Vertretung? (Jobsharing/Topsharing bedeutet letztlich auch ein Back-up für das Unternehmen, denn es hat zwei Expertinnen/Experten für eine Position)

- Mit Emotionen?
- Mit Sinnstiftung im Hinblick auf die künftige Entwicklung deines Bereiches, deiner Abteilung, des Unternehmens?

Je konkreter du dich vorbereitest, desto sicherer fühlst du dich!

Überlege dir auch, welche konkreten Einwände und welche Kritik von den Entscheidungsträgerinnen und Entscheidungsträgern kommen könnte. Bereite auch darauf eine gute Argumentation vor.

Vernetze dich außerdem bei Interesse mit Gleichgesinnten und bitte sie, ihre Erfahrungswerte mit dir zu teilen (Möglichkeiten dazu findest du in Schritt 4).

Nun zum Kern dieses Kapitels:

Die Definition von Karriere!

Wie du schon im Interviewteil lesen konntest, definiert jede Frau (und auch jeder Mann) Karriere ganz unterschiedlich.

Für mich bedeutet Karriere berufliche Erfüllung. Beruflich *das* zu machen, was mir Freude bereitet und ich als sinnstiftend erlebe.

Drei Grundpfeiler oder Faktoren, die für mich persönlich zur beruflichen Erfüllung oder Karriere dazu gehören, sind:

- Ich habe berufliche Aufgaben, die mir den überwiegenden Teil der Zeit Spaß machen und Freude bereiten.
- Ich kann mit meinem Job gut leben, sowohl in finanzieller Hinsicht als auch, was die Vereinbarkeit von Beruf und Familie betrifft.
- Ich habe in meiner Arbeit die Möglichkeit zu wachsen, sowohl in fachlicher als auch in persönlicher Hinsicht. Ich kann Neues lernen und mich weiterentwickeln.

Doch für jede von uns ist Karriere etwas anderes.

Übung: Redefining your Career – Was bedeutet Karriere für dich?

Nimm dir Zeit und überlege dir: Was bedeutet berufliche Erfüllung oder Karriere für dich persönlich? Was ist dir dabei wichtig? In weiterer Folge kannst du auch ins Detail gehen: Wie viele Stunden pro Woche möchtest du (langfristig) arbeiten? Wie viel Geld brauchst du mindestens, um gut über die Runden zu kommen?

Notiere dir deine Gedanken unter **Punkt 3 deiner Roadmap** auf Seite 274.

Eine Kompromisslösung?

Ich kenne viele berufstätige Mütter, die sagen:

„Mein Job macht mir nicht mehr wirklich Spaß und ich weiß, dass ich in anderen Unternehmen in der gleichen Position mehr verdienen würde, aber traue mich momentan nicht, meinen Job zu wechseln. Die Kinder sind noch klein und ich möchte weiterhin viel Zeit für sie haben. In einem neuen Job muss ich meine Leistungsfähigkeit und Kompetenzen wieder von Neuem unter Beweis stellen, vielleicht noch mehr arbeiten. Hier wissen alle schon, was ich kann, und ich habe viele Freiheiten."

Das kann ich gut nachvollziehen, und es kann manchmal auch gut sein, die aktuelle Situation bewusst anzunehmen (mit allen Vor- und Nachteilen).

Gleichzeitig möchte ich dir, falls die oben genannte Situation auf dich zutrifft, einige Dinge mit auf den Weg geben:

- Den perfekten Zeitpunkt für einen Jobwechsel gibt es nie, genauso wenig wie es den für die Familienplanung gibt (siehe dazu auch die Erfahrungen der interviewten Mütter im Interviewteil dieses Buches). Wenn der Leidensdruck zu hoch wird und du nur mehr unglücklich zur Arbeit gehst, ist die Zeit reif für Veränderung! Denn dann kannst du die Situation auch nicht mehr so annehmen, wie sie ist.
- Die Zeit bleibt nicht stehen: Je älter du wirst, desto schwerer hast du es am Arbeitsmarkt. Sei dir dessen bewusst. Menschen über 50 haben es deutlich schwerer, nach Arbeitslosigkeit wieder in einem Job Fuß

zu fassen, und werden von vielen Unternehmen leider nach wie vor bei der Personalauswahl benachteiligt. Als erschwerender Faktor kommt hinzu, dass Unternehmen in Österreich in vielen Branchen laut Kollektivvertrag deine bisher erworbenen Jahre an Berufserfahrung anrechnen müssen. Diese sind oft nicht bereit, dir 50 % mehr pro Monat zu bezahlen, als sie einer jungen Kollegin mit 2-3 Jahren Berufserfahrung bezahlen müssten. Klingt hart, und ich heiße das auch nicht gut, doch es entspricht der Realität.

- Aufgeschoben ist nicht aufgehoben: Wenn du beruflich nicht mehr zufrieden bist und dir einen Wechsel aktuell nicht zutraust, dann trage dir bewusst Termine im Kalender ein (z. B. einmal pro Quartal oder Halbjahr), an denen du dir diese Frage wieder stellst. Somit verlierst du deine Ziele nicht aus den Augen!

„Es ist Zeitverschwendung, etwas Mittelmäßiges zu machen.“ Madonna

Entscheiden mit Herz und Hirn – dein Job-Assessment

“Love it, change it or leave it.” Henry Ford

Deine Gefühle sind gut und wichtig bei Entscheidungen. Zusätzlich deinen Verstand miteinzubeziehen, ist noch besser. Im Folgenden erfährst du, warum das so ist und wie du bei Job-Entscheidungen vorgehen kannst.

Dieses Job-Assessment unterstützt dich dabei, deinen aktuellen Job rational zu bewerten:

Bevor du mit dem Assessment beginnst, beachte folgende drei Grundsätze:

- Starte erst, wenn du zuhause angekommen und *zur Ruhe* gekommen bist.
- Mach dieses Assessment nach einem möglichst normalen Arbeitstag oder an einem freien Tag und nicht unmittelbar nach einem besonders emotionalen oder kräfteraubenden Tag (es sei denn, das gehört zu deiner beruflichen „Normalität“).
- Lege dir Stift und Papier bereit. Im Vorfeld kannst du nun überlegen, was dir im Berufsleben besonders wichtig ist. Schreibe dir diese Faktoren auf.

Übung: Job-Assessment

Nun kannst du loslegen! Dazu bewertest du die folgenden Faktoren mit einer Note (1 = sehr zufriedenstellend, 5 = nicht zufriedenstellend). Notiere dir die Noten auf einem Blatt Papier oder in deinem Notizblock:

1. Wie zufrieden bist du mit deinen **Arbeitsaufgaben/Tätigkeiten**? Entsprechen sie deinen langfristigen beruflichen Zielen? Oder bringen sie dich diesen zumindest näher?

2. Wie zufrieden bist du mit deinem **sozialen Arbeitsumfeld** (Team, Kolleginnen und Kollegen, Kundinnen und Kunden, Zusammenarbeit mit anderen Abteilungen/Bereichen)?

3. Wie gut gelingt die Kommunikation und Zusammenarbeit mit deiner direkten **Führungskraft**?

4. Was ist dir in Bezug auf die **Unternehmenskultur/ Unternehmensphilosophie** wichtig? Wie sehr entspricht dein aktueller Arbeitgeber deinen diesbezüglichen Werten? (Beispiel: Gibt es für alle Geschlechter gleichermaßen Aufstiegs- und Entwicklungschancen?)

5. Wie zufrieden bist du mit den **Hard Facts** und deinem **materiellen Arbeitsumfeld**? Beurteile hier das Gesamtpaket: Gehalt und Arbeitszeiten, deinen konkreten Arbeitsplatz, den Arbeitsort, bis hin zu sonstigen Benefits wie Firmenwagen o. Ä.!

6. **Weiterentwicklung vs. Stabilität:** Ist es dir wichtig, deine Rolle im Unternehmen kontinuierlich zu verändern und dich weiterzuentwickeln? Oder bevorzugst du eine stabile Position, in der du bleiben kannst (und dich beispielsweise darin weiter spezialisierst)? Inwiefern entspricht dein aktueller Job deiner diesbezüglichen Priorität?

7. **Gestaltungsspielraum vs. klares Aufgabengebiet:** Ist es dir sehr wichtig, einen großen Gestaltungsspielraum (und damit Freiraum) zu haben und Aufgabengebiete oder Themen eigenständig zu bearbeiten – unter Umständen verbunden mit dem Nachteil, dass dein Workload damit phasenweise sehr hoch ist (Überstunden etc.)? Oder ist es dir im Vergleich dazu wichtiger, ein klar abgegrenztes Aufgabengebiet mit klar definiertem Verantwortungsbereich zu haben (verbunden mit mehr Freizeit)?
Diese Frage ist oft schwierig zu beantworten, doch dir sollte bewusst sein, dass du in jedem Fall einen Preis zahlst (mehr Gestaltung heißt in der Regel ein höheres Arbeitspensum und weniger Freizeit, während der Wunsch nach mehr Freizeit in der Regel bedeutet, auf gewisse Kompromisse in Hinblick auf Gestaltung und Verantwortung eingehen zu müssen). Wie bewertest du deinen aktuellen Job in Hinblick auf diese Frage?

8. Was ist **dir sonst noch wichtig** im Beruf? Falls du dir zu Beginn der Übung dazu Notizen gemacht hast, bewerte auch diese Faktoren nun mit einer Note.

Berechne den Durchschnitt aus diesen 8 Fragen und gib deinem derzeitigen Job somit eine Note!

Betrachte dein Ergebnis:

Welche Gedanken kommen dir spontan in den Sinn? Wie fühlst du dich dabei? Spürst du Zufriedenheit oder eher Leidensdruck?

Eine Richtschnur zur Bewertung deines Ergebnisses:

Werte im Bereich 1 bis 2,4: Du kannst dir gratulieren! Höchstwahrscheinlich bist du (sehr) zufrieden mit deiner beruflichen Situation. Vielleicht siehst du in gewissen Bereichen noch Luft nach oben. Das ist menschlich und dazu kannst du vielleicht selbst einen Beitrag leisten. Deine Gesamtsituation bewertest du durchaus als positiv. Du siehst dich vielleicht auch in den nächsten Jahren noch mit gutem Gefühl in dieser Position.

Werte zwischen 2,4 und 3,4: Deine Job-Zufriedenheit schwankt vermutlich stark. Mal denkst du dir: Ach, ist ja im Grunde in Ordnung! Ein anderes Mal bist du kurz davor zu kündigen. Nimm dir genügend Zeit, um zu beurteilen, *woran* es liegt (sieh beispielsweise nach, in welchen

Bereichen du eine schlechte Note vergeben hast) und um zu prüfen, ob du diese Faktoren ändern oder beeinflussen kannst. Je nachdem kannst du entweder gezielt versuchen, deine aktuelle Situation im Job zu verbessern, oder dich anderweitig umsehen.

Werte zwischen 3,4 und 5: Wären da nicht andere Faktoren wie finanzielle Verpflichtungen, Selbstzweifel oder Verantwortung für die Kinder(betreuung), hättest du dich vermutlich schon längst beruflich verändert. Nimm dir genügend Zeit, um zu beurteilen, *woran* das schlechte Ergebnis liegt (sieh beispielsweise nach, in welchen Bereichen du eine schlechte Note vergeben hast) und um zu prüfen, ob du diese Faktoren ändern oder beeinflussen kannst. Je nachdem kannst du entweder noch Schritte setzen, um deine aktuelle Situation im Job zu verbessern, oder dich anderweitig umsehen. Bleib in jedem Fall dran und verliere deine Werte und Ziele nicht aus den Augen. Wenn du dich jetzt noch nicht bereit für eine berufliche Veränderung fühlst, dann schaffe dir zumindest regelmäßige Zeitfenster im Alltag (und wenn es zu Beginn nur einmal pro Monat oder Quartal ist), um Schritte zu setzen, die dich einem erfüllenden Beruf näher bringen.

Bewerbungstipps gefragt? Auf meiner Website findest du Möglichkeiten, wie du dich gut auf ein Vorstellungsgespräch vorbereiten und deine Einzigartigkeit im Gespräch zum Ausdruck bringen kannst https://www.kindundkarriere.at/positionierung/

Wichtige Entscheidungen solltest du nicht überstürzen. Warum?

- Aus Erfahrung mit meinen Coaching- und Workshop-Kundinnen und Kunden weiß ich, dass viele aus der Emotion heraus vorschnell ihren derzeitigen Job kündigen und es später bereuen. Dann stellt sich nämlich oft heraus, dass der Job ein tolles Gesamtpaket war und man die eigene berufliche Situation mit einem übereilten Jobwechsel nicht immer verbessert! Eine Kündigung sollte daher wohlüberlegt sein.

- Stress blockiert unser Denken: Erkenntnisse aus der Gehirnforschung belegen, dass unser Gehirn in bedrohlichen Situationen Noradrenalin ausschüttet. Dieser Botenstoff lässt uns zwar blitzschnell reagieren, jedoch schaltet er im Gegenzug weite Teile der Großhirnrinde ab. Rationale Entscheidungen sind dann laut dem Hirnforscher Gerhard Roth praktisch nicht mehr möglich. Allein schon deswegen lohnt es sich, zur Ruhe zu kommen, bevor man eine Entscheidung trifft. Regelmäßige Erholungsphasen im Alltag helfen uns, mit Stress besser umzugehen. Im entspannten Zustand können wir leichter Entscheidungen mit Gefühl und Verstand treffen.

Kapitelzusammenfassung:

- Deine Mutterrolle bewusst anzunehmen und mit deinem Kind/deinen Kindern und deinem Partner/deiner Partnerin in Beziehung zu bleiben, ist die Basis, um langfristig eine liebevolle Mutter UND beruflich erfolgreich zu sein.

- Finde deine persönliche Definition von Karriere. Das hilft dir, *deinen* Weg zu gehen und nicht den Weg anderer!

- Bei Unzufriedenheit mit deiner aktuellen beruflichen Situation gilt: Aufgeschoben ist nicht aufgehoben! Nimm dir jedes Jahr mehrmals Zeit, um zu reflektieren und deine beruflichen Ziele nicht aus den Augen zu verlieren. Manchmal braucht es berufliche Zwischenschritte, Unterstützung durch andere (siehe dazu *Stark durch Support* in Schritt 4) oder schlichtweg Zeit, bis du bereit bist, den nächsten Schritt zu gehen.

- Berufliche Entscheidungen wollen gut überlegt sein und idealerweise in Ruhe (und ohne Stress!) getroffen werden.

Du weißt jetzt, was dir wichtig ist (aus Schritt 2) und wie du Karriere oder berufliche Erfüllung definierst. Im nächsten Kapitel geht es nun um deine Stärken und darum, wie du dir intelligent Ziele setzen kannst. In der Folge findest du Möglichkeiten, die dich dabei unterstützen, die ersten Schritte *deines* Weges zu gehen.

SCHRITT 4

Go for your Goals! Wie du dir intelligent Ziele setzt und neue Wege gehst

In diesem Schritt erkennst du, welche inneren „Handlungstendenzen" oder „Muster" dich antreiben. Sie werden Energie- und Stressmuster genannt, da sie dir einerseits Kraft geben und dich in deinem täglichen Handeln anspornen, dich jedoch andererseits auch stressen können. Diese Muster wurden ursprünglich vom Institut Kutschera, einem sehr guten Trainings- und Ausbildungsinstitut in Wien, entwickelt und von mir aufgrund meiner Erfahrungen aus durchgeführten Coachings und Workshops adaptiert und um die wahrgenommenen Ängste (Klassifizierung nach F. Riemann[xxiii]) erweitert.

Es ist wichtig, deine persönlichen Energie- und Stressmuster zu kennen. Sie zeigen dir auf, welche Stärken du dir zunutze machen kannst und auf welche Lernpotentiale du achten solltest, damit du vorankommst und dir nicht selbst Steine in den Weg legst. So kannst du *bewusster* deinen Weg gehen und Umwege vermeiden.

Self-Assessment: Erkenne deine Energie- und Stressmuster und damit deine Handlungstendenzen

Bitte beachte: Alle Muster sind gleichwertig – es gibt kein *gutes* oder *schlechtes* Muster. Oft finden wir uns auch in mehreren Mustern wieder. Das ist ganz normal, da wir uns im Laufe unseres Lebens unterschiedliche Fähigkeiten und Handlungsmöglichkeiten angewöhnt haben.

Muster 1: Die Macherin

Stärken und Fähigkeiten:

- Hast du Freude am Tun und an der Verantwortung?
- Bist du ein *Gruppenmensch*, also stets gerne unter Leuten, und fühlst du dich eher unwohl, wenn du mal alleine bist?
- Hast du ein Radar für die Gefühle und Bedürfnisse deiner Mitmenschen? Nimmst du wahr, was sie brauchen, und bist sehr fürsorglich und unterstützend?
- Führst du gerne? Behältst du gerne den Überblick?

Wenn du diese Punkte (zumindest mehrheitlich) bejahen kannst, hast du einen Anteil des Musters der Macherin.

Welche möglichen Gefahren mit diesem Muster verbunden sind (nicht alle Beispiele müssen auf dich zutreffen):

- Du stellst dich selbst an die letzte Stelle und tust wenig für dich und dein Wohlbefinden
- Es fällt dir schwer, zu delegieren. Du möchtest lieber alles selbst machen und fühlst dich oft auch für andere verantwortlich (z. B. erledigst du viele Sachen für deine Kinder, auch wenn sie schon alt genug wären, es selbst zu tun).
- Es fällt dir schwer, Kontrolle abzugeben. Bei vielen Macherinnen hat sich das Umfeld (Partner/Partnerin, Kind/Kinder) so an diese „Managerinnen-Rolle“ gewöhnt, dass sie es gut finden, wenn du weiterhin alles machst. Oft finden sie deine Reaktion auch schwierig, wenn du sie kritisierst, sobald sie etwas selbst machen. Denn du hast in der Regel hohe und sehr konkrete Erwartungen, *wie* etwas gemacht werden soll, auch bei Kleinigkeiten wie z. B. Geschirrspüler einräumen.
- Aus den ersten 3 Punkten folgt Überforderung und Überlastung.
- Es fällt dir schwer, Wohlbefinden in der Ruhe-Position oder im Nichts-Tun zu finden. Am allerwohlsten fühlst du dich in der Bewegung.

Ängste, die vermehrt bei Macherinnen auftreten können:

- Angst vor Veränderung und Unsicherheit

- Angst vor Einsamkeit
- Angst vor der Beschäftigung mit sich selbst und den eigenen Bedürfnissen (auch *Selbstwerdung* genannt nach F. Riemann)

Chancen und Lernpotentiale für Macherinnen (Beispiele):
- Genießen lernen
- Freude an der Entspannung und Wahrnehmung der eigenen Bedürfnisse entwickeln
- Lernen, Verantwortung und Führung abzugeben

Muster 2: Die Kämpferin

Stärken und Fähigkeiten:
- Du äußerst und zeigst deine Gefühle laufend? Andere bezeichnen dich häufig als emotional oder vielleicht sogar impulsiv?
- Du hältst mit deiner Meinung nicht hinter dem Berg und sprichst Dinge ehrlich und direkt an? Du bist durchsetzungsfähig?
- Du bist ein „Gerechtigkeitsmensch", nimmst also Recht und Unrecht sehr stark wahr und hast einen hohen ethischen und moralischen Anspruch an dich selbst (und möglicherweise auch an andere)?
- Eine Führungsrolle oder Verantwortung für Aufgaben übernimmst du zwar, doch es fühlt sich nicht leicht an, sondern du hast das Gefühl, du *musst* es tun?

Wenn du diese Punkte (zumindest mehrheitlich) bejahen kannst, hast du einen Anteil des Musters der Kämpferin.

Welche möglichen Gefahren mit diesem Muster verbunden sind (nicht alle Beispiele müssen auf dich zutreffen):
- Du fokussierst dich in der Regel auf das, was fehlt oder auf die negativen Dinge. Das macht dir zu schaffen. Du fühlst dich gefangen in einer „schlechten Welt" und fremdbestimmt.

- Du zeigst wenig Einfühlungsvermögen in der Kommunikation. Manchmal verletzt du mit deiner Ehrlichkeit und Direktheit deine Mitmenschen, egal ob beruflich oder privat.
- Du kannst dich beruflich eher schlecht ein- oder unterordnen und benötigst viel Autonomie.
- Du bist in der Regel sehr streng mit dir selbst und oft auch mit anderen. Das kann bis zur Selbstaggression (z. B. verbale, emotionale oder körperliche Selbstverletzung) oder Aggression gegenüber anderen gehen.

Ängste, die vermehrt bei Kämpferinnen auftreten können:
- Angst vor Unfreiheit und Endgültigkeit
- Angst vor Veränderung und Unsicherheit
- Angst vor Selbsthingabe, Nähe und Abhängigkeit (dementsprechend brauchst du in jeder Beziehung viel Freiraum und ausreichend Distanz)

Chancen und Lernpotentiale für Kämpferinnen (Beispiele):
- Den Fokus auf das richten, was da ist, und sich in Dankbarkeit üben
- Sich selbst und andere so akzeptieren, wie sie sind
- Freude an der Verantwortung und am Führen entwickeln
- Geduld und Ausdauer

Muster 3: Die Planerin

Stärken und Fähigkeiten:
- Du bist eine scharfe Beobachterin und analysiert Situationen in der Regel, bevor du dich einbringst?
- Du liebst es, dich auf eine Sache zu konzentrieren und Aufgaben in Ruhe abzuarbeiten? Du planst gerne?
- Du arbeitest gerne im Hintergrund und vermeidest es, vor mehreren Leuten zu sprechen?
- Du genießt das Alleinsein?
- Du stehst ungerne im Mittelpunkt?

Wenn du diese Punkte (zumindest mehrheitlich) bejahen kannst, hast du einen Anteil des Musters der Planerin.

Welche möglichen Gefahren mit diesem Muster verbunden sind (nicht alle Beispiele müssen auf dich zutreffen):

- Du wirst unsichtbar für die Gruppe.
- Es fällt dir schwer, Gefühle zu äußern, da du eher introvertiert bist.
- Planung vs. Realität: Manchmal überlegst oder zögerst du zu lange und kommst nicht ins Tun. Dadurch werden deine Pläne nur schwer Realität.
- Einzelgängerin? Da du ungerne vor mehreren Menschen gleichzeitig sprichst und du ohnehin lieber alleine arbeitest als im Miteinander, verlierst du – wenn du dich nicht regelmäßig zumindest in gewisser Form einbringst – den Anschluss im Team.

Ängste, die vermehrt bei Planerinnen auftreten können:

- Angst vor Veränderung und Unsicherheit
- Angst vor Selbsthingabe, Nähe und Abhängigkeit (dementsprechend brauchst du in jeder Beziehung viel Freiraum und ausreichend Distanz)

Chancen und Lernpotentiale für Planerinnen (Beispiele):

- Gefühle und Nähe zulassen
- Sich zeigen (vor anderen) und die eigene Meinung kundtun
- Verantwortung übernehmen, ins Tun kommen

Muster 4: Die Freiheitsliebende

Stärken und Fähigkeiten:

- Du genießt das Leben und besitzt die Fähigkeit, in (fast) jeder Situation etwas Positives zu erkennen?
- Es fällt dir leicht, Aufgaben an andere zu delegieren? Du hast kein Problem damit, Verantwortung an andere abzugeben und sie machen zu lassen?
- Dein Wohlbefinden ist dir sehr wichtig und dafür nimmst du dir regelmäßig Zeit?
- Andere bezeichnen dich als charmant, begeisterungsfähig, humorvoll, emotional und kreativ?

Wenn du diese Punkte (zumindest mehrheitlich) bejahen kannst, hast du einen Anteil des Musters der Freiheitsliebenden in dir.

Welche möglichen Gefahren mit diesem Muster verbunden sind (nicht alle Beispiele müssen auf dich zutreffen):

- Wenn etwas unangenehm wird, verlierst du das Interesse daran.
- Du gehst Problemen aus dem Weg, was häufig Inkonsequenz nach sich zieht.
- Du kannst dich schlecht ein- oder unterordnen und brauchst viel Freiheit und Autonomie.
- Wenn es dir zu viel wird, fällst du in eine Art Opferhaltung. Du machst dann (unbewusst) andere für deine Misere verantwortlich.
- Entscheidungen zu treffen und auch durchzuziehen, fällt dir eher schwer.
- Andere werfen dir Egoismus vor, weil dir deine eigenen Bedürfnisse und dein Wohlbefinden sehr wichtig sind und du dabei manchmal vergisst, wie es den geliebten Menschen in deinem Umfeld geht und was sie brauchen.

Ängste, die vermehrt bei Freiheitsliebenden auftreten können:

- Angst vor Unfreiheit, Verpflichtungen und Endgültigkeit
- Angst vor Selbsthingabe, Nähe und Abhängigkeit (dementsprechend brauchst du in jeder Beziehung viel Freiraum und ausreichend Distanz)

Chancen und Lernpotentiale für dieses Muster (Beispiele):

- Bewusst Verantwortung für etwas übernehmen
- Entscheidungen treffen und vor allem durchziehen
- Für andere da sein und sorgen; die Bedürfnisse geliebter Menschen als ebenso wichtig anzuerkennen wie die eigenen

Wie bereits zu Beginn erwähnt: Alle Muster sind gleichwertig – es gibt kein *gutes* oder *schlechtes* Muster. Oft finden wir uns auch in mehreren Mustern wieder. Das ist ganz normal, da wir uns im Laufe unseres Lebens unterschiedliche Fähigkeiten und Möglichkeiten zu handeln angewöhnt haben. Es hat sogar Vorteile, wenn du dich in mehreren Mustern wiederfindest, da du damit in der Regel in Situationen meist verschiedene Handlungsmöglichkeiten für dich erkennst und ein hohes Maß an Flexibilität an den Tag legst.

Nutze die Erkenntnisse aus diesem Self-Assessment und notiere dir:

1. In welchem/welchen Energie- oder Stressmuster(n) erkennst du dich wieder?
2. Welche Vorteile ergeben sich durch diese(s) Muster beruflich für dich? Ein Beispiel: Als Macherin sprichst du vermutlich gerne und gut vor anderen Menschen und du hast keine Hemmungen, etwas zu präsentieren.
3. Was sind deine 1 oder 2 wichtigsten Lernpotentiale, um erfolgreich zu sein?
4. Wie kannst du diese regelmäßig „üben“, also in den Alltag integrieren, damit du sie nicht vergisst?

Neue Wege entstehen, indem wir sie gehen![4]

Manchmal gibt es Zufälle oder vielleicht auch Fügungen im Leben: Vor rund 4 Jahren war ich mit meinem Kind im Baumarkt einkaufen und fuhr mit dem Einkaufswagen an einem Regal mit Postkarten vorbei. Eine Postkarte fiel mir dabei sofort ins Auge. Auf ihr stand der Spruch *„Wenn es dir Angst macht, könnte es einen Versuch wert sein!“*, mit Boot und Meer im Hintergrund.

4 nach Antonio Machado

Ich merkte, wie sehr mich der Spruch berührte und dazu führte, dass ich mir augenblicklich dachte: „Ja, stimmt! Wenn es mir Angst macht, ist es vielleicht genau das, was mich weiterbringt und wachsen lässt!"

Nun denkst du dir vielleicht: Ja, das ist nichts Neues! Doch worauf ich mit diesem Beispiel hinauswill, ist: Wir alle haben unsere Ängste (egal ob Versagensängste, Beziehungsängste oder andere) und oft schon vieles gelesen oder getan, um an ihnen zu arbeiten und unsere Komfortzone zu überwinden. Wir schaffen es vielleicht auch. Wir sind vielleicht erfolgreich, aber wir wissen genau: Da geht noch mehr.

Mehr im Sinne von: Da fehlt noch eine ordentliche Portion DU, die von Selbstzweifeln oder Ängsten blockiert wird und deshalb nicht zur Entfaltung kommt! Und dann kann ein Ereignis, ein Gespräch oder eben ein Spruch in dir diese letzte Blockade lösen und dazu führen, dass du einfach mehr tust und weniger zögerst. Dass du dich traust, ganz du selbst zu sein oder zu werden. Dass du der Entschlossenheit und Begeisterung das Ruder lässt und nicht deinen Zweifeln. Du entscheidest, welchem Anlass du diese Bedeutung gibst (vielleicht ja diesem Buch) und ob du bereit bist, dazu Ja zu sagen!

Ich habe diesen Spruch inzwischen zu meinem beruflichen Motto erklärt und er hat dazu geführt, dass ich mich in den letzten Jahren getraut habe, all jene Dinge ohne langes Zögern zu tun, die in mir ein mulmiges Gefühl (out of the comfort zone!) hervorgerufen haben. Von Vorträgen für mehrere hundert Leute über Teilnahmen an Expertendiskussionen bis hin zu Projekten, die ich vor nicht allzu langer Zeit noch als „eine Nummer zu groß" für mich bezeichnet hätte.

Mein größtes Learning, das ich dir an dieser Stelle gerne weitergebe: Mit jedem Mal, wo du dich über deine (selbst gesetzten) Grenzen hinauswagst, wächst deine Selbstsicherheit und damit deine Komfortzone. Das heißt, beim nächsten Mal verursacht dieselbe Aktivität keine oder nur noch minimale Ängste bei dir und du erweiterst somit deine Komfortzone, also jenen Bereich, indem du dich sicher fühlst. Und wenn dein Tun deinen Werten und Lebenszielen entspricht, entfaltest du dabei (beinahe automatisch) Schritt für Schritt dein Potential und wirst zu der Persönlichkeit, die du sein möchtest.

Du hast Zweifel? Was soll dir passieren? Wenn du mal einen Fehler machst, kannst du dich dafür entschuldigen. Wir sind alle Menschen! Zweifel und Fehler gehören dazu. Doch sie sollten uns nie davon abhalten, weiterzumachen.

Beginne mit kleinen Schritten und setze sie um, ohne zu zögern!

Bleibe dabei auf dich fokussiert und vermeide es, dich mit anderen zu vergleichen. Warum du das nicht machen sollst, erzähle ich dir im Folgenden.

Social Media – Chance oder Risiko?

Social Media ist Fluch und Segen zugleich. Einerseits eröffnen uns verschiedene Social-Media-Kanäle tolle Möglichkeiten, mit wenig bis keinem Geldeinsatz medial präsent zu sein, neue Kontakte zu knüpfen, Zielgruppen zu erschließen und unser Netzwerk zu erweitern. Andererseits erfordert eine professionelle Präsenz in den sozialen Medien (egal, welchen Kanal man wählt) viel Zeit, und auch die „passive" Nutzung oder Konsumation von Social Media kann zu einem enormen Zeit- und Energiefresser werden.

Besonders gefährlich sind hier meiner Meinung nach zwei Dinge:

1. **FOMO (Fear of missing out):**[5] Ist die Nutzung von Social Media zu deiner täglichen Gewohnheit geworden? Hast du Angst, etwas zu verpassen, wenn du einen Tag lang *nicht* online bist? Dann bist du in Wahrheit schon davon betroffen. Wir haben diesbezüglich einerseits für uns selbst Verantwortung, *nicht* in eine Suchtproblematik zu gelangen und unseren Selbstwert von Likes oder Shares abhängig zu machen. Andererseits sehe ich unser Bewusstsein für diese Thematik auch als wichtigen Bestandteil der elterlichen Fürsorge – in jenem Sinne, dass wir bei unseren Kindern diesbezüglich achtsam sind und die Themen Medienkonsum und Medienkompetenz in die Erziehungsarbeit integrieren. Nähere Infos zu diesen Themen findest du bei Interesse auf meiner Website unter https://www.kindundkarriere.at/medienkonsum/

5 Dieses Phänomen wurde erstmals von Patrick James McGinnis (heute Autor, damals Student an der Harvard Business School) beschrieben.

2. **Vergleiche:** Egal ob wir es bewusst tun oder es uns unbewusst passiert – indem wir Posts, Artikel und Fotos anderer Personen auf Social Media lesen und betrachten, vergleichen wir uns ständig mit ihnen. Diese Vergleiche können dazu führen, dass wir uns selbst nicht gut genug fühlen und dadurch buchstäblich den Idealen anderer „hinterherlaufen". Wenn wir das täglich tun, ohne dabei auf unser Wohlbefinden zu achten, kann uns das nicht nur gefühlsmäßig runterziehen (die Hälfte aller jungen Erwachsenen leidet laut einer Studie der Donau-Universität Krems unter depressiven Symptomen[xxiv]), sondern es kann uns letztlich in unserem Handeln hemmen, ja sogar handlungsunfähig machen!

Gefühle als Motor (oder Bremse!)

Gefühle bewegen uns. Sie motivieren uns zu handeln. Sie sind unser Motor und treiben uns an. Doch sie können uns auch Kraft entziehen, uns stressen und in unserem Handeln bremsen. Besonders Ängste können uns bremsen. Sie führen im schlimmsten Fall dazu, dass wir uns selbst klein machen, uns zu wenig zutrauen und dadurch passiver werden und nicht erreichen, was wir ersehnen.

In diesem Abschnitt gehe ich daher darauf ein, wie wir lernen können, mit unseren Ängsten umzugehen – jeden Tag aufs Neue. Mit den folgenden 3 Schritten kann uns das beispielsweise gelingen:

1. **Akzeptiere deine Angst:** Versuche nicht, sie zu verdrängen. Verdrängte Gefühle kommen eines Tages umso stärker hervor. Setze dich bewusst mit deiner Angst auseinander, indem du sie konkretisierst: Was genau macht mir Angst? Wovor fürchte ich mich genau? Danach stellst du dir die Frage: Was möchte diese Angst im positiven Sinne für mich? Wovor will sie mich warnen, bewahren oder beschützen? Notiere dir diese „Absichten" deiner Angst.

2. **Bedanke dich bei deiner Angst:** Klingt komisch, ist aber so! Da du ja nun die positiven Absichten deiner Angst kennst und notiert hast, kannst du dich für diese Erkenntnisse und Infos bedanken. Du brauchst nun deine Angst nicht mehr, um diese Informationen und Absichten zu erkennen und ggf. zu berücksichtigen. Verabschiede dich im Anschluss von deiner Angst. Sie möge erst dann wieder kommen, wenn sie dir etwas ganz anderes, für deinen beruflichen oder privaten Erfolg Wesentliches mitzuteilen hat. Dann wiederholst du die Schritte ggf. von Neuem. Verwechsle auch Angst nicht mit Unwohlsein. Es ist ganz normal, dass wir uns vor neuen oder ungewohnten Situationen unwohl fühlen (z. B. weiche Knie haben oder ein bisschen Herzklopfen). Das sind *normale* Begleiterscheinungen beim Verlassen unserer Komfortzone, also jenes Bereichs, in dem wir uns sicher fühlen.
3. **Neue Gedanken, neues Gefühl:** Formuliere deine ehemalige Angst in einen positiven Glaubenssatz um, den du dir immer dann innerlich oder (wenn du gerade alleine bist und Lust dazu hast) laut vorsagst, wenn deine Angst versucht zurückzukehren. Hier ein Beispiel zur Veranschaulichung: Die Aussage *„Ich habe Angst, den Job nicht zu schaffen. Ich habe Angst, in meiner Rolle als Expertin zu scheitern."* wird beispielsweise umgewandelt in *„Ich bin gut, so wie ich bin! Ich habe bisher noch jede Herausforderung gemeistert und werde es auch künftig schaffen. Sollte ich mal einen Fehler machen, ist das auch in Ordnung. Nobody is perfect!"*
   Wenn du deinen positiven Glaubenssatz formuliert hast, halte inne. Stell dir vor, was du erreichen kannst, wenn du es schaffst, diesen Glaubenssatz zu verinnerlichen, zu leben! Wie fühlst du dich dabei? Welche Bilder, Situationen, Stimmen oder Melodien kommen dir ganz spontan in den Sinn oder nimmst du wahr? Genieße diesen Moment und mach dir im Anschluss Notizen dazu. Versuche das soeben erlebte Gefühl zu präzisieren. Fühlst du dich frei? Leicht? Kribbelnd? Hell? Wo im Körper nimmst du es am stärksten wahr? Verbinde dieses Gefühl mit deinem Glaubenssatz.
   Um beim oben genannten Beispiel zu bleiben: Du kannst dir den positiven Glaubenssatz „Ich bin gut, so wie ich bin!" mehrmals täglich vorsagen und dir dazu gleichzeitig die zugehörigen Gefühle bewusst machen und damit herholen und nachempfinden: „Dabei fühle ich mich leicht und frei im ganzen Körper!" Nimm dazu auch jene Körperhaltung ein, die dich in diesem Gefühl unterstützt.

Ja, ich weiß: Das fühlt sich zu Beginn sehr ungewohnt an. Doch mit der Zeit geht es immer leichter! Und ja, es ist nicht einfach, Ängste oder Zweifel abzulegen, die uns schon seit Jahren begleiten. Doch wir können es schaffen, indem wir konsequent daran arbeiten. Das heißt: dranbleiben. Jeden Tag. Mehrmals.
Dazu folgendes Beispiel zur Visualisierung: Ängste oder Zweifel, die dich schon länger begleiten, laufen in deinem Gehirn äußerst schnell ab. Sie sind binnen Millisekunden da. Nehmen wir als Metapher eine Autobahn, die oft befahren wird. Ein neuer positiv formulierter Glaubenssatz oder ein ungewohntes positives Gefühl ist dagegen zu Beginn wie ein holpriger Feldweg. Du musst diesen Weg oft „befahren", also das Gefühl oft erleben, den Glaubenssatz oft wiederholen, bis es sich automatisiert und als ein Teil von dir anfühlt. Währenddessen schrumpft die „alte" Angst und deine „alte" Autobahn wird somit, wenn stillgelegt und nicht mehr befahren, wieder verwildern. Letztlich wird sie von deinem neuen positiven Weg abgelöst und dieser wird durch das häufige Abrufen (sinnbildlich: das hohe Verkehrsaufkommen) zu einer Autobahn ausgebaut.

Gerald Hüther hat es sehr treffend in seinem Buch „Was wir sind und was wir sein könnten" beschrieben: Laut Erkenntnissen der Gehirnforschung werden Erfahrungen immer gleichzeitig auf der kognitiven, auf der emotionalen und auf der körperlichen Ebene in Form entsprechender Denk-, Gefühls- und körperlicher Reaktionsmuster verankert und aneinandergekoppelt („Embodiment"). Neue Erfahrungen werden dementsprechend nur dann nachhaltig in unserem Gehirn mit entsprechenden neuronalen Verschaltungsmustern verankert, wenn wir sie am eigenen Körper unter Einbeziehung unserer emotionalen Zentren machen. Es braucht also stets diese drei Ebenen (kognitiv, emotional, körperlich)![xxv]

Ruf dir immer wieder in Erinnerung: Du bist die Regisseurin im Film deines Lebens und spielst darin die Hauptrolle! Du denkst deine Gedanken, beeinflusst deine Gefühle und setzt dementsprechend Handlungen. Du hast das Ruder in der Hand!

Drei Übungen, die dich laufend dabei unterstützen können:

- Sprich dir mehrmals täglich deinen positiven **Glaubenssatz** vor (egal ob laut oder innerlich) und versetz dich dabei in das zugehörige gute Gefühl (wie oben beschrieben). Verbinde das – wie oben erwähnt – auch mit deinem Körper, beispielsweise durch zugehörige Bewegungen oder deine Körperhaltung.

- Mach dir ein **Powerbook** (ein Tagebuch zum Kraft tanken und um den Tag positiv zu beenden; wird oft auch Dankbarkeitstagebuch genannt; verwende dazu z. B. ein schönes Notizbuch) und notiere darin jeden Abend vor dem Schlafengehen:
  - Wofür bin ich heute dankbar?
  - Was habe ich heute Schönes erlebt?
  - Was ist mir heute gut gelungen?
  - Worauf bin ich heute stolz?

- **Sorge täglich für gute Stimmung:** Wir wissen in der Regel, was uns guttut, und dennoch sind wir oft sehr sparsam, um nicht zu sagen knausrig, in der Umsetzung. Beispiel: Wenn du heute etwas erledigen musst und gerade keine Lust dazu hast, schalte dir gute Musik dazu ein und es wird dir leichter fallen. Wenn du im Stau stehst (oder die öffentlichen Verkehrsmittel Verspätung haben) und du somit zu spät zu einem wichtigen Termin kommst, hör auf zu fluchen und innerlich durchzudrehen, sondern frage dich: Wofür ist das eine Gelegenheit? Wozu könnte ich diese Zeit jetzt nutzen? Vielleicht schaltest du einen Podcast ein oder rufst eine gute Freundin an und kannst sogar in dieser Situation Neues erfahren oder einfach nur eine nette Zeit haben, ohne Grant und Ärger.

Generell gilt: Versuche laufend Aktivitäten in deinen Alltag zu integrieren, die dir guttun. Denke zurück an Schritt 1 (Gesundheit als Fundament) und vergiss nicht, wie wichtig dein Wohlbefinden ist.

Intelligente Ziele

Wie schon in Schritt 2 erwähnt: Als Basis für deine Zielsetzungen ist es sehr wichtig, dich damit auseinanderzusetzen, *wer* du in deinen Rollen und Lebensbereichen sein möchtest – dir also deiner Rollenvorstellungen und Werte bewusst zu werden. Nur so kannst du dir in weiterer Folge *authentische* Ziele setzen, die mit deiner Persönlichkeit und deinen Werten im Einklang sind.

Versuche außerdem bei deinen Zielen den Unterschied zwischen **Haben und Sein** zu berücksichtigen: ***Was brauchst du wirklich, um glücklich zu sein?*** Ist es der Besitz, das „Haben", das dich glücklich macht? Oder brauchst du mehr bewusstes Sein (im Sinne von Achtsamkeit, Dankbarkeit und Auseinandersetzung mit dir selbst)?

Grundsätzlich haben wir alle eine tiefe Sehnsucht danach, glücklich zu sein. Das macht sich Werbung wunderbar zunutze, indem sie uns suggeriert, dass wir dieses und jenes brauchen, um glücklich zu sein. **Wann es meiner Meinung nach gefährlich wird:** Wenn der intensive Wunsch nach Anerkennung (durch Freunde, Familie, Chefin/Chef, Kolleginnen und Kollegen, Social Media etc.) dazukommt. Einige Beispiele: Menschen mit Schönheitswahn, die nach OPs und Eingriffen süchtig werden, oder Workaholics, die ihre gesamte Energie in den Job stecken, um ihr berufliches Umfeld zufriedenzustellen und/oder von Familie und Freundeskreis Anerkennung zu erfahren.

Was können wir tun, um so etwas zu verhindern? Oder, in anderen Worten: **Was können wir tun, um gesund und glücklich zu sein?**

Wie du selbstbestimmte und authentische Ziele für dich definieren kannst:

1. Vermeide Ablenkungen und frage dich: **Worum geht es mir eigentlich? Was ist mir im Leben wichtig?**

2. **In der Ruhe liegt die Kraft:** Gehe bewusst mit den Medien um und gönn dir alleine und gemeinsam mit deiner Familie „Offline-Zeit". Wenn von außen keine Infos kommen, schaffen wir es leichter, zu

entspannen, gemeinsam zu lachen und uns mit unseren Bedürfnissen, Wünschen und Zielen zu beschäftigen.

3. Führe dir vor Augen: **Wenn du dir selbst nicht gut genug bist, vermag nichts auf der Welt dich glücklich zu machen.** Investiere daher regelmäßig in deine Selbstfürsorge!

4. Unterscheide zwischen **Mikro- und Makrozielen**:
   Makroziele sind deine großen Ziele, deine Lebensziele – beruflich ebenso wie privat. Einige deiner Makroziele leiten sich aus deinen Rollenvorstellungen ab (siehe Schritt 2, *Wer* möchte ich sein?). Andere wiederum hast du einfach aus einem tiefen Wunsch heraus für dich definiert, beispielsweise: „Ich möchte mit meinem Partner zwei Kinder bekommen und in einer schönen Wohnung leben."
   Mikroziele sind deine kleineren Ziele: Sie führen dich im Idealfall schrittweise zu deinen größeren Zielen oder leisten einen Beitrag zur Erreichung deiner Lebensziele. Sie verwandeln deine größeren Pläne in umsetzbare, konkretere Zwischenziele.
   > *Definiere nun für dich deine Lebensziele* und in weiterer Folge deine zugehörigen kleineren Ziele. Nimm dir dazu deinen Notizblock zur Hand und mach dir Notizen. Zur Veranschaulichung: Zum oben genannten Beispiel könnten Mikroziele sein:
   a. Ich investiere in meine Gesundheit mit A, B, C (Aktivitäten im Alltag – aus Schritt 1), um eine gesunde Schwangerschaft und damit die Gesundheit meiner ungeborenen Kinder zu fördern.
   b. Ich spare in den nächsten 5 Jahren insgesamt € XX an – also jährlich € XX –, damit wir uns auf Wohnungssuche machen können und einen Kredit für unsere Wohnung bekommen.
   c. Wir besprechen in unserer Partnerschaft, wie wir uns gemeinsam diese Investition leisten können und wie wir uns nach der Geburt der Kinder mit Berufstätigkeit und Care-Arbeit organisieren. Wir notieren uns mögliche Szenarien inklusive ungefährem Familieneinkommen.

5. Stimme deine Ziele **mit deinem Partner/deiner Partnerin und deinen Kindern** ab. Es ist wichtig, dass ihr an einem Strang zieht und euch gegenseitig unterstützt. Vielleicht erfordert das Anpassungen an deinen Zielen oder in deren Zeithorizont.

6. Zahle bewusst den **Preis** für deine Ziele! Das mag vielleicht hart klingen, doch jedes Ziel fordert seinen Tribut. Indem wir Entscheidungen treffen (hier steckt ja das Wort *Scheidung* mit drin), verzichten wir bewusst auf eine oder mehrere andere Wahlmöglichkeiten. Du hast deine Ziele identitätsorientiert gewählt (*Wer* möchtest du sein?), dementsprechend kannst du guten Gewissens sagen, dass du die beste Möglichkeit ausgewählt hast. Dennoch kann der bewusste Abschied von den Alternativen deine Klarheit und dein Commitment für deine Ziele noch weiter fördern.

7. Wie sieht das **Ergebnis** aus? Wie fühlst du dich, wenn du deine Ziele erreicht hast? Wenn du Lust hast, kreativ zu sein: Kreiere dafür ein Zielbild oder ein Vision Board. Eine Anleitung dazu findest du auf meiner Website unter: https://www.kindundkarriere.at/vision-board/

8. Passe deinen **Alltag** an deine Ziele an: wann, wie oft, mit wem und wo nimmst du dir Zeit für die Erreichung deiner Ziele?

9. Beziehe deine **Gefühle** in die Umsetzung mit ein.

Diese letzten beiden Punkte findest du im Folgenden näher erklärt.

Jedem Anfang wohnt ein Zauber inne.[6]

Du willst deine Ziele erreichen? Egal ob beruflich oder privat, mit folgenden Punkten kannst du es dir leichter machen:

- Takte dir fixe Zeiten in deinem Kalender ein.
- Sorge während dieser Zeiten für eine positive und entspannte Atmosphäre. Entspannt lässt es sich leichter leben und arbeiten. Du fühlst dich dabei automatisch besser.
- Behalte dein Zeitmanagement im Auge und versuche möglichst konsequent mit deiner Zeit umzugehen. Das heißt: keine Ablenkungen oder anderen Tätigkeiten in dem für dein Ziel reservierten Zeitfenster.

6 nach einem Zitat von Hermann Hesse

Wie schon in Schritt 2 erwähnt, sind unsere Gewohnheiten meist *der* Dreh- und Angelpunkt für das Gelingen oder Scheitern einer Veränderung. Rufe dir daher deine Rollenvorstellungen (*Wer* möchte ich sein?) aus Schritt 2 in Erinnerung.

Unterstützt du mit deinen Gewohnheiten diese Rollenvorstellungen? Versuche, Zeit- und Energiefresser in deinem Alltag zu identifizieren und sie durch Aktivitäten zu ersetzen, die deinen Rollenvorstellungen und Zielen entsprechen.

Erwäge auch, je nachdem, ob du dich besser alleine oder im Miteinander motivieren kannst, dir Gleichgesinnte oder Unterstützungsmöglichkeiten zu suchen, die dir helfen, dranzubleiben und deinen Weg zu gehen.

Im folgenden Teil habe ich daher für dich ein paar ausgewählte Initiativen in Deutschland und Österreich interviewt, damit du dir einen Überblick verschaffen kannst.

Stark durch Support

„*If you want to go fast, go alone. If you want to go far, go together.*" Afrikanisches Sprichwort

Scheue dich nicht davor, dir Unterstützung zu holen! Das ist kein Zeichen von Schwäche, sondern von Awareness, dass wir alle nur Menschen sind. Niemand schafft etwas Außergewöhnliches auf Dauer alleine.

Individuelles Coaching, Mentoring oder Networking in entsprechenden Communitys sind Möglichkeiten, die dich unterstützen können und es dir leichter machen, konsequent deinen Weg zu gehen. Es gibt viele großartige Initiativen in Österreich und Deutschland, die wenig bis nichts kosten und dich einmalig oder laufend unterstützen können.

Im Folgenden findest du Kurzinterviews mit den Gründerinnen von Initiativen, die es sich zum Ziel gemacht haben, berufstätige Mütter zu unterstützen.

>BalanceUp

Die Gründerinnen Lisi Molzbichler und Ruth Gabler-Schachermayr im Interview.

Was bietet BalanceUp berufstätigen Müttern?

„Die BalanceUP GmbH wurde 2021 von uns beiden, Lisi Molzbichler und Ruth Gabler-Schachermayr, als erste digitale Plattform in Österreich für Vereinbarkeit von Familie und Beruf für selbstständige Eltern gegründet. Wir bieten einmalige E-Learning-Module sowie 12-wöchige Power-Circles zu den unterschiedlichsten Themen rund um die Vereinbarkeit von Business und Familie an."

Ruth: „Wir wollen, dass UnternehmerInnen sich nicht erst dann Support holen, wenn sie bereits am Limit sind und nichts mehr geht. Sie sollen von vornherein sowohl im Business als auch im Privatleben gut aufgestellt sein. Und wir wollen keine weitere Info-Plattform sein, sondern gezielt mit E-Learning-Modulen und Power Circles (über 12 Wochen begleitende thematische Netzwerk-Zirkel) sowie einem Blog mit Erfahrungsberichten von Unternehmerinnen und Unternehmern aktiv zur besseren Vereinbarkeit beitragen. Das startet mit unserem Video-Blog, wo man sich durch persönliche Geschichten Tipps und Tricks holen kann, denn wir müssen Fehler ja nicht zweimal machen. Jeder kann sich dort seine persönliche Inspiration zur Vereinbarkeit abholen."

„Wir haben sogenannte Avatare entwickelt, von denen im Laufe der Zeit immer mehr dazu kommen werden, um ganz gezielt auf unterschiedliche Lebenssituationen und Bedürfnisse unserer Teilnehmerinnen und Teilnehmer eingehen zu können. Da gibt es zum Beispiel „Verena", die gerade in Gründung ihres Unternehmens während der Karenzzeit ist, oder „Konstanze", die Mutter und sowohl angestellt als auch selbstständig ist, oder „Sarah", die bereits Unternehmerin ist, als sie zum ersten Mal schwanger wird und ihre ganz eigenen Herausforderungen meistern darf. In unseren Kursen und Vorträgen ist jeder willkommen, der mit dem Thema Vereinbarkeit von Familie und Beruf zu tun hat. Wir wollen unsere Teilnehmerinnen und Teilnehmer in ihren individuellen Situationen optimal mit fundierten Methoden zur Seite stehen und ihnen die notwendigen Kontakte und eine Community bieten, die kleine

Unternehmen oder One-Woman/Man-Shows gerade am dringendsten brauchen", erläutert Lisi Molzbichler weiter.

Was umfasst euer Angebot konkret und welche Kosten sind damit verbunden?

„Das Angebot der E-Learning-Kurse wechselt laufend. Die Kursthemen werden eng mit der BalanceUP-Community abgestimmt, sodass die Bedürfnisse der Teilnehmerinnen und Teilnehmer wahrgenommen und abgebildet werden. Jedes E-Learning-Modul kann individuell gebucht werden und kostet € 99. Man kann sich auch für ein Kurs-Abo entscheiden. Damit bekommt man für wenig Geld einmal im Monat einen neuen Kurs aus dem gesamten BalanceUP-Portfolio freigeschaltet. Das Thema Vereinbarkeit wird so unterschiedlich umgesetzt und ist so individuell, dass wir allen Teilnehmer*innen genau das bieten wollen, was sie gerade brauchen.

Die Power Circles kosten zwischen € 499,- (early bird) und € 699,- (Normalpreis), bauen auf den Themen der E-Learning-Kurse auf und sind eine intensive 12-Wochen-Begleitung, in der die Community gleich mitgeliefert wird. Ob wöchentliche oder zweiwöchentliche Treffen, das entscheidet jeder Zirkel ganz individuell. Wie es die eigene Vereinbarkeit erlaubt. Und keine Angst, wenn mal ein Treffen verpasst wird, dann haben wir die optimale Unterstützung parat: Im geschützten Log-In-Bereich werden die Video-Mitschnitte, Arbeitsblätter und Aufgaben der jeweiligen Power Circles immer zur Verfügung gestellt, sodass die Teilnehmerinnen die verpassten Inhalte und Übungen jederzeit nachholen können.

Das Angebot an E-Learning-Kursen und Power Circles wird auch laufend erweitert. Mit neuen Coaches, Themen und Aktionen nehmen wir die Inputs, Wünsche und Bedürfnisse unserer Community auf und gestalten unser Programm entsprechend mit agilen Methoden."

Was ist eure Mission? Was waren eure Beweggründe, BalanceUp ins Leben zu rufen?

Lisi: „Ich bin Mama von 3 Kindern und Unternehmensberaterin."

Ruth: „Ich habe einen Sohn und bin nebenbei auch noch angestellt im Fundraising tätig. Die Coronakrise hat uns zusammengeführt: Wir kennen einander seit einem Jahr, haben über unsere Netzwerke zusammengefunden. Lisi leitet on top zu BalanceUp das Netzwerk der Business Moms, und ich bin nebenbei Gründerin des Netzwerkes CareerMum."

Lisi: „Durch diese Netzwerke haben wir beide auch verstärkt den Bedarf zum Thema Vereinbarkeit von Familie und Beruf erkannt und beschlossen, gemeinsam etwas zu schaffen, um berufstätige, selbstständige Frauen und Mütter sowie auch Männer und Väter abzuholen."

Beide: „Unsere Mission ist es, Vereinbarkeit möglich zu machen. Es darf keine Frage des „ENTWEDER/ODER" mehr sein, es muss eine Frage des „UND" sein. Wir wollen Vereinbarkeit für alle etwas leichter und (er) lebbarer machen. #fürmehrvereinbarkeit"

>The female factor

Community Lead Maryna Kovalyova im Interview.

Was bietet the female factor berufstätigen Müttern?

„Austausch mit Gleichgesinnten, On-demand-Weiterbildung sowie job opportunities @ companies that care.

Ganz im Sinne unserer drei Säulen Vertrauen, Kompetenz und Verbindungen bieten wir berufstätigen Müttern ein breites Spektrum. Unser *Confidence Program* hilft Müttern dabei, das Selbstbewusstsein zu stärken, und unsere Mentorinnen und Mentoren ermutigen sie und zeigen als Vorbild, dass es möglich ist, Karriere und Familie zu verbinden. Darüber hinaus haben wir ein *Career Success Program*, das Frauen dabei unterstützt, ihre Karriereziele in die Realität umzusetzen und Resultate zu erzielen. Natürlich sind wir in unseren Bemühungen, die Gender Leadership Gap zu schließen, nicht alleine. Wir haben uns mit großartigen Unternehmen zusammengeschlossen, die sich genauso dafür interessieren, ein Umfeld zu schaffen, in dem Frauen ihr volles Potenzial ausschöpfen können. In unserer Community, die übrigens auch einen Zirkel für Career Mums hat, veröffentlichen wir regelmäßig Jobangebote unserer Partnerinnen und Partner."

Was umfasst euer Angebot konkret und welche Kosten sind damit verbunden?

„Unsere Mitglieder haben Zugang zu all unseren Ressourcen: Unsere Invite-only Community, ein 6-monatiges Mentorenprogramm, exklusive Events wie zum Beispiel Masterclasses, Jobangebote und unser Career Success Program. Nach Vollendung des Programms haben alle Teilnehmerinnen einen ansprechenden und professionellen Lebenslauf samt Anschreiben, ein LinkedIn-Profil, das heraussticht, und klare Karriereziele sowie geplante Maßnahmen. Des Weiteren sind sie auf Interviews und Verhandlungen vorbereitet und kennen ihre Stärken. Eine Mitgliedschaft bei *the female factor* kostet 29 Euro pro Monat (oder 299 Euro pro Jahr)."

Was ist eure Mission? Was waren eure Beweggründe, the female factor ins Leben zu rufen?

„Es wird Zeit, dass Diversität nicht länger als Charity-Projekt gesehen wird, sondern als Business Case. Zahlreiche Studien belegen bereits, dass ein diverses Führungsteam zu einer besseren finanziellen Performance und einer höheren Mitarbeiter:innenzufriedenheit führt. Mit *the female factor* widmen wir uns daher drei Ebenen, um diesen Leadership-Gap zu schließen:

- Auf individueller Ebene unterstützen wir Frauen mittels unserer "3 Cs", in Führungspositionen zu gelangen, und verknüpfen sie mit Unternehmen, die Diversität priorisieren.
- Auf Unternehmensebene arbeiten wir mit Konzernen, KMUs und Start-ups zusammen, begleiten sie auf ihrer Diversity & Inclusion Journey und helfen ihnen dabei, weibliche Talente zu finden und zu halten.
- Auf gesellschaftlicher Ebene beschäftigen wir uns mit dem Bild einer zukünftigen Führungskraft und brechen durch Role Models und Medienarbeit dieses veraltete Bild auf.“

>Mama Meeting

Die Gründerinnen Juliane Schreiber und Sarah Drücker im Interview:

Was bietet Mama Meeting berufstätigen Müttern?

„Mama Meeting verbindet Events zur persönlichen und beruflichen Weiterbildung mit Networking für und unter Working Moms, um das Knowhow und Selbstbewusstsein der Mütter zu stärken. Die Teilnahme an Mama Meetings zu unterschiedlichen Themen – von Elternzeit und Wiedereinstieg über Finanzen, Coachings, Zeitmanagement, Gründung bis hin zu Vereinbarkeit zu Hause und im Beruf – steht allen interessierten Müttern offen.

Die Mitglieder des Mama Meeting Business Clubs haben zudem Zugriff auf Weiterbildungsinhalte im Club, Networking Matchmakings, Arbeitsgruppen zu ihren beruflichen und privaten Themen sowie regelmäßige Club-interne Networking-Events. In Kooperation mit der IHK Köln bilden wir zudem seit 2020 zertifizierte Vereinbarkeits-Manager/innen (IHK) aus, die für Wirtschaft und Politik individuelle Vereinbarkeitskonzepte entwickeln und begleiten."

Was umfasst euer Angebot konkret und welche Kosten sind damit verbunden?

„Die Teilnahme an den öffentlichen Meetings ist kostenlos. Die Jahresgebühr für die Mitgliedschaft im Mama Meeting Business Club beträgt 399 Euro im Jahr. Mitglieder des Clubs erhalten Zugang zu branchen- und hierarchieübergreifenden Kontakten, national und international, die Möglichkeit zur Teilnahme an Mom-Matchings, bei denen individuell passende Kontakte zu den aktuellen Bedürfnissen der Member vermittelt werden, Teilnahme an den MMBC Labs, Arbeitsgruppen zum gezielten Austausch über persönliche und berufliche Herausforderungen sowie Club-interne Events und die Inhalte der MMBC Library mit aktuell über 30 Audio- und Videoinhalten."

Was ist eure Mission? Was waren eure Beweggründe, Mama Meeting ins Leben zu rufen?

„Wir haben Mama Meeting gegründet, um Müttern aus der „Ich-bin-die-Mama-von"-Falle zu holen. Es ist ganz normal, dass sich die Welt nach der Geburt eines Kindes erst einmal nur um dieses neue Lebewesen dreht. Doch häufig entwickelt sich daraus ein Teufelskreis für die Mütter, in dem sie ihre eigenen Kompetenzen und Bedürfnisse vernachlässigen und auch von außen immer weniger als Frau mit bestimmten Skills, Erfahrungen und Zielen wahrgenommen werden. Mit Mama Meeting geben wir über Events, Weiterbildungen und unsere digitalen Kanäle Anlässe, in denen sich Mütter selbstbewusst präsentieren können, ihre Fähigkeiten erweitern und eine Gemeinschaft finden, in der auch sie wachsen können. Als Mutter ist es nicht nur unsere Aufgabe, für unsere Kinder zu sorgen und sie zu beschützen, sondern ihnen auch Vorbilder zu sein und den Weg, der vor ihnen liegt, so zu gestalten, dass sie in einer fairen und freien Gesellschaft aufwachsen."

> Working Moms

Pressesprecherin Andrea Maibaum im Interview:

Was bietet euer Verein Working Moms berufstätigen Müttern?

„Unseren Verein gibt es bereits seit 14 Jahren und wir haben 600 Mitglieder in Deutschland und der Schweiz. Wir haben Lokalvereine in den Städten Düsseldorf, Berlin, Hamburg, Frankfurt (2x), Köln/Bonn, Münster, Nürnberg, München, Rhein-Neckar, Stuttgart und Zürich. Weitere Vereine sind in Planung.

Wir sind somit lokal organisiert und bieten den Mitgliedern ein aktives Netzwerk, um sich auszutauschen – sowohl über berufliche Themen als auch über familiäre (z. B. Kinderbetreuungsmöglichkeiten, Schulen etc.). Das Schöne ist: Es entsteht dadurch Austausch und Vernetzung zwischen unterschiedlichen Professionen.

Die Corona-Pandemie hatte für uns den positiven Effekt, dass der Austausch seither auch deutschlandweit stattfindet. Wir haben notgedrungen den einmal monatlich stattfindenden Club-Abend jedes Lokalvereins in den digitalen Raum verlegt. Und diese konnten damit auch deutschlandweit stattfinden. Das hat uns nach außen noch einmal attraktiver gemacht, was wir anhand steigender Anfragen und Mitgliederzahlen sahen. Frauen ist durch die Pandemie bewusst geworden: Ich brauche ein starkes Netzwerk, um auch in schwierigen Phasen voranzukommen.

Ein anderer Aspekt ist das Mutmachen. Das Gefühl zu haben: Ich bin nicht alleine. Eine ambitionierte Berufstätigkeit als Mutter ist nun mal ein Spannungsfeld, das jede Working Mom spürt. Sich hier auch Inspiration zu holen und unterschiedliche Modelle zu sehen, ist wichtig. Wir sehen beispielsweise durchaus den Trend zu Führung in Teilzeit oder Führungsmodellen im Tandem. Dazu gibt es bei uns auch eigene Clubabende.

Wir verstehen uns darüber hinaus als Role Models gerade für jüngere Frauen. Um diesen Aspekt nach außen zu tragen, nutzen wir sehr aktiv unseren Working Moms LinkedIn-Kanal mit 6500 Followerinnen und Followern. Unser Kanal hat gerade in der Corona-Pandemie unglaublich an Zuspruch gewonnen. Die Sichtbarkeit einiger erfolgreicher Mitglieder in der Presse (wie beispielsweise Christine Graeff, Annette Messemer und Aletta von Massenbach) haben Strahlkraft.“

Was umfasst euer Angebot konkret und welche Kosten sind damit verbunden?

„Monatliche Club-Abende jeweils am Standort (vor Ort, virtuell und hybrid) sowie ein bundesweites Netzwerk mit dementsprechend bundesweiten Clubabenden. Die Themen der Clubabende sind eine Mischung aus professionellen, gesellschaftlichen und persönlichen Themen sowie Inspiration durch erfolgreiche Role Models (beispielsweise: Arbeitszeitmodelle, Netzwerk-Pflege, LinkedIn professionell nutzen, Digitalisierung & Schule, Klimawandel usw.)

Es gibt verschiedene Arbeitsgruppen, in die man sich einbringen kann, beispielsweise für Pressearbeit, LinkedIn oder Politik (unter anderem im Rahmen der Berliner Erklärung).

Darüber hinaus bieten wir noch ein Mentoring-Programm, wofür man sich anmelden kann. Eine kleine Gruppe im Verein kümmert sich dann um das Matching. Das Mentoring ermöglicht Austausch und Unterstützung im geschützten Raum. Die Mentorinnen stehen ehrenamtlich zur Verfügung, sodass dieses Angebot für unsere Mitglieder kostenlos ist.

Zusätzlich gibt es Mentoring-Abende für junge Frauen, die noch keine Working Moms sind (z. B. schwanger, vor Wiedereinstieg), wo es darum geht, ihnen Mut zu machen und ihre Fragen zu beantworten. Zum Thema *„Kind und Karriere – Wie geht das?“* findet beispielsweise ein- bis zweimal pro Jahr ein Mentoring-Club-Abend statt.

Die Kosten umfassen einen geringen dreistelligen jährlichen Mitgliedsbeitrag.“

Was ist eure Mission? Was waren eure Beweggründe, den Verein Working Moms ins Leben zu rufen?

„Damals im Jahr 2007 war es überhaupt nicht selbstverständlich, dass man Kind(er) mit einem ambitionierten Beruf verbinden konnte. Viele Frauen haben Vollzeit gearbeitet und auf Kinder verzichtet, weil die gesellschaftlichen Rahmenbedingungen noch nicht da waren. Daher haben sich Phoebe Kebbel und einige andere Mütter aus Frankfurt am Main zusammengetan, unter dem Motto *„Warum ändern wir das nicht? Wir tun uns zusammen. Das muss doch gehen. Wir stärken uns gegenseitig."* Das war letztlich die Geburtsstunde der Working Moms.

Der Verein hat ein Bedürfnis getroffen, das viele Frauen hatten. Zusätzlich war vielleicht auch Frankfurt ein guter Ort für die Gründung, weil gerade das Banken-, Rechtsanwalts- und Beratungsumfeld hier sehr herausfordernd ist, beispielsweise durch die langen Arbeitszeiten, wo sich die Vereinbarkeitsfrage besonders stellt. Die Beweggründe waren also, sich mit gleichgesinnten Müttern zu vernetzen – in einer Zeit, in der Modelle zur Vereinbarkeit noch nicht selbstverständlich waren."

Weitere Support-Möglichkeiten:

Zusätzlich gibt es auf Social Media verschiedenste Gruppen und Möglichkeiten zum Austausch sowie zahlreiche Podcasts und Blogs zum Thema.

Darüber hinaus hast du die Möglichkeit, dich individuell von einem Karriere-Coach oder einer Karriere-Beraterin/einem Karriere-Berater unterstützen zu lassen.

Let's stay in touch:

Du möchtest am Thema dranbleiben und Blogartikel sowie Einladungen zu virtuellen Events zum *New Working Mom*-Leben erhalten? Dann registriere dich unter www.kindundkarriere.at für meinen Newsletter (kostenlos, Abmeldung jederzeit möglich). Darüber hinaus poste ich laufend themenrelevante Inhalte auf LinkedIn und freue mich über eine Vernetzung mit dir und dein Feedback zum Buch via LinkedIn (bitte mit persönlicher Nachricht zur Vernetzungsanfrage[7]).

7 Um unseriöse Kontakte und Werbeanfragen zu vermeiden, bestätige ich keine Anfragen mehr ohne persönliche Nachricht. Ich möchte damit auch mein bestehendes LinkedIn-Netzwerk vor Spam-Kontakten schützen – Stichwort Datenschutz! Ich bitte um dein Verständnis.

Dein persönliches Resümee aus diesem vierten Schritt

Jedes Kapitel zeigt verschiedene themenrelevante Inhalte auf und beleuchtet vielfältige Perspektiven. Doch nicht alle Inhalte sind gleichermaßen für dich relevant, denn jede von uns braucht etwas Anderes. Befülle daher nun den **Punkt 4 deiner Roadmap** auf Seite 274, indem du dieses Kapitel nochmal durchblätterst und für dich entscheidest: Wie möchtest du dir deine ersten Schritte auf deinem Weg erleichtern? Welche Tipps oder Erkenntnisse aus diesem vierten Schritt können dich dabei unterstützen?

Kapitelzusammenfassung:

- Durch Kenntnis deiner persönlichen Energie- und Stressmuster und deiner damit verbundenen Stärken und Lernpotenziale kannst du bewusster deinen Weg gehen.

- Ins Tun zu kommen und weniger zu zögern, ist essenziell, um erfolgreich zu sein. Trau dich loszulegen!

- Unterstütze dich im Alltag laufend selbst – mental und emotional!

- Gemeinsam geht es sich oft leichter als alleine. Ziehe daher Unterstützungsmöglichkeiten in Betracht – siehe Stark durch Support.

- Know your goals and go for your goals!

SCHRITT 5

Mental Load ade! Schlüssel-Fähigkeiten für mehr Leichtigkeit und Gelassenheit im Alltag

In Schritt 1 hast du erkannt, dass Gesundheit *dein* stabiles Fundament im „Work & Family"-Alltag bildet. In Schritt 2 hast du dir bewusst Zeit genommen, um herauszufinden, *wer* du in deinen unterschiedlichen Rollen und Lebensbereichen sein möchtest. Danach hast du Karriere für dich (re-)definiert. Im vorhergehenden vierten Schritt hast du (mit Hilfe deiner Energie- und Stressmuster) deine Stärken und, in weiterer Folge, deine Ziele ergründet und damit wesentliche Bausteine gefunden, die es dir erleichtern, *deinen* Weg zu gehen.

Im nun folgenden fünften Schritt widmen wir uns jenen Schlüssel-Fähigkeiten, die jede von uns im Alltag braucht, um dranzubleiben und nicht (wieder) ins Hamsterrad zu geraten. Denn eines kennen wir wohl alle: Der Tag ist meist zu kurz für unsere Aufgaben und es mangelt uns somit an Zeit.

„Die Frau des Lebens ist nicht das Mädchen für alles."
Verfasser*in unbekannt

Schlüssel-Fähigkeiten, die du daher brauchst, um im Trubel des „Work & Family-Alltags" nicht unterzugehen, sondern kraftvoll zu bleiben, sind:

- Priorisieren
- Organisieren & Delegieren
- Entscheiden & Loslassen

In diesem Kapitel erfährst du, wie du das erlernen kannst. Auch wenn du innerlich spontan sagst: *„Ich bin eine Perfektionistin, das wird mir* *schwerfallen!*“ Vielleicht schaffe ich es doch, dich zu überzeugen. Gib dem zumindest eine Chance!

Davor gibt es im Folgenden noch wichtige Basis-Infos zum Thema.

Mental Load: Buzzword oder echte Belastung?

Wir Frauen übernehmen auch heute in der Regel noch den größeren Part der Care-Arbeit. Darunter fallen – aus Perspektive der berufstätigen Mutter – alle (meist) unbezahlten Tätigkeiten wie Kindererziehung und -betreuung, Pflege und Unterstützung von Angehörigen und Freunden bis hin zum Managen des kompletten Haushalts (Kochen, Putzen etc.).

Ohne Frage entsteht dadurch eine Vielzahl kleiner Aufgabenpakete, die organisiert und zeitlich unter einen Hut gebracht werden müssen. Die daraus entstehende Belastung nennt man Mental Load.

Mental Load ist also die Last der alltäglichen unsichtbaren Verantwortung für das Organisieren von Haushalt und Familie im Privaten, das Koordinieren im beruflichen Kontext sowie, damit verbunden, die Beziehungspflege und das Auffangen der Bedürfnisse und Befindlichkeiten aller Beteiligten in beiden Bereichen.[xxvi]

Hier ein Beispiel:

Wenn du dir die Aufgabe „mein Kind in den Kindergarten/ in die KITA bringen“ genauer ansiehst, ist die damit verbundene Mental Load in etwa folgende: Kind anziehen (evtl. davor noch Wetter checken), Jause/ Brotzeit/Snacks für den Kindergarten bzw. die KITA packen und in den Rucksack geben, Kind dabei unterstützen, Jacke und Schuhe anzuziehen, für dich selbst alles für die Arbeit einpacken, ab zu den Öffis oder ins Auto, losfahren und Kind im Kindergarten/ in der KITA abliefern.

Unter https://equalcareday.de/mental-load-home-de.pdf findest du bei Interesse den von Johanna Lücke konzipierten Mental Load-Selbsttest der Initiative Equal Care Day, den du mit deinem Partner/deiner Partnerin machen kannst.

Warum es hilfreich ist, die eigene Mental Load zu kennen:

Erstens, weil du dann auf einmal viel besser verstehst, warum Stunden vergehen und du am Ende des Tages durch die vielen Mini-Tätigkeiten ungerechtfertigter Weise oft das Gefühl hast, *nichts* getan zu haben.

Zweitens findest du durch dieses Bewusstmachen Möglichkeiten, deine Mental Load zu reduzieren, beispielsweise durch Aufteilung oder Abgabe gewisser Aufgaben an deine Partnerin/deinen Partner oder dein Kind/deine Kinder oder durch Outsourcing an externe Personen oder Unternehmen (Bügelservice, Haushaltshilfe, Lieferservice für Speisen und Lebensmitteleinkäufe und vieles mehr). Versuche kreativ zu denken: Selbst wenn es dir finanziell momentan nicht möglich ist, jemanden für bestimmte Aufgaben zu bezahlen, so kannst du vielleicht andere Möglichkeiten finden, um deine Mental Load zu reduzieren, beispielsweise durch Unterstützung von Familie und Freunden.

Viele Working Moms haben das Bild im Kopf, alles alleine schaffen zu müssen, und scheuen sich davor, andere um Unterstützung zu bitten. Die zwei häufigsten Gründe dafür sind: Sie wollen nicht als schwach gelten, oder es fällt ihnen schwer, die Kontrolle loszulassen. Beides kannst du ändern, wenn du es wirklich willst! Meiner Meinung nach liegt darin sogar ein Schlüssel, um auf *gesunde* Art und Weise erfolgreich zu sein – beruflich wie privat. Das kannst du auch aus den Interviews herauslesen!

Und drittens, weil deine Mental Load umso mehr Grund für dich sein sollte, die dadurch entstehenden Belastungen mit Phasen der Erholung auszugleichen. Wie in Schritt 1 erwähnt, liegt es in unserer Natur (siehe Autonomes Nervensystem), Leistung und Erholung auszugleichen. Daher versuche auch im Einklang mit deinem Organismus zu leben und ihm diesen Ausgleich zu geben. Entspannt können wir außerdem leichter allzu hohe Erwartungen loslassen. Die daraus resultierende *entspanntere* Sichtweise reduziert wiederum unsere Mental Load.

Auch der Blickwinkel auf deine Aufgabenpakete spielt dabei eine Rolle. Es macht einen Unterschied, ob du dir beispielsweise denkst „Jetzt muss ich schon wieder staubsaugen!“ oder „Ich sauge jetzt und freue mich dann über den sauberen Boden!“ Einen weiteres Beispiel: „Schon wieder kochen!“ versus „Ich koche uns jetzt was Gutes und genieße dann das leckere Essen.“

Denn im Endeffekt hast du dich ohnehin für deine Aufgaben entschieden und sie gehören zu deinem Alltag dazu! Du kannst es dir leichter machen, sie zu erledigen, indem du sie positiv betrachtest und nicht negativ. Zusätzlich reduzierst du damit deinen Stresspegel, denn negative Gedanken und Gefühle führen häufig zu körperlichen Stressreaktionen.

Vielleicht denkst du dir nun: Leicht gesagt, doch schwer getan! Im sechsten und letzten Schritt erhältst du daher konkrete Übungen und Tipps, die dir hierbei helfen können. Auch das Powerbook aus Kapitel 4 kann dich dabei unterstützen, eine positive Perspektive zu entwickeln und zu bewahren.

Nun kommen wir zu den Schlüsselfähigkeiten, die du brauchst, um deine Mental Load zu reduzieren.

Prioritäten setzen

Können wir eine liebevolle Mutter UND gleichzeitig beruflich erfolgreich sein UND dabei gesund bleiben UND unsere Partnerschaft pflegen? Ja, das geht! Allerdings ist es alles andere als ein Kinderspiel! Ich würde sogar sagen, es ist wohl eine der größten Herausforderungen von uns Working Moms. Wir brauchen dazu eine ordentliche Portion Klarheit, gute Nerven und die Fähigkeit, zu priorisieren und dementsprechend Entscheidungen zu treffen.

Die 3 wichtigsten Fragen zur Priorisierung sind:

1. **Was brauchst du, damit es dir gesundheitlich gut geht?** Diese Frage bezieht sich auf deinen Alltag. Das können beispielsweise 8 Stunden Schlaf, eine Bewegungs- oder Entspannungseinheit X-mal pro Woche oder Ähnliches sein. Schreibe dir auf deinem Notizblock auf, was dir spontan zu dieser Frage einfällt. Gerne kannst du zusätzlich nachsehen, was du in Schritt 1 „Gesundheit als Fundament“ für dich erarbeitet hast.
2. **Was brauchen deine unmittelbaren Familienmitglieder, damit es ihnen gut geht, und was ist dein Verantwortungsbereich daran?** Beispielsweise: Wieviel Qualitätszeit brauchen deine Kinder mit dir? Wieviel Zeit braucht ihr – du und dein Partner/deine Partnerin – für eure Beziehungspflege? Formuliere das ganz konkret tages- oder wochenbezogen.

Ganz wichtig: Du bist nicht für ALLES verantwortlich. Hat dein Partner/deine Partnerin beispielsweise eine schwer überwindbare, psychische Krise, so kannst und sollst du zwar eine verständnisvolle Partnerin sein, jedoch nicht die Rolle einer Psychotherapeutin übernehmen! Auch deine Kinder solltest du beispielsweise ab einem gewissen Alter nicht mehr rund um die Uhr selbst betreuen. Kinder brauchen andere Kinder! Bei größeren Kindern gibt es wieder ganz andere Herausforderungen. Dann bist du vielleicht damit beschäftigt, Taxi zu spielen und sie zu ihren Aktivitäten zu chauffieren und die dadurch entstehenden Zeitfenster gleichzeitig sinnvoll für dich zu nutzen sowie obendrein noch kleine, gemeinsame Zeiten als Familie zu gestalten. Auch Aufgaben wollen innerhalb der Familie verteilt sein. Partner/Partnerin und Kinder sind genauso Haushaltsmitglieder, die ihren Beitrag leisten können.

3. **Wie viel Zeit erfordert dein Job und dein beruflicher Fortschritt pro Woche? Wie kannst du dir diese Zeit einteilen?** Beispielsweise sind das deine konkreten Arbeitszeiten oder Zeitfenster, die du dir für deinen Job und dein berufliches Vorankommen blockst. Beziehe hier auch die künftige Perspektive mit ein, wie relevante Fortbildungen, die du benötigst, um up to date zu bleiben.

Bitte beachte dabei: Es gibt keinen *point of no return*! Wenn du beispielsweise ein paar Jahre versuchst, als Selbstständige erfolgreich zu sein und es sich einfach nicht rechnet (im Sinne von aufgewendete Zeit und Energie versus Einkommen), dann gesteh dir das ein! Manchmal ist ein Ende mit Schrecken sprichwörtlich besser als ein Schrecken ohne Ende.
Es hat keinen Sinn, sich kaputtzuarbeiten. Auch Scheitern gehört zum Leben dazu. Häufig sind jene, die ehemals mit einem Vorhaben oder Unternehmen „gescheitert" sind, später in einer anderen Funktion besonders erfolgreich. Auch Misserfolge können uns weiterbringen!

Nach Beantwortung dieser Fragen (und mit den dementsprechenden Notizen auf deinem Block) wirst du feststellen, dass wenig Zeit für *Sonstiges* bleibt. Das zu akzeptieren, ist sehr wichtig. Es ist der Preis, den du bezahlst – dafür, eine liebevolle Mutter und Partnerin zu sein, die gleichzeitig im Beruf erfolgreich ist (oder sein wird) und dabei gut auf sich selbst achtet (um eben nicht im Burnout oder einer schweren chronischen Erkrankung zu landen).

Also sag bewusst Ja zu diesem Preis, denn deine Zeit ist bestens in deine höchsten Prioritäten investiert. Kein Wunder, dass hier nicht viel Platz für anderes bleibt!

Vielleicht hast du nach diesen Sätzen nun ein mulmiges Gefühl. Vielleicht wolltest du bisher (so wie ich eine Zeit lang auch) an „möglichst vielen Kirtagen gleichzeitig tanzen", wie es nach einem österreichischen Sprichwort so schön heißt. Vielleicht hast (oder hattest) du nach der Geburt deines Kindes das Gefühl, viel zu verpassen und zu wenig Zeit für andere Rollen und Bereiche zu haben.

Das habe ich auch hinter mir, doch ich kann dir aus meiner Erfahrung sagen: Je klarer du dir deiner Werte und Rollenbilder wirst (blättere dazu in den Übungen von Schritt 2 nach), desto gelassener kannst du werden und desto mehr wird dir vor allem bewusst, dass es dir an nichts Wesentlichem fehlt! Vielleicht sagst du dann: Es ist gut, so wie es ist!

Damit du zusätzlich zumindest ein wenig Zeit für Freunde, weitere Familienmitglieder oder Kolleginnen und Kollegen finden und im Alltag einplanen kannst, findest du im Folgenden eine Übung. Diese kann dir helfen, Klarheit darüber zu gewinnen, wie du die sonstigen Beziehungen in deinem Leben weiter pflegen möchtest und wie viel Zeit du dir dafür konkret reservierst.

Eine wichtige Anmerkung vorab: Diese Übung ist vor allem für jene Leserinnen gedacht, die aktuell aufgrund von Kinderbetreuung und Job wenig bis keine Zeit für ihre Sozialkontakte haben und sich daher eine Richtschnur wünschen, wie sie das Kontakthalten konkret planen können. Wenn du ungerne planst oder sehr spontan bist, wird dir die Übung vermutlich weniger zusagen. In diesem Fall überspringe sie einfach.

Übung: Relationship Overview

1. Mach dir auf deinem Notizblock mit Bleistift eine Liste aller Personen in deinem sozialen Umfeld (beruflich, privat), die dir wichtig sind (Partner/Partnerin und Kind/Kinder brauchst du an dieser Stelle nicht anführen, denn diese haben wir ohnehin bereits oben mit den 3 Fragen abgedeckt).

Überlege, welche davon du ohnehin im Alltag regelmäßig siehst (z. B. Arbeitskolleginnen und -kollegen). Notiere dir neben diesen Personen Möglichkeiten (inkl. Zeitangabe), mit ihnen im Gespräch und damit auch in Beziehung zu bleiben.
Beispiele: Alle 14 Tage ein gemeinsames Mittagessen (45 Minuten) mit Kollegin XY. Einmal pro Halbjahr Einladung der benachbarten, befreundeten Familie zum Essen (3-5 Stunden).

Blicke nun auf jene Personen auf deiner Liste, die du nicht regelmäßig siehst, und überlege dir – mit Blick auf deine beruflichen und familiären Aufgaben – wie viel Zeit du dir realistisch für deren Beziehungspflege nehmen kannst!
Deine Notizen könnten beispielsweise so aussehen: Großeltern einmal pro Monat besuchen. Eltern alle 14 Tage besuchen und dazwischen jeden 3. Tag telefonieren. Freundin A einmal pro Halbjahr treffen und zumindest einmal im Monat telefonieren (Du führst also jeweils neben der Person die Kontaktfrequenz an.).

2. Betrachte die Liste abschließend mit Blick auf dein Zeitmanagement und frage dich: Geht sich das aus? Wenn nicht, radiere die Angaben teils wieder aus und schreibe sie neu.

3. Wenn du deinen Monat zeitlich planst, kannst du die gemachten Angaben dazu nutzen, um dir deine Beziehungszeiten bewusst einzuteilen und um Aktivitäten zur Beziehungspflege gemeinsam mit deinem Partner/deiner Partnerin zu besprechen und im Anschluss die jeweiligen Termine zu vereinbaren (z. B. Einladung von Freunden am ersten Samstag des Monats, Besuch der Eltern am Sonntag des darauffolgenden Wochenendes usw.).

Mut zur Lücke? Über Organisation und Delegation

Vielleicht ist dir bei dieser Überschrift mulmig geworden und du hast überlegt, diesen Teil zu überspringen, weil dir ein innerer Widerstand gesagt hat: Nein, eine Lücke will ich nicht! Das ist nicht wünschenswert für mich!

Eines daher gleich vorweg: Es geht nicht darum, nachlässig zu werden und Tätigkeiten mehr schlecht als recht zu erledigen.

Vielmehr geht es darum, zu hinterfragen:

- Ist gut nicht oftmals *gut genug*?
- Möchte ich wirklich laufend die *Extra-Meile* gehen? Hält meine Gesundheit das aus?
- Investiere ich in die Selbstfürsorge ebenso Zeit und Energie oder geht meine gesamte Energie bei beruflichen Tätigkeiten und bei der fürsorglichen Behandlung anderer flöten?

Und da der Tag nur 24 Stunden hat, ist eine logische Konsequenz daraus, dass eben nicht alles mit Erwartungen von 120 % geht!

Überlege dir daher für dich – auch in Hinblick auf deine definierten Werte – was wirklich für dich zählt. Ein Beispiel: Haben geputzte Fenster die gleiche Priorität wie Qualitätszeit mit der Familie? Wenn du spontan sagst: „Nein, doch was denken andere von mir, wenn die Fenster schmutzig sind?“, dann werde dir bewusst, dass du hier versuchst, den Werten anderer gerecht zu werden, nicht deinen eigenen!

Eines kann ich dir in meiner Rolle als Coach sagen: Du wirst es nie schaffen, den Erwartungen aller gerecht zu werden. Und bei dem Versuch wirst du früher oder später daran zerbrechen.

Daher ist es entscheidend, dass du dein Leben *deinen* Werten entsprechend gestaltest und im Alltag nicht nur die Bedürfnisse deiner Familie, sondern auch deine eigenen wahrnimmst. Dass es dabei zwischendurch zu Meinungsverschiedenheiten oder Konflikten kommen kann, ist völlig normal. Diese gilt es im Idealfall offen zu besprechen und gemeinsam Lösungen zu finden.

Dabei hat es sich bewährt, die Bedürfnisse zu thematisieren. Also: was braucht jede/r von uns, damit es ihr/ihm gut geht? Diese Bedürfnisse können auch gemeinsam aufgeschrieben werden.

Aktives Zuhören mit ungeteilter Aufmerksamkeit (also nicht vor dem TV, Smartphone, neben dem Kochen o. Ä.) sowie Ich-Botschaften (Ich fühle mich dabei ..., ... hat mich verletzt) können uns außerdem helfen, Konfliktgespräche wertschätzend zu führen. Weitere Tipps zum Konfliktmanagement in der Familie findest du auf meiner Website unter https://www.kindundkarriere.at/konfliktmanagement.

Wie du die größte Hürde beim Delegieren lösen kannst, erfährst du im Folgenden.

Das Delegations-Dilemma und wie wir es lösen können:

Vielleicht kennst du das: Du fängst an, Dinge an andere abzugeben, und dann klappt es nicht so, wie du es dir vorstellst. Du bist also mit dem Ergebnis nicht zufrieden. Egal, ob es darum geht, dass dein Mann dein Kind nicht *richtig* angezogen hat oder deine kürzlich engagierte Haushaltshilfe dein Waschbecken nicht *ordentlich* geputzt hat.

Du überlegst: „Lohnt sich das? Wenn ich mich nun ärgere, wäre es doch besser, ich mache es gleich wieder selbst, oder?" Das Dilemma beginnt, denn du bist nun weder mit der Delegation der Aufgabe zufrieden noch damit, es selbst zu machen. Kannst du es nicht lösen, führt das zu Frust und Überforderung.

Der Schlüssel liegt meiner Meinung nach hier vor allem darin, die eigenen Erwartungen zu prüfen und auch anzuerkennen, dass es oftmals kein *richtig* oder *falsch* gibt, sondern viele Bereiche dazwischen, die *okay* sind. Natürlich gibt es Dinge, über die du nicht hinwegsehen möchtest, oder Bereiche, die für dich höchste Priorität haben (z. B. die Betreuungsqualität deiner Kinder). Das ist auch gut so! Doch du kannst bestimmt

Aufgaben oder Bereiche identifizieren, bei denen du durchaus an deinen Erwartungen arbeiten kannst.

Wenn wir unsere Erwartungen derart hoch ansetzen, stiftet das Unzufriedenheit in uns UND unseren Mitmenschen. Es kann uns helfen, wenn wir tief durchatmen und das Positive daran sehen: Eine andere oder ein anderer macht's! Um bei den zwei Beispielen zu bleiben: Dein Kind ist angezogen. Punkt. Das Waschbecken ist geputzt. Punkt. Auch wenn vielleicht Kalk oder minimale Schmutzreste darin zurückgeblieben sind. Du konntest die gewonnene Zeit dafür anders nutzen! Denn jemand hat dir die Arbeit abgenommen. Je öfter du dich in dieser Gelassenheit übst, desto leichter wir es dir fallen.

Doch oftmals ist die größte Hürde, es überhaupt zu schaffen, Dinge abzugeben. Dem widmet sich daher die folgende Übung.

Übung: Delegieren mit Leichtigkeit

Blättere dazu deine notierten Werte und formulierten Rollenbilder durch (beides siehe Schritt 2). Sieh dir danach die Tabelle im Folgenden an und betrachte die 6 Spalten.

Überlege dir:

1. Welche Tätigkeiten in meinem Alltag zahlen nicht auf meine Werte und Rollenbilder ein? Notiere diese in der Spalte TÄTIGKEITEN.
2. Welche von diesen gesammelten Tätigkeiten kann ich delegieren? Und an wen? Notiere deine Antworten in der zweiten Spalte.
3. Wie viel Zeit kann ich dadurch *freispielen*? Wofür könnte ich diese Zeit nutzen in Hinblick auf eine gesunde und glückliche Zukunft? Notiere deine Antworten in Spalte drei und vier.
4. Beantworte zu guter Letzt noch folgende Fragen: Welchen Benefit/ Gewinn habe ich durch die anderweitige Nutzung dieser Zeit (egal ob kurz-, mittel- oder langfristig)? Was kostet mich das Delegieren/ Outsourcing?

Tätigkeiten	Delegation an	Gewonnene Zeit
______	______	______
______	______	______
______	______	______
______	______	______

Nutzbar für	Benefit/Gewinn	Kosten/Preis
______	______	______
______	______	______
______	______	______
______	______	______

Beispiel:

Tätigkeiten	Delegation an	Gewonnene Zeit
Wohnung putzen	*Haushaltshilfe/ Reinigungskraft*	*3h / Woche*

Nutzbar für	Benefit/Gewinn	Kosten/Preis
Aufbau eines zweiten Standbeins	*zweites Einkommen, zunehmende Unabhändigkeit vom Arbeitgeber*	*ca. 40€ / Woche*

Entscheidungen treffen und loslassen

Du erkennst nun anhand dieser Übung, dass es sehr wohl Tätigkeiten gibt, die du delegieren könntest und die dir einen Benefit bringen. Einen Benefit, der auf deine Rollenbilder und damit auf die Gestaltung einer glücklichen Zukunft einzahlt! Im Gegenzug zahlen wir natürlich meist auch einen „Preis" für unser Outsourcing und Delegieren (außer du kannst z. B. innerfamiliär kostenlos delegieren).

Letztlich bleibt es ein Abwiegen zwischen Preis und gewonnener Zeit – samt Benefit dieser Zeit. Beziehe dabei auch die längerfristige Perspektive (wie deine berufliche Entwicklung) mit ein und triff Entscheidungen. Gib nicht beim ersten Hindernis (z. B. ungeeignete Babysitterin, Brandflecken nach Bügelservice etc.) auf, sondern such nach Alternativen und bleib dran.

Wichtig bleibt, wie oben erwähnt: Habe Geduld mit denjenigen, an die du delegierst, und „schraube" deine Erwartungen etwas herunter. Auch das ist Übungssache! Vieles lässt sich in einem wertschätzenden Gespräch klären. Zusätzlich kann es dich unterstützen, diese Übung in schwierigen Situationen nochmals anzusehen und dir die Benefits der delegierten Aufgaben bewusst zu machen.

„If you want to go fast, go alone. If you want to go far, go together." Afrikanisches Sprichwort

Wenn du bereits erfolgreich all jene Tätigkeiten delegiert hast, die nicht unmittelbar auf deine Werte einzahlen und delegierbar sind, kannst du natürlich beginnen, auch einzelne Tätigkeiten zu delegieren, die dir wichtig sind. Beispielsweise, indem du als Selbstständige deine erste Mitarbeiterin oder deinen ersten Mitarbeiter in deinem Unternehmen einstellst.

Ein Learning von vielen erfolgreichen Menschen ist: Auf Dauer schafft man es nicht alleine. Dazu gehört für mich auch, mir in einem Angestelltenverhältnis die eigenen Leistungsgrenzen bewusst zu machen und zu wahren. Es kann auf Dauer nicht gut gehen, sich im Job derart auszupowern, dass für die anderen Rollen kaum Energie bleibt. In diesem Fall solltest du ein Gespräch mit deiner Führungskraft suchen und im Falle von Unverständnis einen Jobwechsel erwägen und mit

Bewerbungsaktivitäten beginnen. Ein familienfreundliches Arbeitsumfeld und Unterstützung im Falle eines zu hohen Workloads ist das A und O.

TIPP: Übe das Loslassen auch bei deinem Kind/deinen Kindern!

Wenn dein Kind noch klein ist, fällt dir das vielleicht schwer. Ich kann mich selbst noch gut daran erinnern, als ich meinen Mann knapp 4 Wochen nach der Geburt unseres Kindes zum ersten Mal drei Stunden mit ihm allein gelassen habe. Puh, das war die ultimative Loslass-Challenge für mich. Obwohl ich meinem Mann hundertprozentig vertraue, kamen dann doch Gedanken wie: „Hoffentlich schafft er das alleine? Hoffentlich weint unser kleiner Schatz nicht?"

Und das ist ja – wie wir Mütter wissen – erst der Anfang: Je älter ein Kind wird, desto mehr muss (oder idealerweise will) man als Elternteil sukzessive loslassen. Denn nur so kann das Kind selbstständig werden und sich entwickeln. Und das wollen wir ja letztlich!

Eine der größten Herausforderungen als Elternteil ist es demnach wohl, laufend **das richtige Maß zwischen sein lassen, fördern und fordern** zu finden. Als Kompass können uns dabei die Bedürfnisse unseres Kindes/unserer Kinder dienen. Denn Kinder brauchen neben Liebe vor allem Vertrauen und Freiraum sowie gleichzeitig einen Rahmen, der ihnen Halt gibt. Zu guter Letzt benötigen sie manchmal auch einen (je nach Alter mehr oder weniger) kräftigen Schubs, um voranzukommen (*out of the comfort zone!*).

Doch letztlich sind wir alle Menschen und es ist vollkommen okay, wenn wir als Eltern nicht perfekt sind. Ich denke sogar, es ist wichtig, unseren Kindern zu vermitteln, dass wir ebenso Fehler machen. So lernen sie am besten, authentisch zu sein. Sie erkennen dann, dass sie Fehler machen dürfen, und werden selbst nicht zu perfektionistischen Menschen. Das schafft Raum für Leichtigkeit und Mut, Dinge auszuprobieren.

Zum Abschluss des Kapitels gehe nun auf Seite 274 und **befülle Punkt 5 in deiner Roadmap**. Konkretisiere, was du nach dem Lesen dieses

Kapitels tun möchtest, um mehr Leichtigkeit in deinen Alltag zu bringen (z. B. welche Prioritäten du im Alltag setzt und welche Aufgaben du delegierst).

Kapitelzusammenfassung:

- Mental Load kann eine massive Belastung sein.
- Die genannten Schlüssel-Fähigkeiten (Prioritäten setzen, Organisieren & Delegieren, Entscheidungen treffen & Loslassen) helfen, sie zu reduzieren und damit mehr Leichtigkeit in deinen Alltag zu bringen.
- Es braucht beides: stark sein und schwach sein – Verantwortung übernehmen und auch Verantwortung abgeben.

SCHRITT 6

Resilienz in der Praxis – Vom Zauber der Zeit und der Fähigkeit zum bewussten Leben im Hier und Jetzt

Resilienz ist, kurz gesagt, unsere Fähigkeit, nach großen Herausforderungen, schlimmen Erlebnissen, Schicksalsschlägen, Scheitern usw. wieder aufzustehen und weiterzumachen. Diese unterschätzte psychische Widerstandskraft ist lernbar!

Wir alle erleben sie einmal im Laufe des Lebens: Tage, an denen wir uns fühlen, als hätte uns das Leben den Boden unter den Füßen weggezogen.

Ich persönlich hatte solch einen Tag im Alter von 11 Jahren, als mein Vater plötzlich verstarb. Ich war die ersten zwei Wochen wie in Schockstarre. Ich konnte nicht weinen. Ich war so tief getroffen, dass ich dazu nicht fähig war. Ich ging zwar nach ein paar Tagen wieder zur Schule, um mich abzulenken, doch ich war nur physisch da. Gedanklich war ich ganz woanders. Ich machte mir Vorwürfe, dass ich ihm mehr hätte zeigen sollen, wie sehr ich ihn als Vater liebte, und bereute, dass ich nun keine Gelegenheit mehr dazu hatte. Kurzum: Von diesem Tag an war mein Leben ein anderes.

Was mir damals sehr half: Ich begann, psychologische Beratung in Anspruch zu nehmen, um besser mit der Situation fertigzuwerden (das war übrigens mein erster Berührungspunkt mit einer Lebens- und Sozialberaterin). Dennoch brauchte ich rund ein Jahr, um einigermaßen über den tiefen Schmerz hinwegzukommen und wieder zu einem halbwegs „normalen“ Gefühl zurückzufinden.

Wenn du schon einmal einen geliebten Angehörigen verloren hast, kennst du das vermutlich: Du funktionierst zwar und lebst weiter, aber von intensiven, positiven Gefühlen wie Freude oder Glück bist du zu Beginn meilenweit entfernt. Bis sie zurückkehren, dauert es einfach.

Heute, 24 Jahre später, kann ich durch die zeitliche Distanz aus dieser schmerzhaften Erfahrung sogar etwas Positives ableiten: Ich wurde dadurch unglaublich schnell selbstständig. Vielleicht wäre ich ohne dieses einschneidende Ereignis viel verwöhnter aufgewachsen und weit länger in meiner „wohligen" Komfortzone geblieben.

So schmerzhaft es zu Beginn war, so habe ich letztlich vieles daraus gelernt: Nämlich, dass unser Leben und unsere Beziehungen kostbar sind. Dass eine gute Balance der Lebensbereiche wichtig ist. Dass wir uns nie nur auf eines, wie z. B. den Beruf, stürzen sollten. Und das Allerwichtigste für mich: Dass mein Vater durch seinen Tod nicht für mich gestorben, sondern sozusagen ein „immaterieller Begleiter und Wegweiser" für mich geworden ist. Bei wichtigen Entscheidungen in meinem Leben überlege ich: Was würde er mir heute dazu raten? Die faszinierenden Bücher von Elisabeth Kübler-Ross und ihre Erkenntnisse aus der Sterbeforschung haben mich außerdem davon überzeugt, dass der Tod nicht das Ende ist. Diese Bücher kann ich jedem, der einen geliebten Menschen verloren hat, von ganzem Herzen empfehlen.

Und ja, heute bin ich davon überzeugt: **Die Zeit heilt unsere Wunden und sie verwandelt die Wunden in Chancen zu wachsen.**

Nach dieser persönlichen Einleitung zum Thema Resilienz möchte ich dir im Folgenden konkrete Tipps vorstellen, die dich allgemein dabei unterstützen können, deine psychische Widerstandskraft zu erhöhen und mit Krisen fertigzuwerden. Nach diesen Tipps folgen persönliche Erzählungen von einigen wahren Powerfrauen, die allesamt durch schwierige bis sehr schwierige Lebensphasen gegangen sind. Sie geben dir ihre wertvollen Erfahrungen weiter.

Über die Fähigkeit zum bewussten Leben im Hier und Jetzt

Stell dir selbst folgende Frage: Wann hast du zum letzten Mal Zeit mit deiner Familie zuhause *bewusst* genossen, ohne daran zu denken, was noch alles zu tun ist?

Wir Frauen sind häufig Meisterinnen der Organisation und des Multitasking. Doch das ist Fluch und Segen zugleich. Denn oft fällt es uns dadurch schwer, „runterzukommen“ und Momente *bewusst* zu genießen.

Dein Fokus kann dir helfen, im Alltag weg vom *Funktionieren* hin zum *Spüren* und damit zu mehr Lebensqualität zu kommen.

Kurz gesagt: wir können unseren Fokus auf alle Zeitebenen richten:
- Vergangenheit
- Gegenwart
- Zukunft

Die Schwierigkeit, die heute der Großteil von uns Müttern hat, ist, die Gegenwart bewusst wahrzunehmen. Warum? Weil wir oftmals viel zu sehr mit den noch zu erledigenden Aufgaben (Stichwort Mental Load) beschäftigt sind, um das Hier und Jetzt zu genießen. Doch das können wir üben, indem wir Ablenkungen beiseitelegen (vor allem ablenkende Gedanken!) und uns beispielsweise bewusst auf unsere Kinder konzentrieren und mit ihnen spielen.

TIPP: Setze dabei alle deine Sinne ein – Fühlen, Hören, Sehen, Riechen und Schmecken. Das unterstützt dich dabei, die Freuden des Alltags viel bewusster wahrzunehmen.

Zusätzlich gibt es noch zwei Fokus-Richtungen, die wir unterscheiden können:
- Fokus auf das, was da ist.
- Fokus auf das, was fehlt.

Wenn du es schaffst, dankbar zu sein und bewusst wahrzunehmen, was alles da ist, kannst du viel mehr Zufriedenheit in deinem Alltag empfinden. Du siehst dann die strahlenden Kinderaugen, das lachende Gesicht, bist dankbar für die guten Beziehungen in deinem Leben, dein Dach über dem Kopf, das Wetter und vieles mehr!

Der Schlüssel für mehr Lebensqualität im Alltag liegt also zusammenfassend im Fokus auf das Hier und Jetzt sowie darauf, was da ist!

Wenn du dir nun denkst: „Klingt ja toll, aber ich weiß nicht, ob ich das schaffe!", hilft dir vielleicht das in Kapitel 4 erwähnte POWERBOOK. Lege es dir auf den Nachttisch oder auf dein Kopfkissen und befülle es jeden Abend vor dem Einschlafen. Das Ausfüllen ist wie eine Art meditativer Prozess, in dem dir bewusst wird, welche kleinen Freuden und schönen Momente dir dein Tag geschenkt hat. Gleichzeitig ist das Buch auch eine Ressource und Hilfestellung für schlechtere Tage. Du kannst es dir an solchen Tagen durchlesen und dadurch wieder neue Kraft gewinnen.

Resilienz bedeutet auch, Polaritäten auszuhalten

Unser Leben besteht genau betrachtet laufend aus Polaritäten, die es zu balancieren und auszuhalten gilt. Hier ein paar Beispiele:

- Arbeit oder volle To-do-Liste *versus* Bedürfnis nach Erholung
- Mehr Geld oder Einkommen *versus* mehr Freizeit
- Und manchmal sogar in dreifacher Hinsicht: Me-Time *versus* Quality-Time mit der Familie *versus* Arbeitszeit.

Das ist manchmal ein Seiltanz, keine Frage. Doch wenn wir regelmäßig innehalten und in uns hineinhören, wie in den vorherigen Schritten besprochen, kann es uns gelingen.

Denn in der Quintessenz geht es – wenn wir ehrlich zu uns selbst sind – letztlich immer darum: **Wie können wir im Hier und Jetzt (und idealerweise auch in Zukunft) glücklich sein**, trotz – oder, besser gesagt, mit – all unseren Rollen und zugehörigen Aufgaben?

Wenn wir es schaffen, die schönen Momente der Gegenwart wahrzunehmen und zu genießen, fördern wir damit einhergehend auch eine erfüllende Zukunft.

Doch den Weg gehen müssen wir selbst! Das kann uns niemand abnehmen. Die Umsetzung fällt uns an manchen Tagen leichter, an anderen schwerer.

Ein paar praktische Übungen und Anleitungen,...

...die dich dabei unterstützen können, deine Fähigkeit zu stärken, *bewusst* im Hier und Jetzt zu leben:

- **Vermeide Medienkonsum in den letzten 2 Stunden vor dem Zubettgehen.** Das gilt besonders, wenn du dich gestresst fühlst oder abends schwer zur Ruhe kommst. Such dir eine oder mehrere der folgenden Alternativ-Beschäftigungen aus: Tanzen, Bewegung (in der Natur), Entspannungsmusik oder deine Lieblingsmusik, bei offenem Fenster den Himmel ansehen (vielleicht hast du sogar Glück und siehst Sterne), Singen, Basteln, Malen, Musizieren, ausgelassene Körperpflege (Verwöhnbad, Dusche, Kopfmassage beim Haare waschen, Eincremen mit einer pflegenden Körpermilch oder einem Körperöl), im Powerbook schreiben, ein (positives!) Buch deiner Wahl lesen.

- **Finde täglich zur Ruhe:** Mach deinen Tag nie so voll, dass für die kleinen Freuden des Alltags kein Platz mehr ist. Beispiele: Ein gemeinsames Essen oder ein gutes Gespräch mit Partner/Partnerin und Kind/Kindern, bewusster Augenkontakt, ein Lächeln, das erwidert wird, eine Umarmung, die von Herzen kommt.
  Wenn dir solche Momente abhandengekommen sind, hol sie dir wieder! Sie machen aus jedem gewöhnlichen Tag einen besonderen! Und vergiss nicht: Wenn du dich änderst, wird sich dein Umfeld auch mitverändern. Vielleicht braucht es ein bisschen Zeit, bis ihr die „alte" Tiefe an Gefühlen wieder erlangt, doch es wird gelingen, wenn es dir wichtig ist und du beginnst zu geben.

- **Hör auf, dich selbst unter Druck zu setzen!** Es reicht, wenn du beruflich von anderen Zeitvorgaben bekommst (oder dir selbst welche setzt). Du musst es nicht auch noch im Privaten übertreiben. Wenn das Kochen beispielsweise mal länger dauert als geplant, dann esst eben einen Apfel als Vorspeise. Hör auf, dich unnötig zu stressen. Die meisten Unfälle passieren übrigens laut Unfallstatistik im Haushalt![xxvii] Das Tempo und die eigenen Erwartungen zu drosseln, kann hier Abhilfe schaffen. Auch die Wichtigkeit einer Sache in Relation zum Gesamtkontext zu sehen, kann Stress aus der Situation nehmen. Verspätet zu einem Termin zu kommen, ist zum Beispiel kein Weltuntergang oder Todesurteil. Mit 160 km/h völlig gestresst dorthin zu rasen, kann im worst case einen tödlichen Ausgang haben!

- **Stop thinking, start being!** Probiere verschiedene Entspannungs- und Achtsamkeitstechniken aus, um mehr in Richtung *Sein* zu kommen und weniger Gedanken zu *haben*. Wenn dir Yoga, Meditation, MBSR (Mindfulness-Based Stress Reduction) oder Ähnliches nicht zusagt und du dich immer wieder schwer tust, aus deinem Gedankenkarussell oder Hamsterrad auszusteigen, versuch es mit Sport (manche von uns brauchen Bewegung, um gedanklich zur Ruhe zu kommen) und bewusster Wahrnehmung deiner Lieben. Wie weiter oben erwähnt: Es zählt nicht, physisch beisammen zu sein, sondern es braucht letztlich auch ungeteilte Aufmerksamkeit. Konzentriere dich auf dein Kind/deine Kinder und deinen Partner/deine Partnerin und nimm sie mit all deinen Sinnen bewusst wahr (ohne dass du nebenbei etwas tust!). Sieh ihnen zu, hör ihnen zu, umarme sie liebevoll, rieche, wie sie duften, oder gib ihnen einen herzlichen Kuss auf die Wange.

- **Pfeif auf deine To-do-Liste**: Die meisten Aufgaben laufen dir ohnehin nicht davon. Das „Lebensnotwendige“ und Wichtigste hast du vermutlich schon erledigt! Dein Wohlbefinden und dein Schlaf sind viel wichtiger. Mach aus deiner mit Hassliebe behafteten To-do-Liste eine „I love to do“-Liste. Denn in Wahrheit hast du dich dafür entschieden. Du kannst dich daher ab jetzt dazu entschließen, die Aufgaben *gerne* anzugehen, wann es dir – im Einklang mit deiner Gesundheit – möglich ist.

- **Lerne, deinen Schlaf zu schätzen und zu pflegen**: Dein Schlaf ist dein innerer *Superhero*! Während des Schlafes arbeitet dein Immunsystem auf Hochtouren und bringt Reparaturprozesse im Körper in Gang. Wer langfristig beim Schlaf spart, bezahlt unter Umständen mit schwerer Krankheit!

- **Es ist gut, so wie es ist!** Wenn du mal einen Termin verpasst oder etwas nicht schaffst, wird es nicht so wichtig gewesen sein. Aus jeder noch so misslichen Situation können sich später im Leben noch positive Dinge ergeben. Wenn eine Türe zugeht, geht später eine andere auf. Versuche zunehmend darauf zu vertrauen!

- **Mental Health:** In welchen Situationen hast du tiefe Entspannung erlebt oder dich im Tun so richtig gut gefühlt? Egal, ob es Alltagssituationen waren oder Erlebnisse im Urlaub oder bei Unternehmungen: schreib dir deine Erinnerungen auf. Welche davon kannst du in deinen Alltag transferieren? Was spricht beispielsweise dagegen, regelmäßig an den nahegelegenen See zu fahren, wenn du weißt, dass du dort intensiv entspannen und auftanken kannst? Oder zumindest jeden Tag abends beim Duschen zehn Minuten an den See zu denken und dir diesen kraftvollen Moment mental herzuholen? **Nimm dir regelmäßig Zeit für Phasen und Aktivitäten, die dir guttun. Deine Gesundheit ist und bleibt dein Fundament.**

„Gib jedem Tag die Chance, der schönste deines Lebens zu werden.“ Mark Twain

Ja zum Leben sagen – auch in schwierigen Zeiten: Zwei Interviews mit resilienten Powerfrauen.

> Ruth: Zuerst gefeiert, dann gefeuert

Unglaublich, aber wahr: Ihr Arbeitgeber hat sie anlässlich ihres Abschieds in den bevorstehenden Mutterschutz zuerst feierlich verabschiedet mit Blumenstrauß und Dankesworten vor der Belegschaft und ihr wenige Stunden später die einvernehmliche Auflösung des befristeten Dienstverhältnisses mit der Bitte um Unterschrift vorgelegt.

Ruth erzählt in diesem Interview, welchen steinigen Weg sie aufgrund dessen in den letzten Wochen vor der Geburt ihres Kindes gehen musste und wie sie es geschafft hat, nach diesem bitteren Erlebnis neue Kraft zu schöpfen und beruflich neu durchzustarten.

Liebe Ruth, wie bist du mit dieser schier unfassbaren Vorgehensweise deines Arbeitgebers umgegangen? Vielleicht kannst du kurz beschreiben, was du in den darauffolgenden Wochen als Hochschwangere durchlebt und auch konkret unternommen hast?

Ich wurde von meinem Arbeitgeber am Tag des Mutterschutzes (nach den Blumen, Geschenken und sehr authentischen Dankesworten) informiert, dass sie nach der Geburt meines Sohnes die Position anderwärtig besetzen möchten. Ich sollte unterschreiben, dass mein befristeter Vertrag trotz Schwangerschaft einfach enden würde, obwohl er eigentlich auf viele Jahre geplant war und meine Zielvereinbarungen über die Befristung hinausgingen. Das war ein großer Schockmoment.

Zuallererst unterzeichnete ich (naiv und gutgläubig) unter der Versicherung, dass dies keine Auswirkung auf meine Karenzzeit haben würde. Nach Ratschlägen von Freunden und der Auskunft der Arbeiterkammer trat ich von dieser Unterzeichnung allerdings binnen 24 Stunden zurück. Der schlimmste Moment war die Realisation, dass ich in der derzeitigen Situation dann kein einkommensabhängiges Kindergeld erhalten würde, da die Geburt meines Sohnes außerhalb des Beschäftigungszeitraumes liegen würde. Nach mehreren Wochen Verhandlungen sowie der Entscheidung für einen Kaiserschnitt (aus medizinischen Gründen) ließ ich die Dinge dann einfach auf mich zukommen und konzentrierte mich vor allem auf das schöne Erlebnis des kommenden Kindes mit der Ausstattung des Kinderzimmers, den letzten Vorbereitungen und einer kleinen Babyparty – also schönen kleinen Momenten, um das große Glück vorzubereiten.

Gerade in der ersten Schwangerschaft ist ohnehin alles „Neuland" und man steht mit dem vorübergehenden Abschied vom Arbeitsleben in die „Familienzeit" und der bevorstehenden Geburt vor völlig unbekanntem Terrain. Das erzeugt von Natur aus schon Unsicherheit oder Ängste. Wie hast du es geschafft, aus dem Tief, das dieses Negativerlebnis verursacht hat, wieder herauszukommen? Was hat dir die nötige Kraft oder Unterstützung dazu gegeben?

Geholfen hat mir vor allem die Kraft der Familie und Freunde. Auch alte Wegbegleiterinnen und Powerfrauen (und Mentorinnen) zu treffen und ihre Einstellungen zu hören, war hilfreich, vor allem auch, um das Kapitel einfach abzuschließen und zu sehen, dass es so vielen gleich und ähnlich ergeht. Persönlich war für mich das Schwerste, keine negativen Gefühle gegenüber meinem Arbeitgeber zu hegen – und doch etwas zu unternehmen.

Nach kurzen Beratungen mit der Arbeiterkammer und der Möglichkeit einer Klage entschied ich mich dagegen. Was sollte das bringen? Außer negativer Energie? Diese Energie wollte ich lieber für etwas Positives verwenden. Ich hatte in den Erzählungen meiner Geschichte realisiert, dass es vielen Frauen und Jungmamas so ging. Entweder konnten sie nicht in ihr altes Beschäftigungsverhältnis zurück, oder sie wollten nicht, oder sie hatten durch die Geburt und das persönliche Erlebnis den Drang, etwas Neues, etwas Anderes zu machen. Diese Frauen wollte ich fördern und unterstützen und meine eigene Geschichte nicht noch öfters vorkommen lassen! Daher wurde mein Motto: „Nicht nur von einem Baby-Café zum anderen laufen, sondern auch etwas in die eigene Zukunft, in die Zeit danach, in die Karriere investieren." Ich fragte mich, wie das am besten geht. Was hat mir in den schwierigsten Situationen meiner Berufslaufbahn am meisten geholfen? Zusammenhalt, eine Community zum Austausch mit Gleichgesinnten und die Kraft der Gemeinschaft. So entstanden auch die nächsten Schritte bis zum heutigen Business im Sinne der Vereinbarkeit.

Dein Kind ist aktuell 1 ½ Jahre alt und du hast geschafft, was viele nach so einer Situation für nahezu unmöglich halten: Du bist von deiner vorherigen Expertenposition als Fundraiserin in eine Führungsrolle aufgestiegen und leitest nun das Stiftungsfundraising deines neuen Arbeitgebers. Und du hast „nebenbei" eine GmbH mitgegründet und dich zusätzlich selbstständig gemacht, was sicherlich kein Kinderspiel war. Wie hast du es geschafft, diese ambitionierten beruflichen Ziele zu erreichen?

Rückblickend ist vieles einfach aus dem Moment entstanden. Ich musste wieder beruflich voll einsteigen, da mein Mann auch gerade in einer beruflichen Umorientierungsphase war (aufgrund der Corona-Krise) und ich wusste, dass es für mich leichter sein würde mit meiner Expertise. Ich konnte auch auf ein Netzwerk im Fundraising-Bereich zurückgreifen, was mir den Einstieg und die Selektion der Position wesentlich erleichterte. Ich folgte dabei einfach auch meiner Passion, Gutes zu tun (für Kinder und Jugendliche) und die Welt jeden Tag ein kleines bisschen besser zu machen. Das ist mein Antrieb für die täglichen Herausforderungen im Vollzeitjob und in der Führung des Teams.

Aus meiner eigenen persönlichen Vergangenheit weiß ich, dass mich Krisen immer stärker gemacht haben. Ich musste durch den frühen Tod meiner Mutter schon sehr früh im Leben auf eigenen Beinen stehen und mir Ziele selbst erarbeiten. Dabei ist es immer auch wichtig, auf das „Herz“ zu hören und die eigenen Visionen mitzunehmen. Vor 12 Jahren durfte ich eine Kinder- und Jugenduniversität ins Leben rufen, die höchst erfolgreich weiter existiert und viele junge Menschen positiv inspiriert. Seither ist es meine große Vision, wieder etwas zu gründen, das bewegt, gesellschaftliche Probleme anspricht und Sinn stiftet – und so ist auch gemeinsam mit meiner Businesspartnerin die GmbH entstanden, um das Thema Vereinbarkeit von Unternehmertum und Familie in den Vordergrund zu rücken.

Was sind deiner Meinung nach Erfolgsfaktoren oder wesentliche Unterstützungsfaktoren, um solche beruflichen Meilensteine – sogar neben einem Kleinkind – zu erreichen?

Ein funktionierendes Netzwerk, auf das man sich verlassen kann, ist das A und O. Das nicht nur im beruflichen Umfeld, sondern auch im privaten mit Kinderbetreuung und Co. Dabei ist es mir immer sehr wichtig, im Moment zu sein und zu leben – bin ich im Business, dann muss ich mich auch darauf konzentrieren dürfen (durch die Betreuung ohne Ablenkung), bin ich bei meinem Kind, dann auch vollkommen am Kinderspielplatz oder in der Sandkiste versunken. „Singletasking“ ist dabei ja auch wieder wirklich angesagt.

Darüber hinaus würde ich sagen:

- die eigenen Ziele, die Vision immer mit sich zu tragen
- zu wissen, dass nicht immer alles perfekt sein muss – im Gegenteil, unperfekt zu sein, kann auch wunderbar sein!
- positiv zu denken: aus jeder Situation kann man etwas Positives herausnehmen! Ich bin eine Meisterin darin geworden – und jede(r) kann das!

Was möchtest du anderen Frauen, die rund um Schwangerschaft, Geburt oder Wiedereinstieg von ihrem Arbeitgeber eiskalt „abserviert“ werden, abschließend mit auf den Weg geben?

Nicht aufgeben! Ich denke, das ist das Wichtigste!

Wissen, dass es auch vielen anderen ähnlich geht oder ergangen ist. Das hilft, in der Gemeinschaft die Kräfte zu bündeln.

Dann – ganz wichtig! – versuchen die negativen Gefühle (nach dem ersten Schockmoment) zu abstrahieren und sich vorzustellen, was man aus diesem Moment Positives mitnehmen kann. Wollte man sich immer schon in eine andere Richtung weiterentwickeln? Etwas ganz Neues ausprobieren? Das ist die (gezwungene) Chance, jetzt anders zu denken, neues zu tun und aktiv zu werden – und die eigenen Träume und Visionen dabei mitzunehmen!

„Don't dream your life, but live your dreams." Das stammt von einem Poster aus meinen Jugendtagen mit dem Zitat von Mark Twain, das ich gerne visualisiere und anderen mitgeben möchte – mit der Power, den ersten Schritt zu tun!

> Monika: Wie sie nach dem Tod ihres Sohnes aufstehen und weitermachen konnte

Liebe Monika, du hast erleben müssen, was vermutlich für die meisten Eltern eines der größten Horrorszenarien darstellt: Du hast deinen Sohn mehrere Jahre während seiner Krebserkrankung begleitet und er ist letztlich verstorben. Vielleicht kannst du kurz beschreiben, was in dieser schwierigen Zeit seiner Erkrankung und der entsprechenden Therapien die größten Herausforderungen waren und was dir/euch damals geholfen hat.

Die Diagnose war ein großer Schock. Innerlich ist bei mir ein Film abgelaufen, was alles auf unseren Sohn (16), aber auch auf die beiden Geschwisterkinder, auf meinen Mann und mich zukommen wird. Da meine Eltern beide Krebserkrankungen hatten, hatte ich schon einige Erfahrungswerte.

Die größte Herausforderung zu Beginn war, sich damit auseinandersetzen zu müssen, dass unser Sohn eine Erkrankung hat, die nicht viele Patienten überleben. Zu wissen, der Tod steht wirklich im Raum. Sollte ein Rezidiv auftreten, bedeutet das eventuell den Tod.

Die Leichtigkeit und Unbeschwertheit des Lebens war für mich als Mama auf einen Schlag weg.

Gleichzeitig wusste ich aber, dass mein Mann und ich hoffnungsvoll und zuversichtlich bleiben müssen.

Um den Bogen sehr weit in die Zukunft zu spannen, planten wir bereits die Zeit nach der Therapie: eine Reise nach Amerika. Dieses Zielbild gab Motivation und Kraft für Herbert, die beiden Geschwisterkinder und uns alle.

Beruflich und privat habe ich mich komplett zurückgezogen, um bei Kräften zu bleiben und um mich ganz auf den Alltag, den der Therapieplan ab jetzt bestimmte, zu konzentrieren.

Meine Schwiegereltern haben uns sehr dabei unterstützt, die Geschwisterkinder zu versorgen, während ich unseren Sohn ins Krankenhaus begleitete.

Im Abstand von drei Wochen war Chemotherapie, und somit war ich fünf Tage am Stück mit unserem Sohn im Kinderspital und somit fern von der Familie.

Frau Dr. Gundl Kutschera war meine allergrößte Mentorin während der ganzen Zeit.

Das war so wichtig. Gedanken sortieren zu können. Ängste aussprechen. Weinen können. Positive Zielbilder bekommen. Dadurch habe ich auch gelernt, nicht in der Zukunft zu leben – so wie ich es bei der Erkrankung meiner Mutter praktiziert habe –, sondern im JETZT zu sein. Hinzuschauen, was bringt der Tag. Was ist heute gut? Worauf freuen wir uns? Was tun wir uns heute Gutes?

Eine weitere Herausforderung war der Umgang mit dem Umfeld. Viele Menschen haben mich angerufen und wollten wissen, was los ist. Wie es unserem Sohn geht. Oder haben mir Angebote gemacht, welche Möglichkeiten es gibt, um gesund zu werden. Das war alles sehr kräfteraubend. Sehr rasch habe ich mental um meine Familie einen unsichtbaren Kreis gezogen, um uns zu schützen. Mein Mann und ich haben vereinbart, nur das im Umfeld zu erzählen, was unser Sohn auch möchte. Zu respektieren, dass es seine Diagnose, sein Weg ist und wir nur „Beiwagerl" sind, war das intensivste Lernfeld. Seine Intimsphäre zu wahren, war uns ganz besonders wichtig.

Bei Anrufen habe ich teilweise nicht abgehoben. Nachrichten nicht zurückgeschrieben. Nicht aus Unhöflichkeit, sondern weil ich bemerkt habe, dass das alles Energie kostet, die verloren geht. Die jedoch so dringend für die Familie gebraucht wird.

Mir ist auch bewusst geworden, dass es nicht meine Aufgabe ist, die Neugierde des Umfeldes zu befriedigen, sondern darauf zu achten, die Bedürfnisse meines Sohnes, der Geschwisterkinder, meines Mannes und vor allem von MIR zu stillen und mich und uns zu nähren – auf allen Ebenen.

Fokussiert zu bleiben und alle unnötigen Ablenkungen zu vermeiden, war in dieser Zeit ganz besonders wichtig, um die zuversichtliche Energie halten zu können.

Meine Gedanken stoppte ich durch eine kreative Tätigkeit: Ich begann zu nähen.

Der kreative Prozess beglückte mich sehr. In jeder freien Minute, die ich hatte, saß ich an der Nähmaschine. Aus Kaffeetüten nähte ich Kosmetiktäschchen und Handtaschen. Der Erlös, den ich dabei auf Märkten erzielte, spendete ich an das Kinderspital.

Das Behandlungsjahr inklusive Operation sind somit gut vorübergegangen. Wir feierten das Glück.

Vier Jahre nach der Erstdiagnose kam das Rezidiv. Anstatt zuhause zu bleiben und zu weinen, organisierte ich einen Hubschrauber und flog mit den drei Kindern in die Steiermark. Raus aus dem Geschehen. Mein Mann kam mit dem Auto nach und wir verbrachten ein wundervolles Wochenende gemeinsam, tankten Kraft und schmiedeten Pläne, wie wir weitertun.

Ich erkannte auch, dass ich gut für mich selbst sorgen musste.

Gleichzeitig versuchten wir unserem Sohn seine Wünsche zu erfüllen (Führerschein, Partys, Festivals, Reisen, Heimunterricht, Mentaltraining …).

Es ist ja eine unglaublich schmerzhafte Phase der Trauer, die man durchmacht, wenn man einen geliebten Menschen verliert. Wie konntest du die ersten Monate nach seinem Tod „durchhalten", ohne das Leben aufzugeben? Suizidgedanken sind ja in dieser Situation naturgemäß keine Seltenheit. Wie hast du es geschafft? Was hat dich unterstützt weiterzumachen?

An Suizid habe ich NIE gedacht, nie in meinem ganzen Leben. Durch die Krankheitsgeschichte meiner Eltern und den Tod der beiden hatte ich bereits Erfahrungen gemacht und so waren die Wellen der Emotionen nicht neu für mich. Ich konnte mich also gut darauf einlassen.

Die ersten Tage habe ich mich wie in Watte gebauscht gefühlt. Durch die lange Zeit der Erkrankung habe ich mich innerlich schon vorher sehr intensiv mit dem Tod von unserem Sohn auseinandergesetzt. Ganz viel Abschiednehmen und Trauerarbeit ist dadurch schon davor passiert.

Obwohl es nochmal anders ist, wenn es dann wirklich so ist. Und man nur mit dem Gewand und den Schuhen vom Krankenhaus heimfährt – ohne Sohn.

Das Begräbnis gestalteten wir als Abschiedsfest zu Ehren unseres Sohnes.

Die Betstunde gestalteten wir mit berührenden Texten und Liedern. Mir war es wichtig, unseren eigenen Bedürfnissen folgen zu können. Das gab mir das Gefühl der Selbstbestimmtheit. Auch die Gefühle der Trauer mehr oder weniger selbst zu bestimmen, wo und wann ich was zulasse.

Es tat so gut, zusammen zu sein. Die Schwiegermutter kochte und wir aßen dann gemeinsam. Dieses Ritual gab so viel Geborgenheit und Nähe. Gemeinsam um den Tisch sitzen. Geschichten und Anekdoten über Herbert zu erzählen. Zu Weinen, aber auch zu Lachen, weil so lustige Geschichten zur Sprache kamen. Alles auf einmal. Das Gefühl, in der Großfamilie zusammenzugehören und füreinander da zu sein, war so wohltuend.

Als sehr wohltuend habe ich es auch empfunden, die Kondolenzschreiben zu lesen. Persönliche Worte der Wertschätzung über unseren Sohn, das war Balsam für meine Mutterseele.

Mir war das persönliche Beileid bekunden gar nicht wichtig. Es ging um unseren Sohn, nicht um mich als trauernde Mama. Ich habe Schulkollegen von Herbert gebeten, mir Fotos zu senden, Anekdoten zu erzählen. Das war so ein Seelenbalsam für mich.

Die große Anteilnahme am Begräbnis von der Ortbevölkerung, der Schulkollegen, von Freunden und Lehrern, der Freiwilligen Feuerwehr waren für mich nochmal ein großer Seelenbalsam. Ich hatte das Gefühl, jeder von den anwesenden Personen trägt meine Trauer mit und somit ist sie aufgeteilt, so dass ich sie nicht allein tragen muss.

Das wertschätzende Feedback über die Gestaltung des Begräbnisses und die herzlichen Eintragungen im Kondolenzbuch haben nochmal so viel Trauer gelindert und ganz viel in mir geheilt. SEELENBALSAM einfach.

Ich habe eins nach dem anderen gemacht, was gerade angefallen ist. Wenige Tage nach dem Tod habe ich wieder gearbeitet. Der Perspektiven- und Rollenwechsel von der trauernden Mutter zum Coach hat wesentlich dazu beigetragen, dass ich nicht in der Trauer steckengeblieben bin.

Eine Woche nach dem Begräbnis bin ich zusammen mit einer Freundin ins Kino gegangen. Es war eine Komödie, und ich hab so sehr dabei gelacht. Es tat so gut, die Intensität auch dieser Emotionen einfach zuzulassen. In der Trauer, genauso aber auch im Lachen. Das war das Schlüsselerlebnis, und aus dem heraus sind viele Situationen entstanden, die mir unglaublich viel Lebensfreude gebracht haben.

Zwei Monate nach dem Tod von Herbert bin ich nach Spanien geflogen und eine Woche lang mit einer Pilgergruppe eine Etappe des Jakobswegs gegangen. Das war sehr heilsam für mich. Den Ort des Geschehens zu verlassen und mit Menschen unterwegs zu sein, die NICHTS über mich wissen.

Am Pilgerweg habe ich mir ganz viel Schmerz lauthals von der Seele geweint.

Und am Abend wieder zusammensitzen und gut essen und trinken. Das Gefühl der Gemeinschaft erleben.

Dein Leben ist vermutlich heute anders als vor dem Tod deines Sohnes. Er wird immer zu deinem Leben gehören, und in den ersten Jahren nach dem Tod eines geliebten Menschen spürt man diesen Verlust emotional ja noch sehr stark. Man kommt zwar nach der ersten tiefen Trauerphase wieder in eine Art „Funktionieren“ oder „Weitermachen“, doch man ist von der Fähigkeit, wieder Glück oder andere positive Gefühle intensiv zu spüren, noch weit entfernt. Es ist also mehr ein „Dahinleben“ als ein „Leben mit hoher Lebensqualität“. Wie hast du diesen Sprung geschafft?

Was waren wesentliche Hilfestellungen bzw. Unterstützungsfaktoren, die dazu beigetragen haben?

Mehrere Faktoren:
- Professionelle Unterstützung von außen holen
- Zusammenhalt in der Familie
- Gemeinsam Essen als Ritual
- Gemeinsame Besuche am Grab, und die Geschwisterkinder bei der Grabgestaltung mit einbinden
- Erlauben, Dinge zu tun, die man sich sonst nicht erlauben würde (Hubschrauberflug)
- Sich zurückziehen
- Sich Zeit als Paar zu nehmen – Intensität leben
- Gesprächspartnerinnen und -partner mit ähnlichen Erlebnissen
- Mehrere Male wurde ich zu meiner Geschichte interviewt. Jedes Interview war ein Stück Trauerarbeit.
- Freundeskreis, die mir/uns immer Angebote gemacht haben (Konzerte, Ausflüge, ...)
- Bewusst an Orte zurückkehren und in den Schmerz eintauchen
- Unseren Sohn mit am Leben teilhaben lassen: „Herbert würde jetzt das und das sagen ...“
- Den Jahreskreislauf mit allen Anlässen bewusst erleben (Geburtstag, Weihnachten ...)

Interviews wie diese zeigen, wie viel Kraft in uns steckt und wie wir es schaffen können, auch schwierigste Phasen unseres Lebens zu überstehen. Sie rufen uns in Erinnerung, was wirklich zählt. Vieles wird nach einschneidenden Erlebnissen zur Nebensache oder wir sehen es aus einem ganz anderen Blickwinkel.

Jede von uns kann lernen, den Fokus im Alltag auf die *wirklich wesentlichen* Dinge zu legen.

Eine sehr schöne Metapher für Resilienz, die ich hier gerne mit dir teilen möchte:

> *„Leben heißt nicht zu warten, dass der Sturm vorüberzieht, sondern lernen, im Regen zu tanzen.“*
> Verfasser*in unbekannt

Fazit

Die Fragen, die dich täglich beim Balancieren von Familie und Beruf begleiten, sind:

- Bin ich es mir WERT, gut auf mich zu achten? Jeden Tag entscheiden wir neu, ob wir in Richtung Gesundheit oder Krankheit gehen! WELLNESS vs. ILLNESS!
- Achte ich gleichzeitig auch gut auf die Bedürfnisse meiner Lieben?

Manchmal konkurrieren diese beiden Fragen um unsere verbleibende Freizeit. Umso wichtiger ist es, uns dessen bewusst zu werden, dass es BEIDES braucht: Me-Time und Family-Time. Und in der Regel können wir auch beides haben.

Wenn unser Job überhandnimmt und wir das mulmige Gefühl haben, an unserer Familie und uns selbst vorbeizuleben, können wir etwas ändern. Immerhin ist es unser Leben! Wir verdienen es, darin die Hauptrolle zu spielen, und sollen uns nicht wie eine Nebendarstellerin fühlen.

Mit Achtsamkeit, Klarheit und Konsequenz kannst du – sowohl beruflich als auch privat – vieles erreichen, was du zu Beginn vielleicht für unmöglich gehalten hast.

Dieses Buch begleitet dich durch die Höhen und Tiefen deines New Working Mom-Alltags auf deinem persönlichen Weg zu beruflicher und privater Erfüllung. Es hilft dir, den Blick nach innen zu richten, das Wesentliche zu fokussieren und „Future Skills" wie Achtsamkeit, Fokus und Resilienz aufzubauen.

Denn du verdienst es, in jedem Bereich deines Lebens glücklich zu sein und deine Rollen aktiv zu gestalten. Heute und in Zukunft. Als NEW WORKING MOM eben!

Ziehe nun Bilanz über das Kapitel und befülle **Punkt 6 in deiner Roadmap** auf Seite 274. Beantworte dazu die Frage: Wie möchtest du im Alltag deine Resilienz fördern?

Kapitelzusammenfassung:

- Aufgeben tun wir nur einen Brief!

- Übe dich darin, jeden Tag einige Momente bewusst wahrzunehmen, dich (zwischendurch) zu erholen und auf deinen Körper zu hören.

- Manche Ereignisse sind unglaublich schmerzlich für uns. Vielleicht fühlen wir uns sogar so, als würden wir beinahe daran zerbrechen. Doch die Zeit heilt unsere Wunden. Verliere nie den Glauben daran und tu dir im Alltag laufend gezielt etwas Gutes, damit du die Situation leichter verarbeiten kannst.

- Hol dir in Krisenzeiten gezielt Unterstützung: Gespräche mit Expertinnen und Experten für psychosoziale Gesundheit (psychologische Beraterinnen und Berater, Lebens- und Sozialberaterinnen und -berater, Psychologinnen und Psychologen, Psychotherapeutinnen und Psychotherapeuten etc.) können dich bei der Aufarbeitung schmerzhafter Ereignisse unterstützen.

- Investiere regelmäßig Zeit in deine körperliche, geistige und seelische Gesundheit. Orientiere dich dabei an den in Kapitel 1 erwähnten Säulen: Bewegung, Ernährung, Entspannung und Schlaf.

- Beginne dich im *daily business* zu fragen „Was brauche ich heute, damit es mir gut geht?“ Finde Möglichkeiten, um genau das zu machen!

Deine persönliche Quintessenz: Die Erstellung deiner Kind-und-Karriere-Roadmap

Auf den folgenden Seiten findest du Platz, um deine Schlussfolgerungen aus den sechs Schritten einzufügen. Zur Beantwortung der Fragen wirst du in den sechs Kapiteln schrittweise angeleitet. Hier ist die leere Roadmap mit genügend Platz zum Befüllen.

1. Dein gesundes Fundament:

Eine Sache, die du regelmäßig im Alltag umsetzt, um das Fundament zu bauen.

2. Dein Kick-Ass-Reminder: Worauf du dich immer wieder rückbesinnen möchtest!

Dein Brief aus der Zukunft:

Liebe _____________(dein Name),

3. **Redefine your Career:** Fasse hier nochmal deine Definition von Karriere und beruflicher Erfüllung zusammen

----

----

4. **Your Choice:** Wie erleichterst du dir deine ersten Schritte? Dein Resümee aus Schritt 4:

----

5. **Goodbye Mental Load:** Wie bringst du durch die genannten Schlüssel-Fähigkeiten mehr Leichtigkeit in deinen Alltag?

----

6. **Supermom statt super-exhausted:** Wie schaffst du es, im Alltag kraftvoll zu bleiben und deine Resilienz zu fördern?

Last but most important:

Alles, was du FÜR DICH tust, ist besser, als nichts zu tun. Du *musst nicht* alle 6 Schritte der Roadmap berücksichtigen, um privat und beruflich Erfüllung zu finden. Sie dienen dir lediglich als Wegweiser und Unterstützungsmechanismen für mehr Leichtigkeit und Zufriedenheit im Alltag. Um dir das „Dranbleiben" zu erleichtern, kannst du dir auch Reminder oder Termin-Blocker in deinem Kalender setzen, an denen du dich nochmals mit den 6 Schritten und der zugehörigen Roadmap dieses Buches beschäftigen möchtest. Je nach deinen Vorhaben und deiner Präferenz kannst du diese Reminder beispielsweise vierteljährlich, halbjährlich oder jährlich setzen.

„Das Leben ist schön, von einfach war nie die Rede."
Verfasser*in unbekannt

Was du bestimmt in deiner Rolle als Mama bereits bemerkt hast, aber genauso auf alle anderen Rollen und Lebensbereiche übertragbar ist: **Einfach heißt nicht automatisch schön, schön ist nicht immer einfach!** Wenn du das akzeptieren und verinnerlichen kannst, tust du dich in vielerlei Hinsicht leichter. Ein Beispiel zur Veranschaulichung: Kinder zu haben ist unbeschreiblich schön und gleichzeitig oft unglaublich herausfordernd und damit alles andere als einfach.

Meist sind es die herausfordernden Aufgaben oder Rollen, die unser Leben unglaublich bereichern. Es lohnt sich, mutig zu sein!

„Lerne von gestern. Lebe heute. Vertraue auf morgen."
Albert Einstein

Bonuskapitel: Ausblick in eine neue Lebens- und Arbeitswelt

Hoher Workload, ein rasantes Tempo und die nach wie vor vielerorts in Unternehmen herrschende Präsenz- oder Always-on-Kultur fordern uns. Doch wir *müssen nicht* alles hinnehmen! Wir können durchaus selbstbewusst sein und Unternehmenskulturen in Frage stellen, bei denen Präsenz über Leistung steht, man nur noch Extra-Meilen geht und außer Vollgas kein anderes Tempo mehr kennt.

Denn eines steht fest: Wer ununterbrochen Vollgas gibt und nur noch „funktioniert", fährt sein Leben und damit seine Gesundheit und Beziehungen früher oder später an die Wand!

In diesem Kapitel skizziere ich – möglichst kurzgefasst und auf den Punkt gebracht – die Herausforderungen unserer heutigen Arbeitswelt sowie zukunftsfähige Lösungen und Best-Practice-Beispiele.

New Work, Digitalisierung und nicht zuletzt Covid-19 zeigen uns, dass Veränderung die einzige Konstante unserer heutigen Arbeits- und

Lebenswelt ist (Stichwort VUKA-Welt: eine Welt geprägt von Volatilität, Unsicherheit, Komplexität und Ambivalenz).

Natürlich will jede Veränderung wohlüberlegt sein. Auch Ressourcen und Herausforderungen in unserem Umfeld sollten dabei berücksichtigt werden. Beispielsweise: Besteht eine Möglichkeit zur Teilung der Mental Load mit dem Partner/der Partnerin? Welche Kinderbetreuungsmöglichkeiten gibt es? Welche finanziellen Ressourcen haben wir und welche Verpflichtungen (z. B. laufende Kredite)?

Doch sei dir sicher: Egal, wie herausfordernd deine Situation und die Bedingungen in deinem Umfeld aktuell sind, es ist NIE ausweglos! Wenn dir klar ist, *wer* du sein willst – und damit verbunden, *was* du willst –, kannst du beginnen, Schritte zu setzen, beispielsweise mit (Initiativ-) Bewerbungsaktivitäten, dem Aufbau eines Netzwerks und vielem mehr!

Auch aus Unternehmenssicht birgt es langfristig enorme Risiken, ununterbrochen volle Leistung zu erbringen: bei maximalem Tempo und maximalem Workload bleibt wenig Zeit für Blicke nach links und rechts. So kann sich mancher „Schnellschuss" als (strategische) Fehlentscheidung entpuppen.

> *„Ich bestehe darauf, jeden Tag viel Zeit damit zu verbringen, nur dazusitzen und nachzudenken. Das ist sehr ungewöhnlich im amerikanischen Geschäftsleben. Ich sitze da und denke. Letztlich lese und denke ich mehr, und dadurch treffe ich weniger impulsive Entscheidungen als die meisten anderen in der Wirtschaft."* Warren Buffet [xxviii]

Laufend sehe ich in der Unternehmensberatung, wie sich Organisationen durch enorm hohen Workload in der Operative verlieren und nur am Rande mit strategischen und kreativen Überlegungen beschäftigen. Die Risiken werden oftmals lange Zeit nicht erkannt: ausgelaugte Mitarbeiterinnen und Mitarbeiter, die früher oder später resignieren, hohe Krankenstände, massive Fluktuation und unklare Prozesse. In der Folge werden Trends verschlafen und Fehlentscheidungen getroffen. Letzten Endes kann das existenzgefährdend für das gesamte Unternehmen sein. Heike Bruch beschreibt diese „Beschleunigungsfalle" sehr treffend in ihrem Buch „Organisationale Energie", das ich jeder

Unternehmensvertreterin bzw. jedem Unternehmensvertreter bestens empfehlen kann und immer wieder in der Beratung erwähne.

Wer New Work – also neues Arbeiten und zugehörige Arbeitsmodelle – in seinem Unternehmen implementieren möchte, kommt nicht umhin, sich grundlegend mit der bestehenden Unternehmenskultur auseinanderzusetzen.

Da meine Kundinnen und Kunden vom gemeinnützigen Verein bis zum Großkonzern gehen und ich Coachings und Workshops sowohl mit jobsuchenden Frauen als auch mit Managerinnen und Managern durchführe, erlebe ich verschiedene Blickwinkel unseres Arbeitsmarktes und eine große Bandbreite unserer Arbeitswelt. Das fasziniert mich. Denn ich bin überzeugt: Je breiter wir uns selbst in unserem Denken und Handeln aufstellen, umso besser! Und ich schätze die Fülle und Diversität an Eindrücken und Menschen sehr.

Herausforderungen und wichtige Skills

Wir leben in einer Welt der Polaritäten. Und diese haben durch Covid-19 aus meiner Sicht weiter zugenommen. Die letzten Jahre haben uns vieles gezeigt, aus dem wir lernen können (und aus meiner Sicht auch sollen!):

- **Medienkompetenz:** Durch die massive Zunahme von Medien und Kanälen entsteht in Kombination mit dem hohen Tempo unserer Kommunikation laufend ein (teils unbewusster) *information overload.* Wir fühlen uns also von Informationen überflutet und sind zunehmend unfähiger, diese zu verarbeiten und in weiterer Folge auch zu beurteilen und zu verifizieren bzw. falsifizieren. Medienkompetenz heißt daher mehr denn je sehr *bewusster und reflektierter* Medienkonsum. Dabei ist beispielsweise auch zu hinterfragen, wer ein Medium führt und wie sich das Medium finanziert.
- **Achtsamkeit sich selbst und anderen gegenüber:** Durch diese genannten Punkte wird es umso wichtiger, die Fähigkeit zu erlernen und zu bewahren, den Blick *nach innen* zu richten, um unser Wohlbefinden zu bewahren. Es ist ein zunehmend „menschliches" Problem, dass wir viel zu sehr mit dem Außen beschäftigt sind. Wie im Buch besprochen: Medien und damit verbundene Vergleiche führen häufig unbewusst zur eigenen Be-/Abwertung oder zur Be-/

Abwertung anderer. Die Diskriminierung einzelner Gruppen führt immer zu Spaltungen in der Gesellschaft und kann niemals, unter keinen Voraussetzungen, gerechtfertigt und damit erstrebenswert sein! Infolge des Medienkonsums lassen wir uns oft vielleicht durch die medial transportierten Emotionen leiten oder (noch schlimmer) „entladen“ die daraus entstehende Unzufriedenheit bei den Menschen in unserem Umfeld. Nur gute und regelmäßige Selbstfürsorge kann dem entgegenwirken!

- **Persönliche Klarheit und gute Beziehungen:** Wir sehen uns durch die Volatilität, Unsicherheit, Komplexität und Ambivalenz unserer Welt häufig in Dilemmas oder haben Schwierigkeiten, Entscheidungen zu treffen. Umso wichtiger ist es, Klarheit über unsere eigenen Werte und Lebensziele zu bekommen und glückliche, tragfähige Beziehungen aufzubauen. Letzteres zeigen übrigens auch zwei Langzeitstudien (über 75 Jahre) der Harvard Universität, die zu dem Schluss kamen, dass uns gute Beziehungen glücklicher und gesünder machen.[xxix] Es zählt dabei nicht die Anzahl der Beziehungen, sondern ihre Qualität. So können wir auch durch schwierige Wegstrecken unseres Lebens navigieren und Entscheidungen unter Unsicherheit treffen.

New work – better balance?

New Work kann uns dabei unterstützen, Beruf und Privatleben besser zu vereinbaren. Ein modernes, familienfreundliches Arbeitsumfeld trägt somit wesentlich zu einer erfüllenden Lebensgestaltung bei.

Im Folgenden findest du beispielhaft vier Experten-Inputs, wie die Arbeitswelt der Zukunft im Idealfall aussehen könnte und welche Schritte in eine positive Richtung führen.

Lösungen und Best Practices für eine lebenswerte Arbeitswelt, in der jede und jeder gerne ihr bzw. sein Bestes gibt

1. Ein Schritt in die richtige Richtung: Die Ausbildung zum Vereinbarkeitsexperten/zur Vereinbarkeitsexpertin

Juliane Schreiber und Sarah Drücker, die Gründerinnen von Smartworq.de im Interview:

Ihr habt dieses Jahr in Kooperation mit der IHK Köln erstmals den Lehrgang zur/zum Vereinbarkeits-Manager/in ins Leben gerufen und durchgeführt. Die von euch ausgebildeten Vereinbarkeit-Manager/innen können in weiterer Folge in ihrem Unternehmen als interne Know-how-Trägerinnen und -Träger, Beraterinnen und Berater sowie Moderatorinnen und Moderatoren von Vereinbarkeitsprozessen tätig sein.

Welche Chancen und Vorteile seht ihr für Unternehmen, die eine Mitarbeiterin bzw. einen Mitarbeiter als Vereinbarkeits-Managerin bzw. Vereinbarkeits-Manager ausbilden lassen?

Die Vorteile der Vereinbarkeits-Managerin bzw. des Vereinbarkeits-Managers (IHK) für Unternehmen sind vielfältig. Zuallererst wird so die Kompetenz über Vereinbarkeit in Einklang mit den tatsächlichen Strukturen des Unternehmens und der Branche geschaffen. Sinnvolle Vereinbarkeitsmaßnahmen sind die, die sich an den tatsächlichen Bedürfnissen des Unternehmens und der Mitarbeiter/innen orientieren. Produktionsbetriebe haben andere Herausforderungen als reine Office-based- oder Vertriebsorganisationen. Eine Inhouse-Vereinbarkeits-Managerin kann durch ihr Verständnis vom Unternehmen und der Belegschaft Maßnahmen vorschlagen und anleiten, die ganz gezielt auf aktuelle Herausforderungen eingehen. Zudem profitieren Unternehmen davon, eine Ansprechperson zu diesem Thema im Unternehmen verortet zu haben. Häufig entstehen Konflikte in Bezug auf Vereinbarkeit, weil Arbeitnehmer und Arbeitnehmerinnen nicht wissen, wem und wie sie ihre Bedürfnisse kommunizieren können. Oder die Führungskräfte und Geschäftsleitungen sind so in den Betriebsalltag eingebunden, dass ihnen die Zeit für eine ausreichende Auseinandersetzung mit den persönlichen Herausforderungen ihrer Mitarbeiter und Mitarbeiterinnen fehlt. Die Vereinbarkeits-Managerin bzw. der Vereinbarkeits-Manager ist hier intern beratend und in der Mediation tätig, erstellt Konzepte und bewertet Maßnahmen, die der Geschäftsführung dann zur Entscheidung vorgelegt werden. Dabei hat diese Person sowohl die Wünsche der Mitarbeiterinnen und Mitarbeiter im Blick als auch die wirtschaftlichen Ziele des Unternehmens und kommuniziert so in beide Richtungen.

Auf welche Problemfelder werden die Teilnehmerinnen und Teilnehmer eures Lehrganges in der Ausbildung beispielsweise vorbereitet?

Im Zertifikatslehrgang erhalten die Teilnehmerinnen und Teilnehmer einen ausführlichen Rundumblick auf das Thema Vereinbarkeit. Sie lernen, zu verstehen, welche Aspekte im privaten Bereich und welche in der beruflichen Umgebung zu verorten sind. Sie lernen, welchen Einfluss Staat und Politik auf Vereinbarkeit haben und was Unternehmen ganz konkret tun können, um einem Fachkräftemangel und hohen Kündigungsraten entgegenzuwirken. Eine der größten wirtschaftlichen Herausforderungen ist schon jetzt der Fachkräftemangel, dem effektiv durch Vereinbarkeitsmaßnahmen entgegengewirkt werden kann. Im Lehrgang lernen die Teilnehmer und Teilnehmerinnen, die unternehmensspezifischen Anforderungen und Gegebenheiten zu analysieren, passende Maßnahmen vorzuschlagen, zu kommunizieren und zu implementieren. Sie erhalten dazu Input zum rechtlichen Kontext, New-Work-Strategien, Kommunikations- und Networking Skills sowie wichtige Informationen rund um Familienfreundlichkeit, Pflege und Renditepotentiale von alter und neuer Vereinbarkeit.

Was müsste sich eurer Meinung nach ändern bzw. was identifiziert ihr als wesentliche Dreh- und Angelpunkte in der Arbeitswelt, damit sowohl Mitarbeiterinnen und Mitarbeitern als auch Führungskräften die Vereinbarkeit von Beruf und Privatleben erleichtert wird?

Das lässt sich pauschal schwer beantworten. Denn jede Mitarbeiterin und jeder Mitarbeiter hat individuelle Bedürfnisse, die sich über den Verlauf des Lebens verändern. Eine alleinerziehende Mutter ist in einer ganz anderen Situation als ein Mann, der seine Eltern pflegt. Je nachdem, wo, wann und wie ich arbeite, kann ich dies besser oder schlechter mit den Betreuungsmöglichkeiten für Menschen in meiner Verantwortung vereinbaren. Entscheidend ist darum zuallererst, in Unternehmen und Institutionen eine Kultur zu etablieren, in der diese Bedürfnisse geäußert werden können. Die Vereinbarkeit von Beruf und Privatleben ist nichts Konstantes oder Universelles. Eine Unternehmenskultur, die Mitarbeiterinnen und Mitarbeiter als Menschen anerkennt und wertschätzt, muss die Grundlage für die Aushandlungsprozesse sein, die zwischen Beschäftigten und Arbeitgebern stattfinden. Zur Frage "Wie kannst du deine beste Leistung für das Unternehmensziel bringen?" gehört genauso die Frage "Welche Rahmenbedingungen und Strukturen brauchst du, um zu Bestleistungen fähig zu sein?". Wenn sich beide Seiten rücksichtsvoll über diese Punkte unterhalten können, entsteht aus Vereinbarkeit eine echte Win-Win-Situation.

Welche Rolle spielt hierbei eurer Meinung nach die Familienpolitik eines Landes? Welche Maßnahmen könnte man hier sinnvollerweise seitens der Politik setzen?

Die politischen Einflussmöglichkeiten sind enorm. Das zeigt sich am negativen Beispiel des Ehegattensplittings und der Tradition der Hausfrauenehe, die bis 1977 im deutschen Gesetz verankert war. Damals hat der Staat die Haushalts- und Familienverantwortung in der Ehe der Frau zugeschrieben. Mit dem Ehegattensplitting schafft er noch heute Anreize für Alleinverdiener-Familien, obwohl die Lebenserhaltungskosten kontinuierlich steigen und der Arbeitsmarkt nicht auf weibliche Fachkräfte verzichten kann. Durch die Höhe und den Bezugsraum des Elterngeldes wird das Arbeiten in Teilzeit gefördert, weil nicht ausreichend Betreuungszeiten für den Nachwuchs zur Verfügung gestellt werden.

Deutschland betreibt leider aktuell eine kurzfristig ausgelegte Wirtschaftspolitik statt eine auf Langfristigkeit angelegte Familienpolitik. In Kinderbetreuung und Schulen wird zu wenig investiert, was es nicht nur für die aktuelle Generation Eltern schwierig macht, ihre Arbeitszeiten mit den Betreuungszeiten zu vereinbaren. Ihre Kinder sind auch die Arbeitskräfte der Zukunft, die dringend gut ausgebildet in vielfältigen Branchen benötigt werden.

Sinnvolle Maßnahmen wären darum:

- ein Ausbau der Kinderbetreuung und eine Flexibilisierung der Kinderbetreuung, die sich den Arbeitszeiten der Eltern anpasst
- massive Investitionen in den Ausbau und die Digitalisierung von Schulen
- Abschaffung des Ehegattensplittings

- Verbesserung des Elterngeldes und der Elternzeit zur gerechteren Verteilung unter den Eltern/Erziehungsberechtigten
- Förderung von Vereinbarkeitsmaßnahmen in Unternehmen, damit individuell passende Lösungen für Mitarbeiter/innen angeboten werden können

2. Familien- und Work-Life-Balance-freundliche Wirtschaft – der Weg ist das Ziel?

Interview mit Mag. Elisabeth Wenzl, Geschäftsführerin der Familie & Beruf Management GmbH

Sie leiten seit dem Jahr 2011 die Familie & Beruf Management GmbH, die nationale Koordinierungsstelle für Vereinbarkeitsmaßnahmen in Österreich. Ihr Leistungsspektrum umfasst staatliche Zertifizierungsangebote für Unternehmen, Gemeinden, Hochschulen und Universitäten sowie Gesundheits- und Pflegeinstitutionen, die Förderung bedarfsgerechter Kinderbetreuung sowie die Organisation des Staatspreises „Familie & Beruf".

Welche Entwicklungen konnten Sie im Zuge Ihrer Tätigkeit als Geschäftsführung in der österreichischen Unternehmenslandschaft in Bezug auf Familienfreundlichkeit beobachten?

Eine gute Vereinbarkeit von Familie und Beruf ist kein „nice to have" mehr, sondern wird von immer mehr Branchen und Arbeitgebern als wesentlicher Baustein einer nachhaltig erfolgreichen Personal- und Unternehmenspolitik anerkannt. Die Ausgangssituation ist von Arbeitgeber zu Arbeitgeber sehr unterschiedlich, die Relevanz wird jedoch – aktuell auch noch beschleunigt durch die Krise – weitgehend anerkannt.

Vor Covid-19 waren Home-Office oder Mobile Working für viele Unternehmen aufgrund der vorherrschenden Präsenzkultur und Skepsis gegenüber virtueller Führung undenkbar. Durch Covid-19 wurde es binnen kurzer Zeit zur Notwendigkeit. Sie haben daraufhin eine Schwerpunktinitiative gesetzt und Unternehmen unter anderem mit einem kostenlosen E-Learning unterstützt. Im Jahr 2020 wurden in weiterer Folge die ersten Unternehmen als familienfreundliche Arbeitgeber mit Schwerpunkt „Mobiles Arbeiten/Home-Office" zertifiziert. Was sind Ihrer Meinung die wichtigsten Hebel, damit mobiles Arbeiten/Home-Office langfristig in Unternehmen gelingt?

Wie könnte man Diskrepanzen in der Umsetzung zwischen verschiedenen Bereichen oder Abteilungen vorbeugen?

Allem voran steht das klare Bekenntnis der obersten Führung – und damit Rückhalt sowie Unterstützung der weiteren Führungskräfte –, diesen neuen Weg des Arbeitens zu gehen. Für eine gute Umsetzung sind klare Spielregeln, am besten mit den Mitarbeitern und Mitarbeiterinnen gemeinsam entwickelt, regelmäßige Kommunikation der Rahmenbedingungen auf vielen verschiedenen Wegen, wiederkehrende Schulungen für Führungskräfte, was Home-Office und virtuelle Führung betrifft, und die Verankerung eines „modernen", familienfreundlichen Mindsets in der Führungskultur, das die Werte aller Generationen berücksichtigt, eine gute Basis. Natürlich gilt es auch, rechtlich mittels Einzel- bzw. Betriebsvereinbarung die neue Art des Arbeitens abzubilden bzw. zu regeln.

Wie hat sich die Definition von Karriere in den letzten Jahren Ihrer Ansicht nach geändert?

Was eine erfolgreiche Karriere ausmacht, wird stärker individuell beurteilt. Ein paar Trends lassen sich aber dennoch erkennen. So ist es immer mehr Frauen ein Anliegen, eine mögliche Karriere nicht mit Vollzeitjob plus Überstunden gleichzusetzen, sondern eine interessante Tätigkeit in Form einer Experten-/Spezialisten- bzw. Projektkarriere oder Führungskarriere auch in Teilzeit ausüben zu können. Hier ist ein zentraler Ansatz das Job- bzw. Topsharing. In der Praxis erleben sie aber immer noch Hindernisse. Es braucht also in Zukunft noch viel Engagement und Mut, Karrieren in Teilzeit zu ermöglichen. Vice versa wollen und sollen aber auch Männer keine beruflichen Nachteile erfahren, wenn sie sich entschließen, in Elternteilzeit zu gehen und ihre wöchentliche

Arbeitszeit beispielsweise auf 30 oder 32 Stunden reduzieren. Ähnliche Karriereerfolge aller Elternteile erfordern ein ähnliches Ausmaß an Betreuungsaufwand für Kinder und Angehörige – Stichwort „Care-Arbeit". In den skandinavischen Ländern ist das schon lange keine reine „Frauensache" mehr – siehe World Happiness Report.

Welche Vereinbarkeitsmaßnahmen schätzen Mitarbeiterinnen und Mitarbeiter Ihrer Meinung nach am meisten in Unternehmen?

Alles steht und fällt mir der Unternehmens- und Führungskultur. Fehlt es dabei an Verständnis für individuelle Situationen und Lebensphasen, werden andere, sinnvolle Maßnahmen wie Betriebskindergarten, Ferienbetreuung etc. dadurch in den Hintergrund gestellt. Ein sinnvolles Gesamtpaket entsteht nur unter Einbeziehung der Führungskräfte. Gerade in einer volatilen Welt, geprägt von Unsicherheit und Ambivalenzen, wünschen sich Mitarbeiterinnen und Mitarbeiter Sicherheit und Verständnis seitens des Arbeitgebers.

Die Befragung zeigte auch, dass Beschäftigte in steigendem Ausmaß bereit sind, für ein Mehr an Freizeit auf einen Teil ihres Gehalts zu verzichten.

3. Never say never! Mit Mut Schritt für Schritt zu einer modernen Unternehmenskultur.

Christina Draxler, MA, Leitung Personalmanagement, KASTNER Gruppe

Du zählst zu den jüngsten Personalleiterinnen Österreichs, und das noch dazu in einer Unternehmensgruppe mit über 900 Mitarbeiterinnen und Mitarbeitern. Du wurdest direkt im Anschluss an dein MA-Studium im Alter von 23 Jahren bei der KASTNER Gruppe eingestellt und hattest nach nur 4 Monaten eine HR-Leitungsposition inne. Du hast somit erreicht, was für die meisten FH- und Uni-Absolventinnen nach einer „Mission Impossible" aussieht und dessen Wahrscheinlichkeit vermutlich an die eines Lotto-Sechsers grenzt. Was hat dir rückblickend am meisten geholfen, diese Position zu erlangen?

Ich denke, ich war damals tatsächlich zur richtigen Zeit am richtigen Ort und hatte die passende Ausbildung parat. Im Jänner 2016 war ich auf der

Suche nach 10 Experten für meine Masterarbeit – meine Zielgruppe dabei waren CEOs und Personalchefs – und so kam ich zur KASTNER Gruppe. Beim Smalltalk nach dem Experteninterview scherzten wir noch über Zukunftspläne und darüber, dass ich definitiv Führungskraft werden möchte – irgendwann! Bei der Verabschiedung bat mich der Geschäftsführer, ihm interessehalber meine Bewerbungsunterlagen zukommen zu lassen. Tja, und so folgten Vorstellungsgespräche, ein Schnuppertag und ein Persönlichkeitstest. Transparenz gab es von Beginn weg: Gesucht wird eine Abteilungsleiterin für die Personalentwicklung. Nach vier Monaten sollte Bilanz gezogen werden, ob es für mich und natürlich auch für KASTNER passt – ich war in Sachen Generationenmanagement ein Versuchsprojekt! Meine Vorgängerin nahm in Kauf, länger zu bleiben, wenn mir die Chance gegeben wird. Sie war überzeugt von mir, und das ist tatsächlich die Antwort auf die Frage, was mir am meisten geholfen hat, diese Position zu erlangen und auch zu meistern: meine Vorgängerin Michaela. Eine Mentorin, die mir ein Jahr lang zur Seite stand, da war, wenn ich sie brauchte, und Abstand nahm, wenn sie sah, dass ich allein funktionierte. Nebst ihr gab es natürlich viele Faktoren von Familie über eine fundamentale Persönlichkeitsausbildung an der FH bis hin zu viel Verständnis für wenig Zeit für meine Familie und Freunde.

Nun bist du seit über 5 Jahren erfolgreich in dieser Position tätig. Gab es Momente, in denen du ans Aufgeben gedacht hast? Was hat dich rückblickend dabei unterstützt, dich ermutigt, in schwierigen Phasen weiterzumachen?

Um ehrlich zu sein: NEIN! Natürlich gab es Momente, in denen ich an mir gezweifelt habe, aber aufgeben wollte ich nie. Liegt wohl daran, dass ich ein Mensch bin, der selten etwas als unmöglich erachtet. Ich lebe meist nach dem einfachen Prinzip: Wo ein Wille ist, ist auch ein Weg. Oberste Priorität bin immer ich selbst – ich bin dafür verantwortlich, dass es mir gut geht, und nur wenn ich das gewährleiste, kann ich gute Arbeit leisten und für meine Mitarbeiterinnen eine verständnisvolle Führungskraft sein. Und vor allem bin nur ich selbst für meinen Erfolg verantwortlich. Ich glaube nicht an Schicksal, ich glaube an das Tun – und das ermutigt mich tagtäglich!

Eure Personalpolitik spiegelt dein modernes Mindset wider. So bietet ihr beispielsweise Jobsharing und verschiedene Teilzeit-Modelle. Darüber hinaus habt ihr im Jahr 2020 den 3. Platz beim „Staatspreis Familie & Beruf" erreicht. Dabei ist gerade die Handelsbranche eher für „harte" Arbeitsbedingungen, familienfeindliche Arbeitszeiten und eine relativ hohe Fluktuation bekannt. Was macht ihr anders als andere?

Dabei muss ich schmunzeln, weil ich immer wieder verblüfft bin über die Vorurteile einer Branche – mit denen vermutlich viele Branchenmitbewerber kämpfen. Grundsätzlich ist das ganz einfach zu beantworten: Im Gegensatz zu vielen anderen Handelshäusern sind wir ein Familienunternehmen. KASTNER wird geführt von der Familie Kastner. Kommerzialrat Christof Kastner ist Sohn, Bruder, Ehemann und Vater – er ist mit dem Familienleben und all den damit verbundenen Themen bestens vertraut. Für die Familie KASTNER und damit auch für die gesamte KASTNER Gruppe sind gute Arbeitsbedingungen, Familienfreundlichkeit und Mitarbeiterbindung kein Benefit oder Add-on, sondern ein wesentlicher Bestandteil der Unternehmenskultur seit über 190 Jahren. Ich habe damit immer Menschen im Rücken, die alles, was unsere Mitarbeiterinnen und Mitarbeiter fordert und fördert, absolut befürworten und unterstützen. Das macht mir nicht nur enorm viel Spaß am Erfolg, sondern vor allem macht es mir meine Arbeit oftmals sehr einfach.

Was hat euch dazu bewogen, Jobsharing einzuführen, und welche Erfahrungen habt ihr im Unternehmen damit gemacht?

Ich schmücke mich ungern mit fremden Lorbeeren: die Mitarbeiterinnen selbst! Wir hatten zwei karenzierte Mitarbeiterinnen, die sich privat gut kannten und mit dem Vorschlag kamen, sich einen Job zu teilen – da mussten wir nicht lange überlegen. Es funktioniert wunderbar!

Was sind deiner Meinung nach wesentliche Trends in der Arbeitswelt von morgen?

Ich bin keine Trendforscherin und nehme bewusst Abstand von „Trend-Hopping". Was ich sagen kann, ist, dass die Arbeitgebermarke zukünftig nicht mehr als Instrument des Marketings gesehen werden sollte, sondern als strategisches Steuerungstool. Bis dato hieß es: Tue Gutes und sprich darüber! Ich bin der Meinung: Tue Gutes, erzähl deinen Mitarbeiterinnen und Mitarbeiter sowie Kundinnen und Kunden davon und lasse sie darüber sprechen! Wir brauchen mehr Transparenz und Authentizität in unseren Arbeitgebermarken. Home-Office oder flexible Arbeitszeiten sind gekommen, um zu bleiben, das ist unbestritten. Für mich geht es aber viel mehr um bedürfnis- und lebensphasenorientiertes Arbeiten, und dafür braucht es kreative und individuelle Lösungen!

Welche Rahmenbedingungen muss der FMCG-Handel deiner Ansicht nach heute und in Zukunft bieten, um für Mitarbeiterinnen und Mitarbeiter sowie Bewerberinnen und Bewerber attraktiv zu sein?

Es ist kein Geheimnis, dass unsere Branche nicht für hohe Gehälter und Löhne bekannt ist. Was wir bieten, ist Stabilität und Sicherheit auf allen Ebenen. Wir arbeiten an modernsten Technologien, um unseren Kundinnen und Kunden stets neue Möglichkeiten zu bieten. Wir sind klar in der Sache – wir wissen, was wir können und stehen für Handschlagqualität. Wir arbeiten in einer Welt und Branche, die in vielerlei Hinsicht sehr schnelllebig ist. Dennoch fokussieren wir uns auf grundlegende Werte: positive Einstellung, Vertrauen, Ergebnisorientierung, Verlässlichkeit, Kooperationsfähigkeit und Gewissenhaftigkeit. Und eins noch: Nur weil andere Unternehmen für bestimmte Sozialleistungen oder ihr Tun als attraktiv bezeichnet werden, heißt das noch lange nicht, dass dies das Erfolgsrezept ist – jede Unternehmenskultur funktioniert anders, und ich bin nicht davon überzeugt, dass Dinge, die nicht passen, passend gemacht werden müssen! Wenn man zu dem steht, was man ist, was man tut und was man macht und kann, wird schon sehr viel richtig gemacht!

4. 30-Stunden-Woche bei vollem Gehalt UND flexible 4-Tage-Woche – Utopie oder Zukunftsmodell?

Klaus Hochreiter, Geschäftsführer der eMagnetix online Marketing GmbH, im Interview:

Der Großteil der Unternehmen hält diese Maßnahme für unmachbar, vielleicht sogar für utopisch. Sie haben 2018 Innovationsgeist und Mut bewiesen und als erstes Unternehmen Österreichs die 30-Stunden-Woche bei Vollzeit-Gehalt flächendeckend in ihrem Unternehmen eingeführt mit dem Hashtag #30sindgenug. Welche Auswirkungen hat diese Maßnahme auf Hard Facts wie beispielsweise Produktivität, Fluktuation und Umsatzwachstum und wie haben sich diese Faktoren seit der Einführung entwickelt?

Ja, das Resümee nach 3 Jahren Arbeitszeitreduktion ist zusammengefasst ein sehr positives, muss man sagen. Es hat Herausforderungen gegeben – und die gibt es noch immer, das ist kein Thema –, aber es hat sich als sehr positiv herausgestellt. Besser, als wir geglaubt haben.

Festmachen kann man das an mehreren Hard Facts:

Das eine ist die Mitarbeiterseite: **Wie zufrieden sind die Mitarbeiterinnen und Mitarbeiter?** Wir haben dazu eine laufende anonyme monatliche Umfrage. Hier fragen wir auf einer Skala von 1-5 ab, wie happy, wie zufrieden die Mitarbeiterinnen und Mitarbeiter sind. Da haben wir heuer von Jänner bis April einen Durchschnittswert von 4,2 erreicht, und das anonym! Das ist unglaublich gut.

Die Mitarbeiterinnen und Mitarbeiter sind offenbar zufrieden, wird monatlich so bewertet. Das schaut sehr gut aus.

Auf der anderen Seite die Kunden. Auch hier machen wir zweimal im Jahr eine Kundenumfrage. Die letzte war erst im April 2021 – die gleiche Skala. Durchschnittswert von unserer **Kundenzufriedenheit**: 4,6 von maximal 5 Punkten.

Also: Zufriedene Mitarbeiter sorgen für zufriedene Kunden und am Ende des Tages auch für ein erfolgreiches Unternehmen.

Der **Umsatz** hat sich in den letzten 3 bis 4 Jahren definitiv mehr als verdoppelt.

Die **Mitarbeiteranzahl** haben wir dadurch in den letzten 3 bis 4 Jahren verdreifachen können von 12 auf aktuell 36 Mitarbeiterinnen und Mitarbeiter.

Hinsichtlich **Produktivität**: Diese ist gestiegen. Es steigt auch die Motivation, das genau zu messen, ist schwierig.

Betreffend **Fluktuation** wirkt sich unser Modell äußerst positiv aus. Hier muss man das Corona-Jahr ausklammern. Da haben zwei Mitarbeiterinnen/ Mitarbeiter eine Art Sinnkrise bekommen und sich dann beruflich ganz anders orientiert. Das ist ok und kommt vor. Doch ansonsten haben wir kaum Fluktuation, kaum Abgänge. Denn eines sagen unsere Mitarbeiterinnen und Mitarbeiter schon: #30sindgenug ist nicht nur ein Modell bzw. ein Argument, das dafür sorgt, dass man zu uns kommt, sondern auch dafür, dass man bleibt. Wenn man dieses Modell einmal gewohnt ist, mit all seinen Vorteilen, will man nicht mehr wirklich woanders hingehen oder zurückwechseln.

Eine weitere Kennzahl: Die Beschäftigten sind nicht nur zufrieden, sondern **fühlen sich auch gesünder**. Ein ganz ein wesentlicher Punkt. Wir haben alle 2 Jahre eine Evaluierung durch einen externen Experten, die letzte war 2019, die nächste wird im Herbst diesen Jahres stattfinden. Bei der letzten haben 83 % angegeben, sie fühlen sich seit #30sindgenug gesünder. Die Folgewirkungen liegen auf der Hand: weniger Krankenstände, mehr Motivation usw. Hinzu kommt eine verbesserte Balance von Beruf und Privat. Das bestätigen mir die Mitarbeiterinnen und Mitarbeiter, wenn ich frage: Wie geht's dir zuhause mit dem neuen Modell? Vielfach erzählen sie mir dann, dass ihre Angehörigen ihnen sagen, sie seien nun viel ausgeglichener. Das Rad dreht sich ja ständig und es kommen immer wieder tolle Ergebnisse und Aspekte dazu.

Mittlerweile haben wir ein flexibles Paket betreffend Arbeitsbedingungen, bestehend aus 4 Maßnahmen:
- #30sindgenug: 30 Wochenstunden bei Vollzeit-Gehalt
- Gleitzeit mit Kernzeit
- Flexible 4-Tage-Woche
- Home-Office

Seit diesem Jahr haben wir eine flexible 4-Tage-Woche. Nun können unsere Mitarbeiterinnen und Mitarbeiter wählen: Arbeite ich 5 kurze Tage oder nur 4 Tage? Bei diesen 4 Tagen können sie entscheiden, ob sie Freitag oder Montag als freien Tag wählen. Man kann nicht irgendeinen Tag wählen, sonst werden Abstimmungen und Erreichbarkeiten sehr schwierig, doch die Randtage haben für die Beschäftigten klare Vorteile: leere Einkaufszentren, günstigere Urlaube und vieles mehr. Das hat eine Umfrage ergeben.

Und als vierte Maßnahme das Thema Home-Office: Wir haben das – nach Mitarbeiterumfragen – nun individuell gelöst und nach Anfahrtswegen kategorisiert. Es wird bei uns also auch nach Covid-19 beibehalten, aber individuell. Daher gibt es verschiedene Möglichkeiten: Die Beschäftigten mit dem längsten Anfahrtsweg haben beispielsweise nur mehr 1 Anwesenheitstag pro Woche, können öfter kommen, müssen aber nicht. Ausstattung mit entsprechender Infrastruktur ist selbstverständlich. Dann haben wir es entsprechend abgestuft. Die Mitarbeiterinnen und Mitarbeiter, die gleich ums Eck (z. B. 5 Minuten entfernt) wohnen, haben mehr Anwesenheitstage.

Alles in allem können sich die Mitarbeiterinnen und Mitarbeiter aus diesen 4 Bausteinen individuell ihr Arbeitsleben so zusammensetzen, wie es für sie am besten passt.

Seit der Einführung im Jahr 2018 wird die 30-Stunden-Woche mit vollem Gehalt ununterbrochen für alle Beschäftigten umgesetzt und jährlich evaluiert. Was ist kurzgefasst Ihr Resümee?

Mein Resümee: Unter dem Strich – mit Blick auf die eben genannten Kennzahlen – viel besser als gedacht. Ganz offen gesagt: Es gab auch Herausforderungen, da muss man flexibel sein und Lösungen finden. Haben wir gefunden. Daher blicke ich sehr optimistisch in die Zukunft.

Sie hatten vor Einführung oftmals einen Mangel an qualifizierten Bewerberinnen und Bewerbern für bestimmte Stellen. Welchen Impact hatte die Maßnahme in den letzten Jahren auf Ihre Bewerberzahlen?

Deutliche Steigerung, erstens in der Quantität und zweitens auch in der Qualität. Vor #30sindgenug hatten wir bei Einsteiger- bzw. Juniorjobs im Schnitt 10 Bewerbungen, davon 50 % sofort nicht geeignet. In Wahrheit haben wir also Leute gebraucht und waren gezwungen, aus maximal 5 Personen auszuwählen. Wir sind dann oft dazu übergangen, Leute oft über Monate hinweg selbst einzuschulen. Am Ende des Tages war es leider oft so, dass sich nach mehreren Wochen oder Monaten herausgestellt hat: Die Person passt nicht. Oder die Person selbst hat entschieden: „Das Themenfeld ist vielleicht doch nicht so meins." Und wenn man das mit Kosten hinterlegt, endet das in einem Desaster bzw. ist richtig teuer. Jetzt ist es so, dass wir (auch vor Covid) bis zu 100 Bewerbungen pro Junior-Job erhalten. Davon deutlich über 50 % prinzipiell geeignet, und 20 bis 30 % Bewerbungen mit richtig guter Qualität, die sofort jeder nehmen würde.

Ein ähnliches Problem hatten wir vor #30sindgenug bei der Suche nach Projektmanagerinnen und Projektmanagern, also ein Senior-Job mit Erfahrung. Nur noch viel dramatischer: da haben wir über Wochen oder Monate keine einzige Bewerbung bekommen, trotz überdurchschnittlicher Anhebung des Gehalts, weit über den Branchenschnitt. Keine einzige Bewerbung erhalten. Der letzte Call für diese Runde war nun vor gut einem Jahr. Da haben wir knapp 80 Bewerbungen erhalten und entsprechend jemand gefunden. Vor wenigen Monaten haben wir wieder jemanden gesucht und konnten aus diesem Pool noch eine zweite Person rekrutieren, noch auf jemanden zweiten zurückgreifen.

Nichtsdestotrotz: Es gibt ein paar Spezialistenjobs, wo wir auch nicht die Masse an Bewerbungen erhalten, aber auch hier finden wir heute sehr oft jemand geeigneten. Also das Thema Fachkräftemangel, ein großes Thema für viele Unternehmen, haben wir für uns lösen können.

Das verschafft uns einen klaren Wettbewerbsvorteil in der Branche.

Die positiven Auswirkungen von #30sindgenug gehen bei uns sogar so weit: Bei uns melden sich Personen und fragen nach, was sie lernen müssen, damit sie mal bei uns arbeiten können. Finde ich unfassbar spannend.

Noch dazu kommt die niedrige Fluktuation in unserem Unternehmen.

Wir haben damit die Branche geteilt in UNS und alle anderen, die immer noch das Gleiche machen.

Viele Unternehmen haben beim Gedanken an die Maßnahme sofort die steigenden Personalkosten und die reduzierten zeitlichen Verfügbarkeiten der Beschäftigten im Kopf. Ergaben sich durch die Einführung auch Kosteneinsparungen in gewissen Bereichen (z. B. Recruiting) oder Steigerungen auf Einnahmenseite, welche die gestiegenen Personalausgaben oder einen Teil davon „aufwiegen" konnten?

Die Frage kann ich nicht ganz klar beantworten. Wir haben damals vor #30sindgenug (in langer Planung) versucht, einen Wert zu berechnen, was es uns in der Anfangsphase kosten würde. Weil theoretisch 20 % weniger Ressourcen zur Verfügung stehen und damit auch 20 % weniger Umsatz hätte eintreten können. Das ist in Wahrheit nie so eingetreten. Zum Glück. Nichtsdestotrotz: gerade diese Umstellungsphase am Anfang hat Kosten verursacht. War auch o. k., weil es ein bisschen gedauert hat, bis man hineinkommt und sich alles einspielt.

So genau kann ich es daher unmöglich berechnen, einfach aufgrund unseres starken Wachstums. Was de facto sicher eine positive Auswirkung und Einsparung bringt, ist der Wegfall der enormen Kosten von Fluktuation (Einschulung, Nachbesetzung usw.).

Auch die Jobausschreibungen (Einsteigerpositionen und normale Jobs) gehen uns dadurch sehr leicht von der Hand und wir brauchen keine großen, teuren Kampagnen. Auch hier hat uns #30sindgenug eine gewisse Bekanntheit verschafft, die uns in die Karten spielt. Da gibt es am Ende vom Tag eine Kostenersparnis.

Gab es Anfangsschwierigkeiten nach Einführung? Oder verärgerte Kunden?

Schwierigkeiten ist vielleicht das falsche Wort. Ich nenne es mal Herausforderungen. Ja, die hat es gegeben, eigentlich sogar schon vor der Einführung, obwohl wir es lange geplant haben. Da ist sogar intern noch am Vorabend vor der Einführung und Veröffentlichung diskutiert worden: Ernten wir einen Shitstorm? Kündigen unsere Kunden? Was passiert wirklich?

Da ist noch ein bisschen Unsicherheit entstanden. Dann aber habe ich gesagt: Zur Not halte ich selbst den Kopf hin, wenn das auf gut Deutsch in die Hose geht. Am nächsten Tag um 7 Uhr Früh ist dann die Pressemeldung über alle Kanäle rausgegangen.

Da gab es schon noch ein paar Themen. Im Endeffekt haben wir uns dann drüber getraut. Zum Glück. Hat gut funktioniert.

In den ersten Tagen nach Veröffentlichung hat es ca. eine Handvoll Kunden gegeben, die sich gemeldet haben und nicht happy waren. Die waren ganz das Gegenteil davon. War aber dennoch relativ rasch geklärt: Grund dafür waren meist falsche Medienmeldungen. Da ist uns beispielsweise unterstellt worden, dass wir jetzt die Preise erhöhen und unsere Kunden diese Maßnahmen bezahlen müssen. Diese Botschaften sind eher von einer Gegnerseite dieser Arbeitsmodelle gekommen, muss ich ganz ehrlich sagen. Wir haben es jedenfalls mit den Kunden klären können. Sie waren am Anfang etwas irritiert, nennen wir es mal so (lacht).

Eine spannende Geschichte war: Ein Kunde war dabei, der hat am Vortag der Veröffentlichung und Einführung, am 20. Februar 2018, einen Vertrag mit uns unterschrieben. Zur Erklärung: Wir haben 12- oder 24-monatige Vertragslaufzeiten, also eher lang. Der hat angerufen und war sauer. Er sagte: „Hätte ich das gewusst, hätte ich nie unterschrieben!" War sicher auch unsererseits vom Zeitpunkt her nicht ganz glücklich gewählt, doch man lernt dazu – mit Sicherheit (lacht). Aber auch dem haben wir es erklärt und auch er hat es dann verstanden und ist immer noch unser Kunde. Mittlerweile hat er uns sogar schon weiterempfohlen.

Heute ist es mittlerweile so, dass uns die Kunden bestätigen, dass wir a) eine Qualitätssteigerung haben und b) dass wir wirklich sehr kompetente Mitarbeiterinnen und Mitarbeiter haben, die sehr bemüht sind und wo man merkt: Da ist eine Motivation da und die kümmern sich entsprechend um die Kunden.

Und eine weitere Variable hat sich geändert: Früher haben unsere Kunden, auch Bestandskunden, oft bis zu 6 Monate auf die Umsetzung warten müssen, weil wir eben keine Mitarbeiterinnen und Mitarbeiter gefunden haben, um Projekte schneller abzuwickeln. Jetzt liegen wir hier – je nach Saison – bei 1 bis 2 Monaten. Das ist fast ein Idealzustand aus gesamtheitlicher Sicht. Der Kunde wünscht es sich natürlich immer gleich und sofort, aber das kann man ja kaum abbilden. Auch das hat sich also verbessert. Wir können viel schneller reagieren. Und wenn es wirklich wo mal ganz schnell gehen muss, dann agieren wir heute sogar innerhalb von Tagen. Das war früher unmöglich.

Unser Ziel wird also bestätigt: Zufriedene Mitarbeiterinnen und Mitarbeiter, zufriedene Kundinnen und Kunden.

Es gibt mittlerweile viele Branchen, die massiv mit Fachkräftemangel und/oder Fluktuation kämpfen (wie Handel und Pflegewesen, um nur einige Beispiele zu nennen). Immer wieder werden Stimmen laut, dass es „Systemschwächen“ sind, die dazu führen, wie niedrige Löhne/Gehälter, starke körperliche oder psychische Belastung im Job und vergleichsweise „familienfeindliche“ Arbeitszeiten. Denken Sie, eine 30-Stunden-Woche bei Vollzeit-Entlohnung wäre auch in anderen Branchen und in größeren Unternehmen und Organisationen machbar?

Spannende Frage. Vorweg: Ich werde hier nicht für andere Branchen sprechen. Ich sag es einmal so: Ich denke, es ist überall wert, sich diese Modelle einmal anzuschauen, weil sie einfach viele Vorteile haben. Natürlich ist es je nach Branche leichter oder weniger leicht umzusetzen. Wir sind sehr prädestiniert dafür, denn es ist Kopfarbeit. Es gibt auch Studien, die klar sagen, pro Tag ist man ca. 5 bis 6 Stunden produktiv. Dann frage ich mich, was die Leute in der zehnten oder elften Stunde machen?!

Wir müssen einfach weg vom Thema Präsenzkultur, und das gilt, glaube ich, für viele Branchen. Durch Home-Office haben wir das mittlerweile ein bisschen gelernt, davor hat man sich gefürchtet „Was tun die denn da?“ Doch wenn Mitarbeiterinnen und Mitarbeiter im Home-Office nichts tun, werden sie im Büro auch nichts tun. Das ist egal. Da muss man vielleicht einen Schritt davor ansetzen, was jedoch manche vergessen: beim Thema Kultur. Bei uns gibt es drei Werte: Eigenverantwortung, Vertrauen und Mitspracherecht. Und das Thema Vertrauen ist eine Grundvoraussetzung, sonst funktioniert gar nichts – kein Home-Office, kein #30sindgenug. Ich glaube, da müssen Firmen einmal ansetzen, dann wird sehr vieles möglich.

Ob es überall möglich ist, kann ich nicht beurteilen, aber ich denke, es sollte sich jeder anschauen. Vielleicht ist es dann eine andere Form. Vielleicht keine Verkürzung auf 30, sondern auf z. B. 32 Stunden. Und vielleicht noch etwas anderes Zusätzliches, je nachdem. Es fallen immer wieder dieselben Branchen, wo es große Probleme gibt, wie im Gesundheitswesen. Hier habe ich einmal mit einem Branchenvertreter gesprochen, der mir erzählt hat: Da gäbe es genug Ansatzpunkte. Da gibt es noch immer Menschen, die die Medikamente in Spitälern händisch sortieren. Das könnte man schon maschinell gestützt erledigen.

Wichtig ist, sich diese Modelle einmal anzusehen, denn der Fachkräftemangel trifft letztlich alle. Definitiv. Wer nichts dagegen tut, bleibt über kurz oder lang auf der Strecke. Es trifft noch viel stärker die Klein- und Mittelbetriebe, denn die sind am Markt kaum sichtbar. Große Brands tun sich hier wesentlich leichter, doch kleinere Unternehmen – so wie wir – tun sich hier weitaus schwerer.

Hier muss man mit nachhaltigen, echten Maßnahmen sichtbar und attraktiv werden. Dann sehen einen zumindest diese wenigen Fachkräfte, die es gibt, und werden auf das Unternehmen aufmerksam. Im Idealfall bekommt man eine Bewerbung.

Das müssen vor allem echte Maßnahmen sein hinsichtlich Work-Life-Balance, denn das wird vermehrt gefordert. Keine Sachen wie Gratis-Kaffee, Gratis-Obst oder Fitness-Studios. Ich frage mich beispielsweise bei Fitness-Studios: Wer kommt auf so eine Idee? Es hört sich super an, wenn ich sage: ich bau ein Fitness-Studio im Haus. Doch wenn ich bei uns überlege: von den 36 Mitarbeiterinnen und Mitarbeitern interessiert sich vielleicht ein Bruchteil für das Fitness-Studio. Was passiert mit allen anderen?

Oder wenn in Firmen auf einmal viele anfangen Marathon zu laufen. Super Sache. Sport ist wichtig, doch ich muss immer schauen: da sollte schon sehr individuell gedacht werden. Es muss jeder von den Maßnahmen etwas haben, sonst profitiert am Ende des Tages nur ein geringer Anteil der Mitarbeiterinnen und Mitarbeiter davon.

Das nächste Thema: Die Zukunftsforschung sagt uns, dass durch Digitalisierung, Automatisierung und Robotik gewisse Aufgaben wegfallen werden. Das heißt, Arbeit wird anders werden. In spätestens 20 Jahren wird das Thema Arbeitsverkürzung daher vermutlich ohnehin da sein, weil es gar nicht mehr anders gehen wird.

Eine weitere Perspektive ist die der Familienfreundlichkeit und Geschlechtergerechtigkeit. #30sindgenug sorgt ja auch für mehr Geschlechtergerechtigkeit. Es reduziert den Gender Gap. Beispiel: Eine Kollegin, die vor kurzem bei uns in Karenz gegangen ist. Wenn sie in einem anderen Unternehmen, wo es All-in gibt, in Teilzeit mit 10 oder 20 Wochenstunden zurückkommt, wird vielleicht auf sie herabgeschaut oder sie mit ihren Stunden nicht ernst genommen. Gleichzeitig reduziert sich ihr Gehalt durch Teilzeit ganz erheblich. In unserem Fall ist der Unterschied der Arbeitsstunden deutlich geringer und gleichzeitig wird ja ihr Gehalt bzw. ihre Überzahlung aliquotiert. Damit hat sie sozusagen dasselbe Add-on, damit sie ebenso von #30sindgenug profitieren kann.

Von einem bin ich einfach überzeugt: Dass #30sindgenug ein Weg ist für mehr Gleichberechtigung – oder ein wichtiger Schritt.

Meine kleine Tochter ist jetzt 1 ½ Jahre alt und ich wünsche mir eines als Ziel: Wenn sie in 20 Jahren ins Arbeitsleben eintritt, dass sie dann zu diesem Zeitpunkt andere Bedingungen vorfinden wird als heute. Gerade auch als Frau. Dass es dann einfacher ist, vor allem, wenn es um Familienplanung geht. Wenn wir hier einen kleinen Beitrag dazu leisten können mit #30sindgenug, ist das für mich eine tolle Geschichte.

Was raten Sie abschließend Unternehmern, die mit dem Gedanken der 30-Stunden-Woche bei vollem Gehalt spielen?

Erstens würde ich raten, einen individuellen Weg zu finden. Kann auch eine Kombination sein. Wichtig ist, sich nach den Bedürfnissen der Beschäftigten zu orientierten. Wichtig ist also, zu schauen: Was wollen die Mitarbeiterinnen und Mitarbeiter denn wirklich? Pauschallösungen gibt es hier nicht, sondern nur individuelle Lösungen.

Arbeitszeitverkürzung ist generell eine sinnvolle Maßnahme – in welcher Form, muss jede und jeder für sich entscheiden.

Zweitens: Unbedingt die Mitarbeiterinnen und Mitarbeiter mit einbeziehen. Mitspracherecht vom ersten bis zum letzten Tag. Das war auch bei uns ein Erfolgsfaktor.

Man muss sich einfach nur überlegen: Wenn man zu einer Mitarbeiterin oder einem Mitarbeiter sagt: „Wo kannst du Prozesse optimieren? Wo kannst du schneller werden?“, wird normalerweise nichts passieren, weil sie oder er sich davor fürchtet, dass dann jemand anderer die Arbeit macht. Das ist eine normale menschliche Reaktion. Es wären uns in so einem Fall die Hände gebunden gewesen, wenn hier nicht jede Mitarbeiterin und jeder Mitarbeiter mitgemacht hätte.

Bei uns war die Frage aus einem anderen Anreiz: nämlich mit 30 Stunden in Zukunft mehr Freizeit zu haben und ein anderes Leben führen. Und da war die Motivation dann da und die Beschäftigten haben gut mitgearbeitet und wir haben vieles gemeinsam entschieden.

Drittens: Zeit nehmen dafür, gut und langfristig planen. Wir haben die Einführung monatelang geplant, das ist ganz, ganz wichtig. Es gibt andere Beispiele, die es sehr spontan eingeführt haben und kurzfristig wieder zurücknehmen mussten.

Viertens: Einfach tun, am Ende vom Tag. Habe ich schon erwähnt: Am Tag vor der Einführung stand alles sozusagen auf Messers Schneide (Sicherheitsdenken, Ängste, Zweifel). Ich bin mir sicher, hätten wir uns dagegen entschieden, würde es eMagnetix heute in der Form nicht mehr geben und kein Mensch würde uns kennen. Schlüsselpositionen, die nun beispielsweise teilweise in Karenz sind, hätten wir unmöglich nachbesetzen können. Nun haben wir beinahe alle Schlüsselpositionen doppelt besetzt.

Am Ende muss man es einfach mal tun. Nur so verändert sich etwas. Auch wenn mal etwas schiefgeht oder eine Herausforderung kommt: entweder eine Lösung finden oder ... eine Lösung finden! (lacht) Es findet sich immer eine Lösung, wenn die Bereitschaft dazu da ist!

Zusammengefasst war es die beste Entscheidung, die wir haben treffen können. Hürden und Herausforderungen hat es gegeben, doch sie waren gut meisterbar.

Still a long way to go?

Vielleicht denkst du dir jetzt nach dem Lesen dieser Interviews: Tolle Initiativen, aber bis sowas in der Breite und in meiner Branche ankommt, vergeht noch eine halbe Ewigkeit. Ja, vielleicht hast du Recht. Vielleicht auch nicht. Bis zum Herbst 2019 hätte weltweit niemand Covid-19 und dessen Konsequenzen auch nur annähernd für möglich gehalten – Stichwort Black Swan.[8] Menschen, die ähnliche Szenarien prognostizierten, hatte man für verrückt erklärt. Und nun sehen wir vieles anders!

Seither haben wir dadurch einen wahren Boost in Richtung Home-Office und hybrides Arbeiten erlebt.

Damit sind Führungskräfte mehr denn je gefordert, bei remote-tauglichen Tätigkeiten die bisher vorherrschende Präsenzkultur durch eine moderne Vertrauenskultur und ergebnisorientierte Führung zu ersetzen. Eine Kultur, in der man *gerne* persönlich zusammenkommt, um berufliches MITEINANDER zu leben – jobbezogen wie auch für Socializing und Beziehungspflege –, und in der man genauso auch hybrid und remote von zuhause aus zielorientiert arbeiten kann.

Zusätzlich werden Führungskräfte angesichts der Ansprüche der Generationen Y und Z[9] und der Merkmale unserer heutigen Arbeitswelt (Stichwort: VUKA[10]) ohnehin nur bestehen, wenn sie sich zunehmend als Coach sehen, der es versteht, zu fördern und zu fordern. Es braucht mehr denn je Führungskräfte, die es verstehen, echte Beziehungen aufzubauen, Zusammenhalt und Partizipation zu fördern und ihre Teammitglieder zu empowern.

---

8 Begriffserklärung: Ein schwarzer Schwan ist ein Ereignis, das völlig unwahrscheinlich ist, gänzlich überraschend eintritt und (fast) alle erstaunt. Im Nachhinein kann sich herausstellen, dass durchaus Anhaltspunkte vorhanden waren, und in manchen Fällen wurde die Begebenheit auch von einem Experten vorausgesehen, den man nicht gehört, nicht verstanden oder nicht ernstgenommen hat. Der Begriff geht auf Publikationen von Nassim Nicholas Taleb zurück, nämlich auf „Fooled By Randomness“ (2001) und „The Black Swan“ (2007). Quelle: https://wirtschaftslexikon.gabler.de/definition/schwarzer-schwan-122417

9 Nähere Informationen zu den einzelnen Generationen siehe bei Interesse https://www.vielfalt-managen.at/alter-generationen/

10 Volatilität, Unsicherheit, Komplexität und Ambivalenz

Old ways won't open new doors!

Was das Tempo des Wandels in der Arbeitswelt betrifft, liegt es letztlich bei jeder Einzelnen von uns. Wir können Veränderungen oder Anstöße dazu im Kleinen mitgestalten. Denn wir alle sind letztlich Räder am Wagen „Arbeitswelt“: winzige und gleichzeitig wertvolle Teile des Systems.

Durch das Erkennen unserer individuellen Stärken und Fähigkeiten und deren intelligente Nutzung können wir Dinge bewegen. Soziale Kompetenz, Vernetzung und Medienkompetenz werden dabei eine Schlüsselrolle spielen.

Mut, gepaart mit Achtsamkeit und Konsequenz, kann vieles möglich machen – vielleicht sogar Dinge, die wir heute für unmöglich halten.

„Für die, deren Zeit gekommen ist, ist es nie zu spät.“
Bertholt Brecht

Anhang

Glossar

Abitur — Das Abitur, abgekürzt „Abi" genannt, bezeichnet den höchsten Schulabschluss in Deutschland und damit eine allgemeine Hochschulreife. Mit dem Abitur wird die Studierfähigkeit bescheinigt. (Quelle: Abitur – Wikipedia)

AHS — Abkürzung für Allgemeine Höhere Schule. Diese stellt in Österreich den schnellsten Weg zur Matura dar (4 Jahre).

BWL — Abkürzung für Betriebswirtschaftslehre

Care-Arbeit — Darunter fallen – aus Perspektive der berufstätigen Mutter – alle (meist) unbezahlten Tätigkeiten wie Kindererziehung und betreuung, Pflege und Unterstützung von Angehörigen und Freunden bis hin zum Managen des kompletten Haushalts (Kochen, Putzen etc.).

CFO (Chief Financial Officer) — Englischer bzw. internationaler Fachbegriff für die höchste kaufmännische bzw. für Finanzen zuständige Führungskraft in einem Unternehmen. Z.B. Kaufmännische Geschäftsführer*innen, Finanzvorständ*innen, Finanzleiter*innen

Digital Education Management — Fachbereich eines Unternehmens, der sich mit mit Digitalem Lernen und zugehörigen Technologien beschäftigt.

Diversity Management — Diversity Management bzw. Management der Vielfalt oder Diversitätsmanagement ist Teil des Personalwesens und wird meist im Sinne einer konstruktiven Nutzung der in einem Unternehmen oder einer anderen Organisation vorfindbaren personellen und sozialen Vielfalt verwendet. (Quelle: Diversity Management – Wikipedia)

E-Learning — Unter E-Learning oder Electronic Learning werden – nach einer Definition von Michael Kerres – alle Formen von Lernen verstanden, bei denen elektronische oder digitale Medien für die Präsentation und Distribution von Lernmaterialien und/oder zur Unterstützung zwischenmenschlicher Kommunikation zum Einsatz kommen. (Quelle: E-Learning – Wikipedia)

Elternzeit — Als Elternzeit versteht man in Deutschland eine unbezahlte Auszeit vom Berufsleben für Mütter und Väter, die ihr Kind selbst betreuen und erziehen. Arbeitnehmerinnen und Arbeitnehmer können Elternzeit von ihrem Arbeitgeber bzw. ihrer Arbeitgeberin verlangen. Während der Elternzeit muss der Arbeitgeber bzw. die Arbeitgeberin sie pro Kind bis zu 3 Jahre von der Arbeit freistellen. (Quelle: Was ist Elternzeit? | Familienportal des Bundes)

EMEA — EMEA ist eine aus dem angloamerikanischen Sprachraum stammende Abkürzung für den Wirtschaftsraum Europa (Europe), Naher Osten (aus US-amerikanischer Sicht Mittlerer Osten: Middle East) und Afrika (Africa). (Quelle: EMEA (Wirtschaftsraum) – Wikipedia)

Fundraising — Fachbegriff für Mittelakquisition bzw. Mittelbeschaffung. Fundraising umfasst alle Aktivitäten zum Aufbau von Beziehungen mit dem Zweck, Ressourcen einzuwerben. Jenseits des engen Fokus auf die Beschaffung von Ressourcen wird Fundraising auch häufig verstanden als systematischer Aufbau von Beziehungen zur Unterstützung eines gesellschaftlichen Anliegens (einer Mission), wie beispielsweise systematische Beschaffung von Spendengeldern für gemeinnützige Zwecke. (Quelle: Fundraising – Wikipedia)

Headquarter — Aus dem Englischen stammende Bezeichnung für Hauptquartier oder Zentrale eines Großunternehmens oder einer Institution. (Quelle: Wörterbuch Oxford Languages)

HR-Leitung — HR ist in der Wirtschaft die Abkürzung für „Human Resources“ und meint den Bereich des Personalwesens. Eine HR-Leitung ist dementsprechend gleichzusetzen mit der Leitung des Personalwesens (Personalleitung) eines Unternehmens.

IBWL — Abkürzung für Internationale Betriebswirtschaftslehre

Insights — Englischer Begriff für „Einblicke“ und „Einsichten“

Investor Relations — Investor Relations ist ein Handlungsfeld der Unternehmenskommunikation. Es bezeichnet bei einer Aktiengesellschaft oder anderen kapitalbasierten Gesellschaften die Kontaktpflege zu Aktionär*innen bzw. Investor*innen, Analyst*innen und Finanzmedien. (Quelle: Investor Relations – Wikipedia)

IT-Management — Abkürzung für das Management der Informationstechnik in Unternehmen

Jobsharer — Jemand, der Jobsharing praktiziert, sich also seine Arbeitsstelle mit jemand anderen teilt.

Jobsharing — Aufteilung eines Arbeitsplatzes, der normalerweise von einem Einzelnen besetzt ist, unter zwei oder mehrere Personen. (Quelle: Wörterbuch Oxford Languages)
In der Regel wird darunter die Aufteilung einer Vollzeit-Stelle auf zwei Teilzeit-Stellen verstanden.

Karenz/ Elternkarenz — Als Karenz bzw. genauer Elternkarenz wird in Österreich der Anspruch auf Freistellung vom Job bzw. der Arbeitsleistung gegen Entfall des Arbeitsentgelts bezeichnet. Auf Karenz besteht in Österreich ein Rechtsanspruch, längstens bis zum Ablauf des zweiten Lebensjahres des Kindes. Die Arbeitgeberin/der Arbeitgeber kann einer Arbeitnehmerin/ einem Arbeitnehmer die Karenz daher nicht verweigern. (Quelle: Elternkarenz (oesterreich.gv.at))

Key Account Manager*in — Expert*in im Unternehmen, der/die für den Kontakt zu Partnerunternehmen und Großkunden und die Ausweitung der Geschäftsbeziehungen mit diesen zuständig ist. (Quelle: Wörterbuch Oxford Languages)

Kindergarten — Österreichischer Begriff eine Einrichtung zur Kindertagesbetreuung und zur Förderung der Entwicklung von Kindern bis zum Schuleintritt. (Quelle: Kindergarten – Wikipedia)

Kinderkrippe — Kinderkrippen sind Einrichtungen oder Gruppen der Kindertagesbetreuung für Kleinkinder und Säuglinge ab einem Alter von ca. einem halben Jahr oder einem Jahr. Als Kurzform wird auch das Wort „Krippe“ gebraucht.
(Quelle: Kinderkrippe – Wikipedia)

KITA — In Deutschland häufig verwendete Abkürzung für Kindertagesstätte, vergleichbar mit dem österreichischen Begriff Kindergarten. Die genaue Definition bzw. Eingrenzung nach Altersgruppe der Kinder ist regional unterschiedlich.

Kollektivvertrag — In Österreich regeln Kollektivverträge ähnlich der Branchentarifverträge Rechte und Pflichten von Arbeitnehmer*innen und Arbeitgeber*innen.

Matura — Bezeichnung für die Reifeprüfung nach einer höheren Schulausbildung, vergleichbar mit dem Abitur.

MBA — Der Master of Business Administration (MBA) ist ein postgraduales generalistisches Management-Studium, das alle wesentlichen Managementfunktionen abdecken soll. MBA ist auch die Bezeichnung für den durch dieses Studium erworbenen akademischen Grad. (Quelle: Master of Business Administration – Wikipedia)

Mutterschutz — Mutterschutz ist die Summe gesetzlicher Vorschriften zum Schutz von Mutter und Kind vor und nach der Entbindung. Dazu gehören Beschäftigungsverbote vor und nach der Geburt, ein besonderer Kündigungsschutz für Mütter sowie Entgeltersatzleistungen während des Beschäftigungsverbotes und darüber hinaus. (Quelle: Mutterschutz – Wikipedia) Die Dauer des Beschäftigungsverbotes bzw. der Mutterschutzfrist unterscheidet sich in Deutschland und Österreich, sowie auch die Bezeichnung der staatlichen Entgeltersatzleistung („Mutterschaftsgeld“ in Deutschland, „Wochengeld“ in Österreich)

New Work — New Work oder Neues Arbeiten ist ein Schlagwort und gleichzeitig Sammelbegriff für zukunftsweisende und sinnstiftende Arbeit und zugehörige, flexible Arbeitsmodelle.
(Quelle: Was ist New Work? | Ein Artikel von Ibrahim Evsan | New Work (newworkblog.de))

Outsourcing — Dieser Begriff stammt ursprünglich aus dem Unternehmenskontext und steht für die Auslagerung von bisher selbst erbrachten Leistungen an externe Auftragnehmer*innen oder Dienstleister*innen. (Quelle: Wörterbuch Oxford Languages)

Public Relations (kurz: **PR**) — Synonym für Öffentlichkeitsarbeit und ist ein weit gefasster Begriff für das Management der öffentlichen Kommunikation von Organisationen/ Unternehmen gegenüber ihren externen und internen Anspruchsgruppen und umfasst beispielsweise die mediale Berichterstattung. (Quelle: Öffentlichkeitsarbeit – Wikipedia)

Roadmap — Englischer Begriff mit vielen Bedeutungen, im Kontext dieses Buches: Plan für die persönliche Entwicklung oder „Fahrplan" für die Vereinbarkeit von Kind und Karriere.

Sidepreneur — Ein Sidepreneur ist eine Person, die nebenberuflich selbstständig ist und das Angestelltendasein und die Selbstständigkeit verbindet. (Quelle: Sidepreneur: Definition und Erklärung (unternehmer.de))

Start-up — neu gegründetes Unternehmen

Tagesmutter — Frau mit entsprechender Ausbildung, die (oft in ihrer eigenen Wohnung) gegen Bezahlung Kinder berufstätiger Eltern in kleinen Gruppen tagsüber betreut.

Topsharing — Aufteilung einer Führungsstelle auf (meist) zwei Personen.

Wahlarzt-Ordination — Unter einer Wahlarztordination versteht man eine Ordination, die keinen Kassenvertrag besitzt. Das bedeutet, dass die vom Arzt bzw. der Ärztin getätigte Leistung zunächst von den Patient*innen bezahlt werden muss. Die Patient*innen erhalten eine Honorarnote, die sie bei ihrer Versicherung einreichen können und teilweise rückvergütet bekommen.

Workbook — Englischer Begriff für „Arbeitsbuch“

Quellenverzeichnis

i Statista, https://de.statista.com/statistik/daten/studie/38796/umfrage/teilzeitquote-von-maennern-und-frauen-mit-kindern/, die letztverfügbaren Daten stammten aus dem Jahr 2019, abgerufen 12/2021

ii Statistik Austria, Entwicklung der aktiven Erwerbstätigen- und Teilzeitquoten (ILO) der 25- bis 49-Jährigen nach Familientyp und Geschlecht, 1994 – 2020

iii Thomas J. Nagy und Wolfgang Lalouschek, Burnout - Ring of Fire., S. 16f

iv Society of Clinical Psychology, DIVISION 12 OF THE AMERICAN PSYCHOLOGICAL ASSOCIATION, Parents on the Brink: Parental Burnout | Society of Clinical Psychology (div12.org) https://div12.org/parents-on-the-brink-parental-burnout/

v Society of Clinical Psychology, DIVISION 12 OF THE AMERICAN PSYCHOLOGICAL ASSOCIATION, Parents on the Brink: Parental Burnout | Society of Clinical Psychology (div12.org)

vi Society of Clinical Psychology, DIVISION 12 OF THE AMERICAN PSYCHOLOGICAL ASSOCIATION, Parents on the Brink: Parental Burnout | Society of Clinical Psychology (div12.org)

vii Thomas J. Nagy und Wolfgang Lalouschek, Burnout - Ring of Fire., S. 31f

viii Thomas J. Nagy und Wolfgang Lalouschek, Burnout - Ring of Fire., S. 31f

ix Thomas J. Nagy und Wolfgang Lalouschek, Burnout - Ring of Fire., S. 31f; https://www.mylife.de/entspannung/stress/distress-und-eustress/ Distress und Eustress: Merkmale und Definition - mylife.de mylife.de NetDoktor GmbH, abgerufen 08/2021

x Thomas J. Nagy und Wolfgang Lalouschek, Burnout - Ring of Fire., S. 31f; https://www.mylife.de/entspannung/stress/distress-und-eustress/

Distress und Eustress: Merkmale und Definition - mylife.de mylife.de NetDoktor GmbH, abgerufen 08/2021

xi Dr. Stephan Sudowe, Silent Inflammation?! in Ärzte Woche Nr. 45, 11/2018

xii Dr. Stephan Sudowe, Silent Inflammation?! in Ärzte Woche Nr. 45, 11/2018

xiii Quellen:

Dr. Stephan Sudowe, Silent Inflammation ?! in Ärzte Woche Nr. 45, 11/2018;

Esser N, et al. 2014, Anti-inflammatory agents to treat or prevent type 2 diabetes, metabolic syndrome and cardiovascular disease, Expert Opin Investig Drugs; 24: 283-307;

Taube A, et al. 2012, Inflammation and metabolic dysfunction: links to cardiovascular diseases, Am J Physiol Heart Circ Physiol; 302: H2148-65.

xiv Statistik Austria, Todesursachen 202

xv Quellen:

https://www.minimed.at/medizinische-themen/infektion-allergie/abwehrkraefte-staerken-mit-sport/,

Stark - unser Immunsystem, M. Manych, G. Vogel, Trias Verlag, 1. Auflage, Stuttgart, 2010

H. Gabriel: Auswirkungen von Sport auf das Immunsystem. In: NOTFALL & HAUSARZTMEDIZIN 2006; 32: 411-415,

K. Krüger, F. C. Mooren: Sport. Immunsystem und rheumatologische Erkrankungen, In: Aktuelle Rheumatologie 2012; 37(03): 189-195

M. Baum, H. Liesen: Sport und Immunsystem. In: Deutsches Ärzteblatt 1998; 95(10): A-538 / B-438 / C-411 (28.02.2019)

xvi Quellen:

Arvay C.G. u. Beer M., Das Biophilia-Training, S. 30f

Qing Li et. al., Effect of Forest environments on Immune Function, In: Forest Medicine, Nova Biomedical Verlag, New York, 2013

xvii https://health.usnews.com/best-diet/best-diets-overall, abgerufen 09/2021

xviii Agneta Yngve, PhD, MSc, MPH, Associate Professor Unit for Public Health Nutrition, Department of Biosciences and Nutrition, Karolinska Institutet, Stockholm, Sweden, A Historical Perspective of the

Understanding of the Link between Diet and Coronary Heart Disease, Published in final edited form as: Am J Lifestyle Med. 2009 ; 3(1 Suppl): 35S–38S. doi:10.1177/1559827609334887.

xix Stern-Interview mit Prof. Tim Spector, 09.01.2019: Gesund und schlank mithilfe der Darmflora: „Wir sollten essen wie ein Gärtner“, seine Studien im Detail siehe www.researchgate.net

xx Dr. med. Alfed Lohninger, EINFACH GESUND, S. 33ff sowie Dr. med. Alfred Lohninger, Herzratenvariabilität, Das HRV-Praxis-Lehrbuch, Seite 20ff

xxi Dr. med. Alfred Lohninger, EINFACH GESUND, S. 158f

xxii Dr. med. Alfred Lohninger, EINFACH GESUND, S. 159

xxiii Fritz Riemann, Grundformen der Angst, 40. Auflage, 2011

xxiv https://www.donau-uni.ac.at/de/aktuelles/news/2021/psychische-gesundheit-verschlechtert-sich-weitero.html, abgerufen 09/2021

xxv Gerald Hüther, Was wir sind und was wir sein könnten. Ein neurobiologischer Mutmacher, S. 133f

xxvi Definition Mental Load, Quelle: https://equalcareday.de/mental-load/, abgerufen 09/2021

xxvii Unfallstatistik 2019, Jahresbericht des KFV, abgerufen 10/2021 unter https://www.kfv.at/wp-content/uploads/2020/08/Jahresbericht_HFS_2019-final.pdf

xxviii https://www.manager-magazin.de/finanzen/artikel/warren-buffett-10-weisheiten-ueber-leben-und-erfolg-a-1056799.html

xxix „The Grant Study“, „The Glueck Study”, abgerufen 10/2021 unter https://www.adultdevelopmentstudy.org/publications

xxx James Clear. Die 1% Methode – minimale Veränderung, maximale Wirkung. Seite 47ff

xxxi James Clear. Die 1% Methode – minimale Veränderung, maximale Wirkung. Seite 47

Haftungsausschluss

Die Informationen in diesem Buch dienen nur Bildungs- und Unterhaltungszwecken. Es wurden alle Anstrengungen unternommen, um aktuelle, genaue, vollständige und zuverlässige Informationen zu liefern. Die LeserInnen erkennen an, dass die Autorin und der Verlag keine rechtlichen, medizinischen, psychologischen oder sonstigen professionellen Ratschläge mit diesem Buch erteilen. Die LeserInnen stimmen mit dem Lesen dieses Dokuments zu, dass Autorin und Verlag unter keinen Umständen für direkte oder indirekte Verluste haften, welche durch die Verwendung der in diesem Dokument angeführten Inhalte entstehen. Dies umfasst ebenfalls Fehler aufgrund von Auslassungen, Ungenauigkeiten oder sonstiger Mängel oder Unvollkommenheiten.

Dieses Buch enthält externe Links zu externen Webseiten Dritter, auf deren Inhalt Autorin und Verlag keinen Einfluss haben. Weder Autorin noch Verlag können eine Gewähr für diese fremden Inhalte übernehmen. Der jeweilige Anbieter oder Betreiber der Seiten ist stets für die Inhalte der verlinkten Seiten verantwortlich. Zum Zeitpunkt der Verlinkung wurden die Seiten auf mögliche Rechtsverstöße überprüft, rechtswidrige Inhalte waren nicht erkennbar.

Über die Autorin

Ich bin verheiratet, habe ein Kind und bin seit 2012 als Coach, Dipl. Lebens- und Sozialberaterin und Unternehmensberaterin tätig. Zu Beginn kombinierte ich Selbstständigkeit und Angestelltenverhältnis, vor 5 Jahren entschied ich mich ganz für die Selbstständigkeit.

Ich coache und berate Menschen zu den Themen Resilienz/Burnoutvorsorge sowie zur Vereinbarkeit von Familie und Beruf. Denn als New Working Mom (liebevolle Mama und Karrierefrau) bin ich davon überzeugt, dass wir es verdienen, in jedem Bereich unseres Lebens glücklich zu sein.

In der Unternehmensberatung begleite ich Organisationen zur Zertifizierung *berufundfamilie*, leite Vereinbarkeits- und Resilienz-Workshops und unterstütze bei der Etablierung einer Unternehmenskultur, in der jede und jeder gerne ihr oder sein Bestes gibt. Neue Arbeitsmodelle (Home-Office, hybrides/virtuelles Führen von Teams, 4-Tage-Woche etc.) mit Gelingendem zu kombinieren, Lebensphasen- und Generationenorientierung (beispielsweise durch Führung in Teilzeit-, Karenzmanagement- und Auszeiten-Modelle) sowie Stärkung der Resilienz sind hierbei wichtige Faktoren und leisten einen wesentlichen Beitrag für die Zukunftsfähigkeit eines Unternehmens.

Eine kleine Bitte

Liebe Leserin,

die Idee, dieses Buch zu schreiben, kam mir in den ersten Monaten nach der Geburt meines Kindes, als ich feststellen musste, dass es kaum Bücher gibt, die auf die Verbindung von Mamasein UND erfüllender Berufstätigkeit eingehen. Ich fragte mich einerseits als Mutter und andererseits in meiner Rolle als Coach und Beraterin, welche Inhalte mir und anderen Müttern helfen würden. So entstand der Interviewteil, um verschiedene Wege der Vereinbarkeit kennenzulernen, und der Workbook-Teil mit den 6 Schritten der Kind-und-Karriere-Roadmap, in dem ich meine Erfahrungen als Coach und meine eigenen „Lessons Learned" als berufstätige Mama zu Papier brachte. Ich hoffe, dir gefällt dieses Buch und du kannst daraus einige Inputs für deinen Alltag mitnehmen! Mein Ziel ist es, mit diesem Buch berufstätige Mütter zu unterstützen und damit einen kleinen Beitrag zu leisten, dass sie ihre Potentiale entfalten. Um das zu erreichen, benötige ich laufend Rückmeldungen von berufstätigten Müttern zu ihren Herausforderungen und Wünschen und natürlich auch zu diesem Buch. Dein persönliches Feedback würde mich daher sehr freuen an mail@kindundkarriere.at! Gerne kannst du mein Buch auch auf Amazon bewerten, indem du eine Rezension schreibst.

Abschließend wünsche ich dir viel Erfolg auf deinem persönlichen Weg, im Trubel des „Work & Family"-Alltags als NEW WORKING MOM gesund und glücklich zu bleiben!

Alles Liebe *Irene*

PS: Du möchtest am Thema dranbleiben und Blogartikel sowie Einladungen zu virtuellen Events zum *New Working Mom*-Leben erhalten? Dann registriere dich unter www.kindundkarriere.at für meinen Newsletter.

Printed in Poland
by Amazon Fulfillment
Poland Sp. z o.o., Wrocław

10295778R00188